“十三五”国家重点图书出版规划项目
交通运输科技丛书·公路基础设施建设与养护

混凝土连续刚构桥建设技术与发展

彭元诚　潘　海　冯鹏程　宗　昕　编著

人民交通出版社股份有限公司
北京

内 容 提 要

本书是在调研连续刚构桥国内外发展状况的基础上，结合作者多年来在山区大跨度连续刚构桥工程实践的经验编写而成，系统介绍了刚构桥的分类和构造特点、连续刚构桥国内外发展状况、连续刚构桥的常见病害、总体布置与结构构造、连续刚构桥计算分析基本方法、连续刚构箱梁悬臂施工关键技术、连续刚构桥施工监控和桥梁静动载试验，并提供了典型大桥工程实例。

本书可供从事桥梁设计、施工、管理等工程技术人员及相关专业大专院校师生参考使用。

图书在版编目（CIP）数据

混凝土连续刚构桥建设技术与发展 / 彭元诚等编著
. — 北京 ：人民交通出版社股份有限公司，2021.8
ISBN 978-7-114-16308-1

Ⅰ.①混… Ⅱ.①彭… Ⅲ.①混凝土结构—连续刚构桥—桥梁施工 Ⅳ.①U448.23

中国版本图书馆 CIP 数据核字（2021）第 045257 号

"十三五"国家重点图书出版规划项目
交通运输科技丛书 · 公路基础设施建设与养护
Hunningtu Lianxu Ganggouqiao Jianshe Jishu yu Fazhan

书　　名：混凝土连续刚构桥建设技术与发展
著 作 者：彭元诚　潘　海　冯鹏程　宗　昕
责任编辑：牛家鸣
文字编辑：闫吉维
责任校对：席少楠
责任印制：张　凯
出版发行：人民交通出版社股份有限公司
地　　址：（100011）北京市朝阳区安定门外外馆斜街 3 号
网　　址：http://www.ccpcl.com.cn
销售电话：（010）59757973
总 经 销：人民交通出版社股份有限公司发行部
经　　销：各地新华书店
印　　刷：北京市密东印刷有限公司
开　　本：787 × 1092　1/16
印　　张：12.25
字　　数：284 千
版　　次：2021 年 8 月　第 1 版
印　　次：2021 年 8 月　第 1 次印刷
书　　号：ISBN 978-7-114-16308-1
定　　价：80.00 元

交通运输科技丛书编审委员会

（委员排名不分先后）

总　序

科技是国家强盛之基，创新是民族进步之魂。中华民族正处在全面建成小康社会的决胜阶段，比以往任何时候都更加需要强大的科技创新力量。党的十八大以来，以习近平同志为核心的党中央做出了实施创新驱动发展战略的重大部署。党的十八届五中全会提出必须牢固树立并切实贯彻创新、协调、绿色、开放、共享的发展理念，进一步发挥科技创新在全面创新中的引领作用。在最近召开的全国科技创新大会上，习近平总书记指出要在我国发展新的历史起点上，把科技创新摆在更加重要的位置，吹响了建设世界科技强国的号角。大会强调，实现"两个一百年"奋斗目标，实现中华民族伟大复兴的中国梦，必须坚持走中国特色自主创新道路，面向世界科技前沿、面向经济主战场、面向国家重大需求。这是党中央综合分析国内外大势、立足我国发展全局提出的重大战略目标和战略部署，为加快推进我国科技创新指明了战略方向。

科技创新为我国交通运输事业发展提供了不竭的动力。交通运输部党组坚决贯彻落实中央战略部署，将科技创新摆在交通运输现代化建设全局的突出位置，坚持面向需求、面向世界、面向未来，把智慧交通建设作为主战场，深入实施创新驱动发展战略，以科技创新引领交通运输的全面创新。通过全行业广大科研工作者长期不懈的努力，交通运输科技创新取得了重大进展与突出成效，在黄金水道能力提升、跨海集群工程建设、沥青路面新材料、智能化水面溢油处置、饱和潜水成套技术等方面取得了一系列具有国际领先水平的重大成果，培养了一批高素质的科技创新人才，支撑了行业持续快速发展。同时，通过科技示范工程、科技成果推广计划、专项行动计划、科技成果推广目录等，推广应用了千余项科研成果，有力促进了科研向现实生产力转化。组织出版"交通运输建设科技丛书"，是推进科技成果公开、加强科技成果推广应用的一项重要举措。"十二五"期间，该丛书共出版72册，全部列入"十二五"国家重点图书出版规划项目，其中12册获得国家出版基金支持，6册获中华优秀出版物奖图书提名奖，行业影响力和社会知名度不断扩大，逐渐成为交通运输高端学术交流和科技成果公开的重要平台。

"十三五"时期，交通运输改革发展任务更加艰巨繁重，政策制定、基础设施建设、运输管理等领域更加迫切需要科技创新提供有力支撑。为适应形势变化的需要，在以往工作的基础上，我们将组织出版"交通运输科技丛书"，其覆盖内容由建设技术扩展到交通运输科学技术各领域，汇集交通运输行业高水平的学术专著，及时集中展示交通运输重大科技成果，将对提升交通运输决策管理水平、促进高层次学术交流、技术传播和专业人才培养发挥积极作用。

当前，全党全国各族人民正在为全面建成小康社会、实现中华民族伟大复兴的中国梦而团结奋斗。交通运输肩负着经济社会发展先行官的政治使命和重大任务，并力争在第二个百年目标实现之前建成世界交通强国，我们迫切需要以科技创新推动转型升级。创新的事业呼唤创新的人才。希望广大科技工作者牢牢抓住科技创新的重要历史机遇，紧密结合交通运输发展的中心任务，锐意进取、锐意创新，以科技创新的丰硕成果为建设综合交通、智慧交通、绿色交通、平安交通贡献新的更大的力量！

杨传堂

2016 年 6 月 24 日

前　言

预应力混凝土连续刚构桥是世界上普遍采用的一种桥梁形式。随着高强混凝土和高强钢材的不断发展,设计及施工技术的进步,连续刚构桥使用越来越广泛,已成为100～300m跨径最具竞争力的桥型之一。但近三十年来,随着大量大跨径连续刚构桥建成运营,该桥型也出现了一些普遍且突出的病害问题,如主梁结构开裂、跨中下挠等。

本书结合设计、施工、监控、静动载试验工程实践,吸取了近年来国内公路大跨径预应力混凝土连续刚构桥设计、施工、监控的研究成果,参考、借鉴了国际先进的标准、规范,全面剖析了大跨度预应力混凝土连续刚构桥主梁结构开裂、跨中下挠等病害成因,提出了防患该类病害的控制措施,系统介绍了大跨度连续刚构桥设计、施工、监控各环节的关键技术与一些应用实例。

本书是在《山区大跨度连续刚构桥》基础上的修编。全书分为9章:第1章主要介绍了连续刚构桥的分类、构造特点及技术发展情况;第2章介绍了连续刚构桥的常见病害;第3、4章介绍了连续刚构桥的总体布置和结构构造及计算分析方法;第5、6章介绍了连续刚构桥的施工技术和监控技术;第7章介绍连续刚构桥静载和动载试验及试验案例;第8章介绍了3个典型连续刚构桥;第9章介绍了连续刚构桥的新发展——空腹式连续刚构桥。

参加本书编写的主要是中交第二公路勘察设计研究院有限公司、贵州省交通规划勘察设计研究院股份有限公司、贵州高速公路集团有限公司等的多年从事桥梁工程设计及技术管理工作的人员。彭元诚、潘海编写第1、2章,朱玉、冯鹏程编写第3章,付坤、万麟编写第4、5章,宗昕编写第6章,陈杨明、向彤编写第7章,陈毅明编写第8章,彭元诚、宗昕编写第9章。全书由彭元诚、潘海、冯鹏程统稿、补充、修改,陈毅明、宗昕协助校对。

本书的修编工作得到了贵州省交通运输厅科技处及贵州高速公路集团有限公司总工办的关心和鼓励,得到了中交第二公路勘察设计研究院有限公司技术专家的悉心指导,在此谨向他们表示诚挚的感谢。同时,作者在编写本书时,参考了许多桥梁设计、施工、监控等方面的技术文献,借此机会向文献作者表示感谢和由衷的敬意。

本书是大跨径预应力混凝土连续刚构桥建设实践经验的总结，可供从事桥梁工程的技术人员参考，我们期望本书的出版对桥梁设计、施工、监控及监理等工作有所帮助。由于作者水平所限，编写时间较紧迫，疏漏与错误之处在所难免，敬请读者批评指正。

作　者

2019 年 6 月

目　录

第1章　绪　　论

1.1　刚构桥的分类和构造特点

1.1.1　刚构桥的分类

桥跨结构(主梁)和墩台整体刚接的桥梁称为刚构桥。多跨刚构桥有两种基本形式:

(1)T形刚构桥

T形刚构桥因每个桥墩与两侧悬臂梁构成T形而得名(图1.1)。按相邻两个T构的连接方式,可分为带挂梁的T形刚构桥和带剪力铰的T形刚构桥。前者属于静定结构,当车辆荷载位于一个T构上时,其内力不会传递到相邻的T构上;后者属于超静定结构,任意一个T构上的活载内力将通过剪力铰传递到相邻的T构上。T形刚构桥的悬臂梁,可以是箱形截面(图1.2),也可以做成桁架结构(图1.3)。

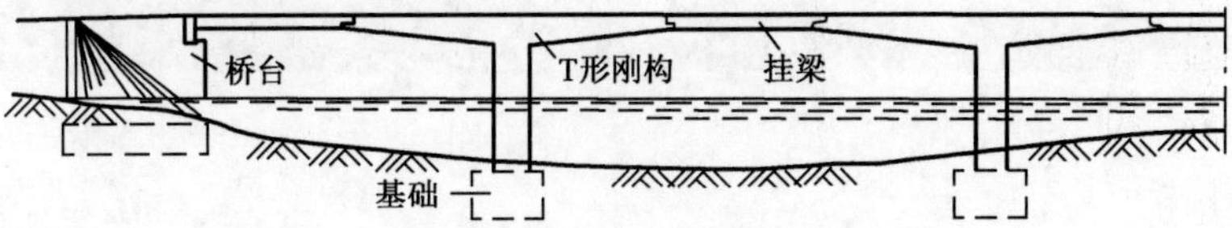

图1.1　T形刚构桥

重庆长江大桥(又名石板坡长江大桥)建于1980年,主跨度174m,属于预应力混凝土T形刚构桥。

图1.2　重庆长江大桥

两跨T构多采用等跨布置,不仅对结构受力有利,也方便进行对称施工。例如我国贵州省贵毕公路小阁丫大桥(图1.4),主跨跨径组合为138.1m+138.1m。0号梁段长16m,挂篮悬浇梁段长度为110.5m(一侧),靠桥台16.6m长为现浇梁段,合龙段长3m。有时受地形限制,也可以采用不等跨布置,但小跨与大跨跨径之比不宜过小,否则对桥墩受力不利,一般宜大于0.8。例如贵州省崇遵公路两岔河大桥(图1.5),由于某种特殊原因,主跨跨径组合为132m+126m。小跨与大跨之比为0.955。0号梁段长16m,并在托架上现浇,2×105.5m用挂篮悬浇施工,先合龙小跨端部12.5m梁段,然后再将大跨悬浇一个4.5m的梁段,最后浇筑长14m的大跨合龙段(亦为现浇段)。

两跨T构，由于悬臂浇筑施工过程中，悬臂长度大，主梁根部负弯矩大，导致主梁梁高较大。

黄陵矶桥是预应力混凝土桁架式T形刚构公路桥。桥长380.19m，主孔长90m，由悬臂加挂孔组成，沉井基础，箱形墩。上部结构由两片桁架构成，上设预应力混凝土简支板，用横向预应力筋与主桁连成整体，形成上纵联，下弦杆无纵向连接系。受拉杆件配预应力钢筋，受压杆件采用普通钢筋。纵向预应力筋设于上弦明槽内，张拉便利。

图1.3　汉阳黄陵矶桥(1970年)

图1.4　小阁丫大桥

图1.5　两岔河大桥

(2)连续刚构桥

主梁结构既无挂梁又无剪力铰的T形刚构桥，称为连续刚构桥(图1.6)。这种体系常利用主墩的柔性来适应桥梁的纵向变形，故它适用于大跨高墩的桥梁。有时因全桥太长，为了满足温度变形，可以将全桥主梁做成连续的，而将中间若干孔设计成连续刚构体系，将其余墩顶设支座(释放纵向约束和转动约束)，形成刚构-连续组合体系，实际上，它仍属于连续刚构体系。

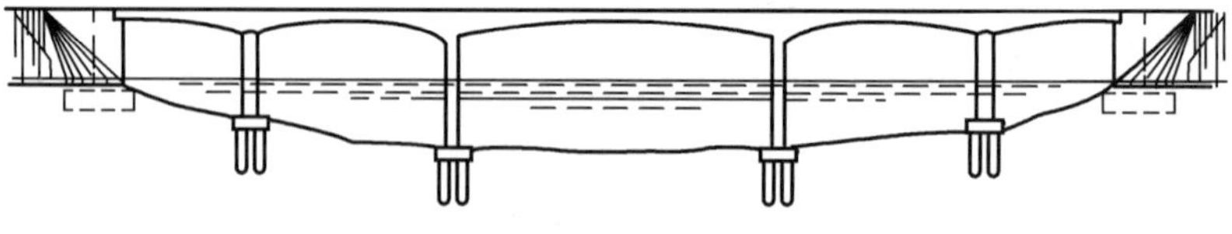

图1.6　连续刚构桥

国内已建成的连续刚构桥的连续总长度已突破1 000m。重庆黄花园大桥跨径组合为137m + 3 × 250m + 137m = 1 024m；东明黄河大桥跨径组合为75m + 7 × 120m + 75m = 990m。但是，连续长度过大，靠两边的几个桥墩将产生较大的水平位移，这对桥墩受力很不利。一些较长的大跨度梁桥，采用中间区段为连续刚构，两边区段为连续梁的混合体系，结构受力合理；缺点是连续梁部分要设置大吨位支座，这对大吨位支座耐久性有更高的要求，使用期可能需要进行更换。

1.1.2 连续刚构桥的结构受力特点

从适应位移的角度看，连续刚构体系利用高墩的柔度来适应结构由于预加力、混凝土收缩、徐变和温度变化等引起的纵向位移，即把高墩视为一种可摆动的支撑体系。边跨桥墩因墩高较矮，相对刚度增大，当其不能起到摆动作用时，需在桥墩顶部或底部设铰或滑动支座，以适应纵向位移。

连续刚构桥有如下受力特点：

(1)墩梁固结，桥墩刚度约束了墩顶主梁转动，减小了主梁跨中正弯矩，但主梁墩顶负弯矩有所增加。

(2)桥墩的厚度减小，约为梁在支点处高度的0.2~0.4倍，桥墩的刚度较柔，允许有较大的纵向变位。

(3)结构为多次超静定结构，温度变化、混凝土收缩徐变、预应力作用、墩台不均匀沉降等引起的附加内力对结构影响较大。

(4)结构整体性好，抗扭刚度大，抗震性能较好。

与跨径布置相同的连续梁桥进行对比，有如下特征：

(1)当连续刚构桥主墩抗弯刚度较小、纵向较柔时，连续刚构桥与连续梁桥具有相似的结构行为；当主墩刚度较大时，多跨荷载产生的内力则大多限于本跨内，对相邻跨内力影响较小。

(2)连续刚构桥无论主墩采用双壁还是单壁墩，由于减小了主梁支墩间的净距，以及桥墩的削峰作用，连续刚构桥的墩顶弯矩与应力有所降低，从而改善了墩顶区域主梁的受力性能。

(3)连续刚构桥对地基承载力的要求较高，基础不均匀沉降产生的附加内力较大。若地基发生大的不均匀沉降，连续梁可通过顶升支座、调整高程来补救，而连续刚构则做不到。

(4)连续梁桥纵向内力不随整体温度升降而变化，但对连续刚构桥的内力则有较大的影响。当不计温度变化时，连续刚构的内力较小，而连续梁内力较大。

(5)连续刚构桥没有大型支座的设置、维护问题，在墩顶与主梁底这一区域，构造和受力远较连续梁桥简单。

(6)连续刚构桥抗震性能较好，水平地震力可由各个墩来共同承受，不像连续梁由制动墩承受，避免采用价格较昂贵的专用抗震支座。

(7)连续刚构桥墩梁固结便于采用悬臂法施工，省去了连续梁桥施工时的临时固结措施和体系转换。

1.2 连续刚构桥国内外发展状况

1.2.1 国外的连续刚构桥

连续刚构桥是在国外首先发展起来的。1953年，联邦德国建成了主跨跨径为114.2m的沃伦姆斯桥(Worms bridge)，不仅创造性地引进了悬臂施工法，而且发展了一种预应力混凝土结构的新型体系——T形刚构。1964年,联邦德国又建成了主跨跨径为208m的本道夫桥(Bendof bridge),该桥把薄型的主墩与上部连续梁固结,形成了带铰的连续刚构桥。从此以后直至20世纪70年代,T形刚构是预应力混凝土桥梁的主要桥型。但T形刚构桥也存在一些问题,如全桥的伸缩缝过多,引起行车不舒适;当设计不当时,在跨中易产生较大的挠度等问题。

预应力连续刚构桥就是为解决这些问题而产生的。在刚构桥发展过程中,逐步实现了悬臂施工,中间梁体连续,桥墩的柔度使得主梁能适应温变、收缩、徐变等因素所引起的主梁纵向变位,桥梁整体上受力更加合理。20世纪80年代以后,世界各国相继建成了多座不带铰的连续刚构体系(表1.1),如联邦德国的杜塞尔多夫大桥、加拿大多伦多的伊丽莎白皇后立交桥、美国旧金山机场桥等。其中,以1985年澳大利亚建成的主跨跨径为260m的门道桥(Gateway bridge)和1998年挪威建成的主跨跨径为298m的拉托圣德大桥(Raftsundet bridge)最为著名。

国外混凝土连续刚构桥($L \geq 120m$) 表1.1

序号	桥名	国家	建成年份	跨径组合(m)	桥宽(m)	截面	梁高(m)		高跨比		施工方法
							根部	跨中	根部	跨中	
1	斯特罗曼大桥(Stolma bridge)	挪威	1998	94+301+72	9	单箱室	15	3.5	1/20.1	1/86	悬臂浇筑,72m用支架
2	拉托圣德大桥(Raftsundet bridge)	挪威	1998	86+202+298+125	10.3	单箱室	14.5	3.5	1/20.6	1/81.5	悬臂浇筑,边跨和202m各设一临时墩
3	桑达伊桥(Samtoy bridge)	挪威	2002	120+298+120	9.3	单箱室	14.5	3.5	1/20.6	1/85.1	悬臂浇筑
4	门道桥(Gateway bridge)	澳大利亚	1985	145+260+145	21.93	单箱室	15	5.2	1/17.3	1/50	悬臂浇筑
5	多托尔桥(Doutor bridge)	葡萄牙	1991	250	12	单箱室	12	7	1/20.8	1/35.7	悬臂浇筑
6	休斯敦桥(Houston bridge)	美国	1982	114+228.6+114	18	双室箱	14.6	4.6	1/15.7	1/49.7	悬臂浇筑
7	穆尼桥(Mooney bridge)	澳大利亚	1985	130+220+130	12.5	分离双箱	12.5	4.25	1/17.6	1/51.8	悬臂浇筑
8	墨尔本河桥	澳大利亚	1999	72+173+173+72	2×14.5	两单室箱	中主墩12.5,侧主墩6	3	1/13.8 1/28.8	1/57.7	悬臂浇筑
9	第二联络桥	马来西亚、新加坡		96+165+96	31.1	两分离单室箱	10	3	1/16.5	1/51.7	悬臂浇筑
10	西海大桥辅航道桥	韩国	2000	85+165+165+85	31	分离双箱	9	3.5	1/18.3	1/47.1	悬臂浇筑

澳大利亚门道桥(Gateway bridge)(图1.7)跨径组合为145m+260m+145m,桥墩高47.5m,双壁墩身为三箱室,宽2.5m,壁厚纵向50cm,横向中壁厚50cm,外壁厚1m;主梁为单室箱,跨中及根部箱高分别为5.2m和15.68m,箱顶宽21.93m,底宽12m;顶板厚25cm,底板厚跨中30cm、根部1.8m,腹板厚0.65~0.75m,采用C40混凝土(折合强度等级为C50混凝土),连续刚构边跨悬臂与引桥悬出部分(16m)之间,以不约束水平变位的钢箱装置连接。该装置不传递轴向力,能承受剪力和弯矩,施工具有相当难度。

挪威拉托圣德大桥(Raftsundet bridge)(图1.8)主桥跨径组合为86m+202m+298m+125m,全长711m,位于$R=3\,000$m的平曲线上。大桥主跨跨径为298m,主梁根部采用C60~65高强度等级混凝土,中跨跨中224m采用轻质混凝土,以减轻自重;主梁为单室箱梁,箱梁高度跨中为3.5m、根部为14.5m、0号块为14.9m;箱梁顶宽10.3m、底宽7m;顶板厚度,跨中28cm、1/4跨处42cm、0号块110cm;底板厚度,跨中26cm、根部120cm、0号块160cm;腹板厚30~40cm、0号块55cm。无论箱高、底腹板厚度,均比跨径稍小的门道桥(Gateway bridge)小,显示了特大跨度连续刚构桥采用轻质混凝土的巨大优越性。

图1.7 澳大利亚门道桥

图1.8 挪威拉托圣德大桥

1.2.2 国内的连续刚构桥

我国第一座连续刚构桥为建于1988年的广州番禺洛溪大桥(图1.9),跨径组合为65m+125m+180m+110m。双壁墩身,墩身采用箱形截面,宽2.2m;主梁为单室箱梁,梁高跨中3m、根部10m;箱梁顶宽15.14m、底宽8m;顶板厚28cm,底板厚跨中32cm、根部120cm,腹板厚50~70cm。该桥为我国第一次采用大吨位预应力体系和平弯束的桥梁,是我国连续刚构桥迅速发展的一个重要开端。近年来,我国混凝土连续刚构桥的建设情况见表1.2。

图1.9 广州番禺洛溪大桥

我国混凝土连续刚构桥($L \geq 120m$)　表1.2

序号	桥名	建成年份	跨径组合(m)	梁高(m)		高跨比		板厚(cm)		
				根部	跨中	根部	跨中	顶板	底板	腹板
1	水盘高速公路北盘江大桥	2013	82.5+220+290+220+82.5(根部空腹式)	35	4.5	1/8.3	1/64.4	28	32~110	45~90
2	虎门大桥辅航道桥	1997	150+270+150	14.8	5	1/18.2	1/54	25	32~130	40~60
3	苏通大桥辅航道桥	2008	140+268+140	15	4.5	1/17.9	1/59.6	28	32~170	40~70
4	云南红河大桥	2003	58+182+265+194+70	14.5	5	1/18.3	1/53	28	32~150	46~60
5	宁德下白石大桥	2003	145+2×260+145	14	4.2	1/18.6	1/61.9	25	30~140	40~70
6	泸州长江二桥	2001	145+252+54.8	14	4	1/18	1/63	28	32~120	50~70
7	重庆黄花园大桥	1999	137+3×250+137	13.8	4.3	1/18.1	1/58.1	25	28~150	40~70
8	马鞍石嘉陵江大桥	2001	146+3×250+146	13.7	4.2	1/18.2	1/59.5	25	32~150	40~60
9	黄石长江公路大桥	1995	162.5+3×245+162.5	13	4.1	1/18.8	1/59.8	25	32~135	50~80
10	江津长江大桥	1997	140+240+140	13.5	4	1/17.8	1/60	25	32~120	50~80
11	贵毕公路六广河大桥	2001	145.1+240+145.1	13.4	4.1	1/17.9	1/58.5	28	28~150	40~70
12	重庆龙溪河大桥	2000	140+240+140	13.6	3.6	1/17.6	1/66.7	25	32~120	40~60
13	杭州钱塘江大桥	2002	127+3×232+127	12.5	4	1/18.6	1/58	25	30~125	45~75
14	南澳跨海大桥	1998	122+221+122	11	3	1/18.6	1/73.7	25	32~110	40~60
15	都汶公路庙子坪岷江大桥	2005	125+220+125	13.5	4	1/16.3	1/55.0	28	38~140	65~120
16	板江公路者告河大桥	2011	115+215+175+75	13.5	4	1/15.9	1/53.7	28	32~160	45~80
17	金厂岭澜沧江大桥	2002	130+200+130	13	4	1/15.4	1/50	33	35~140	60~90
18	贵遵公路乌江大桥	2007	106+2×200+106	12	3.5	1/16.7	1/57.1	28	32~110	40~70
19	湖北龙潭河大桥	2009	106+3×200+106	12	3.5	1/16.7	1/57.1	28	32~110	40~70
20	华南大桥	1998	110+190+110	9.5	3	1/20	1/63.3	28	32~100	35~55
21	洛溪大桥	1988	65+125+180+110	10	3	1/18	1/60	28	32~120	50~70
22	毕威公路赫章大桥	2013	96+2×180+96	11.5	4	1/16.7	1/45	30	32~120	45~70
23	宁德八尺门大桥	2003	90+2×170+90	10	3	1/17	1/56.7	28	32~120	40~70
24	三门峡黄河大桥	1993	105+4×160+105	8	3	1/20	1/53.3	25	25~100	40~65
25	水盘公路望龙包大桥	2013	85+160+85	10	3.5	1/16	1/45.7	28	32~80	40~80
26	三福公路猫坑溪大桥	2004	85+150+85　R-620	9	2.8	1/16.7	1/53.6	28	32~70	40~70

1997年4月建成的虎门大桥辅航道桥(图1.10),位于$R=7\ 000m$的平曲线上,跨径组合为150m+270m+150m,分上、下行桥,墩高35m。每幅桥双壁墩身中距9m,墩身为单箱式,宽3m,壁厚纵横向均为50cm;主梁为C55混凝土单室箱梁,梁高跨中5m、根部14.8m;箱顶宽

15m、底宽 7m，顶板厚 25cm，底板厚跨中 32cm、根部 130cm；腹板厚 40 ~ 60cm。无论箱梁高度、底腹板厚度，均比跨径稍小的澳大利亚门道桥（Gateway bridge）小。在预应力束的布置上，取消了弯起束和连续束，仅在边跨梁端有少量钢束因受力需要而部分弯起。该桥跨径比洛溪大桥增大 50%，而混凝土指标仅增大 6.5%。2003 年检查虎门大桥辅航道桥时发现，与成桥线形相比，左幅桥跨中累计下挠 22.2cm，右幅桥跨中累计下挠 20.7cm。腹板出现了斜裂缝，跨中截面下缘出现了横向裂缝。

图 1.10 广东虎门大桥辅航道桥

1.2.3 连续刚构桥的发展趋势

随着新材料、新设备、新工艺的研发和先进设计手段的应用，我国桥梁建设技术的发展异常迅速，连续刚构桥的应用极为普遍。随着混凝土技术的发展以及新型结构形式的研究，连续刚构桥的可行跨度可达 350m，甚至更大，可以与预应力混凝土斜拉桥在更大跨径范围内竞争。展望混凝土连续刚构桥的发展，主要有以下几个趋势：

（1）上部结构轻型化

结构的轻型化，可以减少上下部结构的自重和材料用量，提高桥梁跨越能力。连续刚构上部结构尤其是跨中区段的轻型化，具有重要的意义。挪威 Stolma 桥和 Raftsundet 桥跨中主梁采用轻质混凝土，跨径分别达到了 301m 和 298m。目前轻质混凝土的缺点是材料性能较低，从而在一定程度上抵消了其重量轻的优势；轻质混凝土的材料来源较少且非常昂贵，经济性不佳；某些采用了轻质混凝土的连续刚构桥的跨中下挠仍有发生，长期性能有待验证。若能在上述方面取得进展，则将有力推动连续刚构桥的发展。

（2）超高强高性能混凝土

超高强高性能混凝土是指强度达到 100 ~ 149MPa，可泵送、耐久性能优异的一种混凝土[1]。提高混凝土力学性能，当然可以显著提高连续刚构桥的跨越能力。根据笔者的研究，采用 C100 以上级别的混凝土，即可将连续刚构桥的实用跨越能力提升到 300 ~ 320m。

近年来，超高强高性能混凝土的研究主要集中在超强度实现途径、工作性能和耐久性能这三个方面。其中，重庆大学蒲心诚等人对超高强高性能混凝土的制备方法以及性能进行了比较系统的研究，他们采用硅酸盐水泥 + 活性矿物掺合料 + 高效减水剂的技术途径，在国内最早制备出 28d 抗压强度达到 140MPa 的超高强高性能混凝土。

强度的提高过程是混凝土内部缺陷不断减少、密实度不断提高的过程，因此超高强高性能混凝土具有很高的密实度，在理论上具有优异的耐久性能。现有的研究表明，在抗渗水试验、抗氯离子渗透试验、抗硫酸盐侵蚀试验、抗冻试验、抗碳化试验过程中，超高强高性能混凝土均有非常优异的表现。然而，超高强混凝土也有劣势，如水灰比低，自收缩大，弹性模量发展快，早期水化热大、收缩大、易开裂等。

(3)钢-混凝土组合或混合结构

连续刚构桥轻型化的另一途径,是上部结构箱梁采用或在跨中区段混合使用钢结构。波形钢腹板箱梁就是采用钢-混凝土组合结构来减轻梁体自重、避免箱梁腹板病害的例子。受制于波形钢腹板的屈曲、剪力构造的传力性能等因素,波形钢腹板连续刚构桥的跨径一般在120～180m,暂未表现出增大跨越能力的结构优势。

连续刚构桥跨中区段采用钢结构,可以显著降低支点弯矩并提高跨中部分的梁体受力性能。我国重庆石板坡长江大桥跨中108m区段采用较轻的钢箱梁,钢箱梁质量约1 400t,水运整体吊装,主跨跨径达到了330m。对于山区,由于钢箱梁运输困难,现场制作又难于保证焊接质量,因此这种混合式连续刚构桥需要在特定条件才能采用。

跨中区段采用钢桁架结构也是一种选择,研究表明,跨中区段钢桁梁与混凝土箱梁的抗弯扭刚度差异悬殊、钢筋混凝土接头的传力性能与构造复杂,目前尚无实际工程的报道。

(4)空腹式连续刚构桥

混凝土空腹式连续刚构桥,是由中交第二公路勘察设计研究院提出的一种新型桥型,是一种在常规连续刚构形式上的一种新的改型。其主要思路基于结构优化理论[2],对箱梁根部腹板进行挖空,减轻自重,并在根部区域形成梁-拱组合受力机制,从而提高其跨越能力。根据研究估计,其适用跨径在220～400m,可望填补常规连续刚构桥适用跨径与斜拉桥适用跨径之间的空白。

空腹式连续刚构桥具有如下特点:

①采用平衡悬臂法施工,保持了常规连续刚构桥的施工特点,工艺成熟、可操作性好;

②全部为混凝土构件,保持了常规连续刚构桥的运营养护特点,具有良好的经济性;

③空腹式连续刚构桥的下弦,起到了降低桥墩高度的作用,因而特别适合于跨越深沟峡谷的高墩桥梁。

贵州水盘高速公路北盘江大桥为空腹式连续刚构桥的典型实例,其中主桥为主跨290m空腹式连续刚构,主桥桥型布置如图1.11所示。

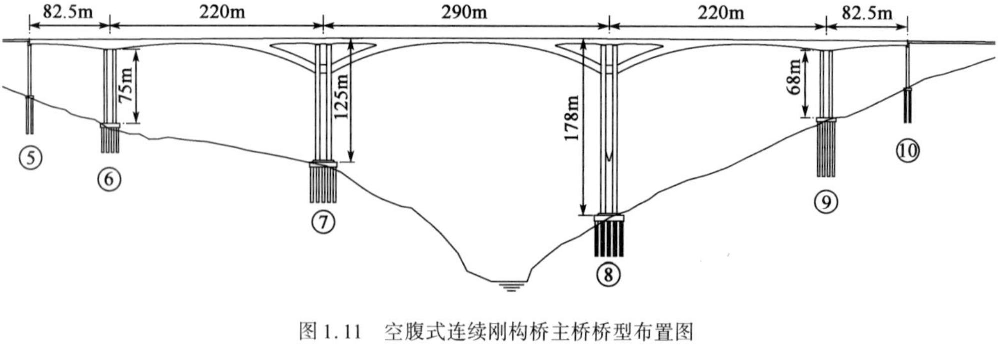

图1.11　空腹式连续刚构桥主桥桥型布置图

(5)结构耐久性研究

由美国托管的帕劳群岛,曾于1977年建造了一座有铰连续刚构桥,其跨径组合为72m + 241m + 72m,该桥建成时创造了同类桥跨长的世界纪录。但该桥在使用19年后,于1996年9

月 26 日坍塌。据分析认为,由于海水长时间浸湿混凝土,锈蚀了钢筋和预应力束,在坍塌前发现该桥已严重下挠达 1.2m 之多。由此可见,对结构耐久性研究的重要性。我国修建的多座大跨度连续刚构桥也发生了较严重的跨中持续下挠、梁体开裂等病害,严重影响了桥梁的耐久性和使用寿命。目前连续刚构桥的耐久性研究主要集中在混凝土材料、收缩徐变特性、结构设计技术、施工控制与管理、运营养护技术等方面,通过采取相应措施,连续刚构桥的耐久性能得到了显著提高。

第 2 章　连续刚构桥的常见病害与对策措施

大跨度预应力混凝土连续刚构桥的建设技术在我国取得了长足进步，但在一些已建成桥梁中出现了种种病害，其中，以箱梁跨中持续下挠、箱梁梁体开裂最为典型。这类病害在国内外 21 世纪初期及更早一些的工程中均有发生，严重影响了桥梁结构的安全性和耐久性，对连续刚构桥的发展产生了非常不利的影响。因此，总结分析其病害机理，在设计、施工、管养等方面提出针对性的改进措施具有重要意义。

2.1　主梁下挠

主梁下挠的特点表现为：①挠度长期增长，增长率随时间可能呈加速、降低或保持匀速变化的趋势；②结构的长期挠度远大于设计计算的预计值。

表 2.1 列出了世界一些典型大跨度预应力混凝土连续刚构桥的下挠情况，可以看出，国内外普遍存在主梁下挠的问题，也从侧面说明大跨度预应力混凝土连续刚构桥的跨中下挠在设计、施工方面确实存在缺陷。

世界典型大跨度预应力混凝土连续箱梁桥的下挠情况　　表 2.1

桥　　名	跨径组合(m)	结构类型	跨中下挠(cm)	挠跨比
中国广东虎门大桥辅航道桥	150 + 270 + 150	连续刚构	26	1/1 038
中国黄石长江公路大桥	62.5 + 3 × 245 + 62.5	连续刚构	33.5	1/731
中国江津长江大桥	140 + 240 + 140	连续刚构	31.7	1/757
中国三门峡黄河大桥	105 + 4 × 160 + 105	连续刚构	22	1/727
中国广东丫髻沙大桥副桥	86 + 160 + 86	连续刚构	23	1/696
中国台湾圆山大桥	75 + 150 + 2 × 142.5 + 118 + 43	带铰刚构	63	1/238
中国广东南海金沙大桥	66 + 120 + 66	连续刚构	22	1/545
帕劳科罗尔桥	72 + 241 + 72	带铰刚构	120	1/201
挪威圣文斯特桥	100 + 220 + 100	连续刚构	20	1/1 100
美国帕洛特渡船桥	99 + 195 + 99	带铰刚构	63.5	1/307
英国金斯顿桥	62 + 143.3 + 62.5	带铰刚构	30	1/478

跨中持续下挠的影响因素归纳起来大致有：①混凝土由于取材以及配合比的特殊性，对其

收缩徐变特性认识不足，实际发生的收缩徐变大大超出设计预期，导致结构下挠过大；②预应力束的布置方式欠合理以及对预应力的实际损失估计不足，导致混凝土拉应力过大；③施工期间混凝土养护不到位，或者混凝土受荷龄期过短，导致后期收缩徐变增大；④预应力管道灌浆不饱满，预应力筋锈蚀，发生失效或部分失效；⑤施工超方导致恒重计算不足；⑥运营期间超载，产生结构性损伤。

对于主梁下挠病害，建议做好下述几方面的工作：

(1)增强对混凝土收缩徐变的认识，加强基础性研究。

规范中混凝土的徐变参数是根据普通混凝土的研究成果提出的，实际工程中为了改进混凝土的某些性能，采用了许多新型材料、外加剂和配合比，或者为了适应地区建设需要采用了地区性的材料，如贵州地区广泛采用的石灰岩质机制砂、机制集料等，原有的徐变模型与参数的适用性问题就变得较为突出。

另外，大跨度连续刚构桥多采用高强度等级混凝土，而高强度等级混凝土的收缩远较目前理论的估计值大，且持续时间相当长[3]。此外，收缩除了干燥收缩外，还有碳化收缩和自发收缩等。在普通混凝土中干燥收缩占有主导地位，其他收缩均很小，而随着强度的增加，自发收缩由于混凝土的水灰比不断下降而变得不可忽视，高强度等级混凝土的收缩仅考虑干燥收缩就可能严重低估了收缩的影响。目前对高强混凝土的长期变形特性试验研究相对较少。

因此，对地区性混凝土材料、高强度和特殊性能混凝土的收缩徐变特性进行基础性研究，获得较准确的基础性资料很有必要。

(2)适当增加纵向预应力钢束用量，提倡“长期荷载零挠度设计法”。

研究认为，连续刚构桥的后期收缩徐变挠度与其长期荷载产生的弹性挠度密切相关，恒载弹性下挠越大，徐变下挠也就越大。施工期间设预拱度只能解决后期道路线形问题，却丝毫不能减小徐变下挠的总量。

为此，笔者提出“长期荷载零挠度设计法”，即在满足现行《公路钢筋混凝土及预应力混凝土桥涵设计规范》(JTG 3362)的前提下，以梁体在恒载和可变荷载准永久值的作用下的弹性挠度为零(或最小)为设计目标的设计方法。具体设计中可适当增加悬臂浇筑钢束、跨中合龙连续钢束，减少长期荷载挠度，从而减少后期徐变下挠的发生。

(3)充分估计实际施工中的预应力损失，适当预留后备索或体外索。

在现代的大跨度预应力连续刚构中，大多采用三向预应力的高强混凝土箱梁结构，桥梁的裂缝控制基本上是依赖于预应力钢束的布置。因此，预应力钢束的布置形式和预应力损失计算的准确性对于箱梁的抗裂性能起着非常关键的作用。但是，现行《公路钢筋混凝土及预应力混凝土桥涵设计规范》(JTG 3362)关于预应力损失的计算方法，并不完全适用于箱梁[4]。

大跨度混凝土连续刚构箱梁的纵向预应力钢束长度大多在100m以上，有的长达220m以上，而且线形复杂。对长索而言，摩阻损失在预应力损失中占很大比例。摩阻损失主要受孔道弯曲和孔道偏差的影响，分别由孔道摩擦系数μ和孔道偏差系数k控制。比较国内外文献对μ、k的取值，发现国内规范取值偏低(见表2.2～表2.4)。

现行《公路钢筋混凝土及预应力混凝土桥涵设计规范》(JTG 3362)关于系数 k、μ 取值的规定　表 2.2

管道成型方式	k	μ	
		钢绞线、钢丝束	精轧螺纹钢筋
预埋金属波纹管	0.001 5	0.20 ~ 0.25	0.5
预埋塑料波纹管	0.001 5	0.14 ~ 0.17	—
预埋铁皮管	0.003	0.35	0.4
预埋钢管	0.001	0.25	—
轴心成型	0.001 5	0.55	0.6

国外规范关于系数 k 取值的规定　表 2.3

品　种	孔道类型	k 值($\times 10^{-4}$)				
		美国	英国	荷兰	意大利	法国
钢丝	波纹管	45 ~ 61	33	25	30	24 ~ 36
钢绞线	波纹管	30 ~ 45	33	25	30	20

国外规范关于系数 μ 取值的规定　表 2.4

品　种	孔道类型	μ 值($\times 10^{-4}$)				
		美国	英国	荷兰	意大利	法国
冷拔钢丝	光面	0.30	0.30	0.26	0.30	0.22 ~ 0.25
	镀锌	0.25	0.30	0.26	—	0.22 ~ 0.25
钢绞线	光面	0.25	0.30	0.26	0.30	0.20
	镀锌	0.20	0.30	0.26	—	0.21

从我国工程实际出发,建议设计计算中对预应力损失作充分的考虑,施工中提高预应力孔道的定位精度,并加强浇筑施工中的保护。对大跨度或新型复杂结构,建议对预应力损失产生的影响作误差分析,按 6% ~10% 预留后备索或体外索。

(4)设置腹板下弯束,增强腹板竖向预应力的可靠性,严格控制张拉、灌浆程序,加强质量监管。

连续刚构桥腹板受剪开裂将减弱箱梁的整体刚度、增加荷载挠度并影响箱梁的耐久性。20 世纪 90 年代,为了减小腹板厚度尺寸,一度取消腹板下弯束,仅靠竖向预应力和箱梁的纵向压应力来减小腹板主拉应力,之后陆续出现了腹板开裂和箱梁下挠等严重病害。根据研究,在大跨度连续刚构桥的根部至 3/8 跨或更大范围的节段中设置腹板下弯束,可以显著提高腹板的抗剪能力,避免腹板开裂非常关键,因此设计应予以考虑。

另外,腹板竖向预应力的可靠性、有效性,关系到腹板主拉应力的大小和开裂问题,而腹板竖向预应力钢束长度一般较短,预应力在张拉锚固、混凝土收缩徐变、后续施工弹性压缩等过程中会产生较大的损失,因此选择合适的预应力体系、加强施工质量监管尤其重要,对于大跨度连续刚构桥,建议根部至 1/4 跨区域或梁高 6m 以上区域的腹板竖向预应力采用钢绞线预应力体系。

(5)控制箱梁节段受荷龄期,做好混凝土养护。

大量的试验研究表明，混凝土的受荷龄期越早，其后期徐变越大。控制节段纵向预应力钢束张拉时的混凝土养护龄期，并加强箱梁节段拆模后的养护和保护非常重要。根据多地的实践经验，建议节段纵向预应力钢束张拉时的混凝土养护龄期不少于7d。

2.2　梁体开裂

在过去的30年多年中，特别是20世纪90年代，由于设计、施工和运营管理等方面存在不足和缺陷，许多预应力连续梁、连续刚构桥箱梁的腹板、顶板、底板、横隔板以及锚固齿板等部位均出现了不同形式的裂缝，开裂程度轻重不一。这些裂缝的存在，对结构的安全性、耐久性和正常使用产生了十分不利的影响[5]。

箱梁裂缝按其形状，可分为7类17种，分别是：①腹板斜向、竖向、水平向裂缝；②顶板纵向、斜向和横向裂缝；③底板纵向、斜向和横向裂缝；④横隔板竖向、横向、斜向和过人孔周围辐射状裂缝；⑤锚下劈裂裂缝；⑥沿纵向预应力束孔道的裂缝及层间裂缝；⑦齿板局部区域裂缝。各种裂缝的具体形态见表2.5。

预应力混凝土箱梁常见裂缝类型　　表2.5

裂缝性质	裂缝形态	常见位置
底板横向裂缝	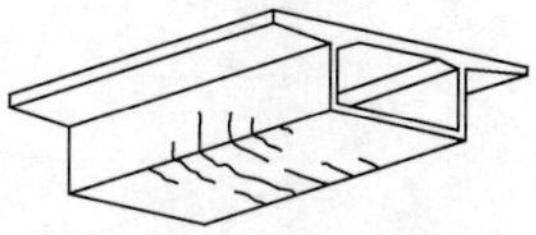	跨中附近底板及腹板
顶板横向裂缝	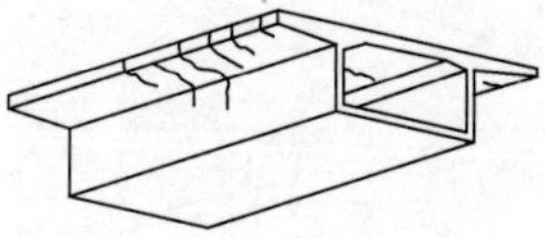	桥墩部位顶板及腹板
腹板中部斜裂缝	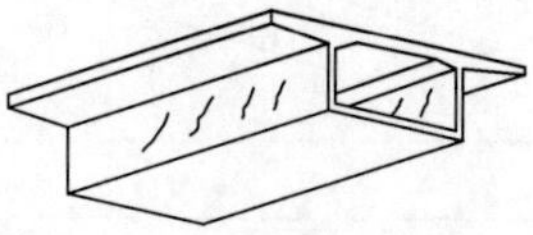	1/4跨及梁端附近腹板
边跨腹板水平裂缝	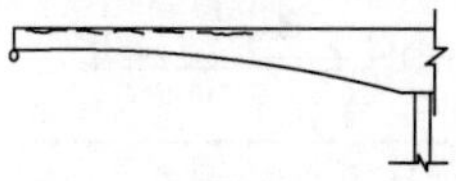	边跨支座附近腹板上缘
中跨腹板水平裂缝	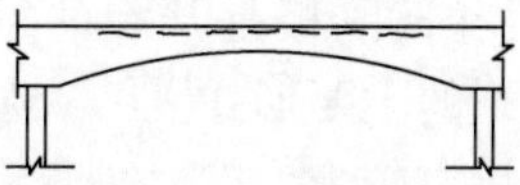	中跨$\frac{1}{4}L$~$\frac{3}{4}L$之间腹板上缘
与底板横向裂缝贯通的腹板裂缝	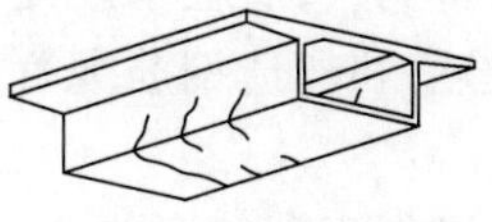	剪跨区内的底板及腹板

续上表

裂缝性质	裂缝形态	常见位置
底板层间横向裂缝	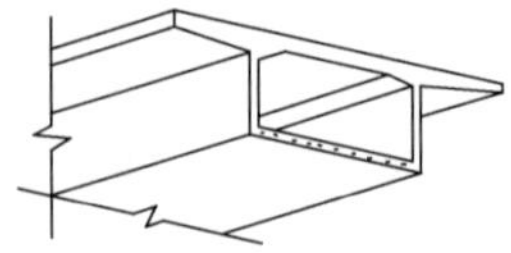	配有底板正弯束的跨中底板
贯通腹板、底板的螺旋状裂缝	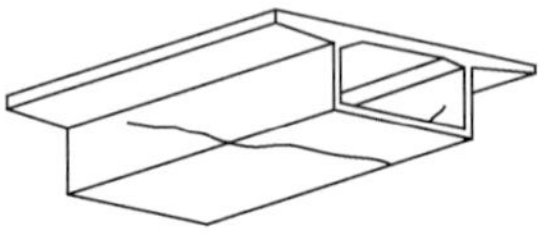	$\frac{1}{4}L \sim \frac{3}{4}L$ 区域的底板及腹板
顶、底板纵向裂缝	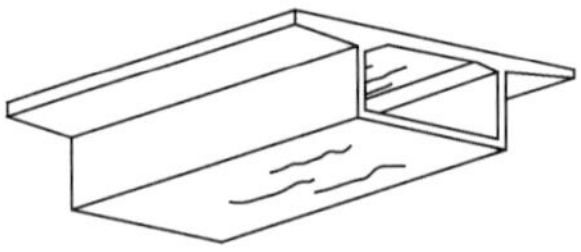	跨中附近厚度较薄底板、全桥顶板、板中部、折角附近
齿板局部区域裂缝	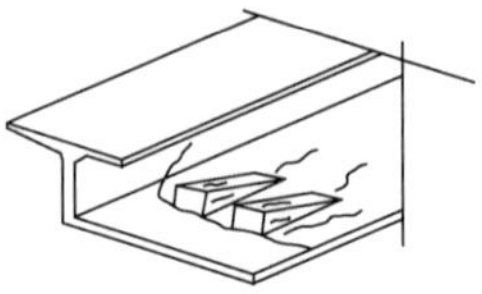	齿板与顶、底、腹板交界处，齿板侧面及前段纵向裂缝
锚下发散裂缝	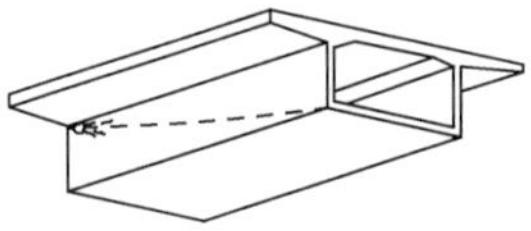	钢束锚固处(梁端及齿板)
沿预应力管道裂缝	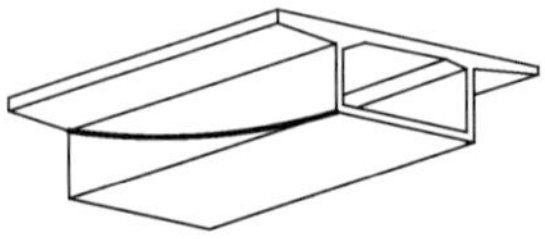	预应力管道
横隔板裂缝	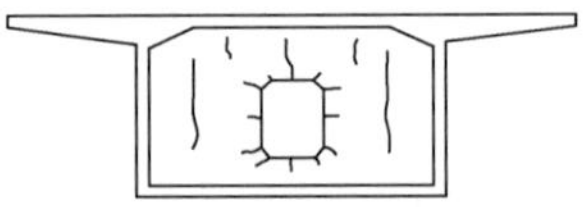	横隔板过人孔周边、正上方、两侧

统计表明，在预应力混凝土箱梁桥中，箱梁的各组成部位都有较高的比例出现裂缝(结构性和非结构性的)。其中，腹板、顶板和横隔板是开裂的重点部位。腹板斜裂缝、水平裂缝，顶、底板纵向裂缝和横隔板裂缝是开裂的主要形式。

腹板斜裂缝为结构受力性裂缝，危害较大，其主要原因有：①竖向预应力张拉、锚固工艺控制不好，损失大，腹板出现较大的主拉应力；②腹板未设置下弯钢束，腹板承受剪力较大；③腹板厚度偏薄，或尺寸构造不合理，或箍筋和构造钢筋配置过少，抗剪能力不足；④施工存在缺陷，混凝土质量差。

而腹板及顶底板垂直桥轴向横向裂缝出现的主要原因，是有效预应力不足或超载导致的正截面承载能力不足。

针对上述分析,在设计、施工中制订并落实相应的改进措施,可取得显著的效果。

2.3　箱梁底板预应力张拉崩裂

在连续刚构桥的合龙连续束的张拉施工中,底板容易出现纵向开裂、局部混凝土分层破坏,或预应力束崩出等事故。这里对其主要力学机理做简要分析。

2.3.1　典型的破坏形式

大跨径连续(刚构)梁根据悬臂施工及受力需要,一般设计为变高度形式,通常采用抛物线或圆曲线渐变方式,设于底板中的连续钢束因而存在一定的曲率,同时,管道定位不良或混凝土浇筑振捣亦会产生局部波浪状的钢束位置偏差。张拉时,曲线段钢束产生径向力,作用于底板混凝土。径向力的大小由经典的公式表达

$$q = \frac{F}{R} \tag{2.1}$$

式中:q——钢束产生的径向分布力(kN/m);

F——钢束拉力(kN);

R——曲率半径(m)。

根据对多座连续刚构桥底板崩裂事故的调查,该径向力引发的典型破坏形式主要有以下3种。

(1)底板横向挠曲产生的纵向开裂

这种破坏多见于箱宽较大的情况。底板在径向力作用下的横向挠曲可以按单位长度箱梁横向框架计算或空间计算来分析,如图2.1所示。

横向挠曲产生的结果就是,底板横向跨中受正弯矩、两端由于腹板弹性嵌固而承受负弯矩作用。箱宽愈大、底板钢束离腹板距离愈远,这种效应愈显著。截面拉应力超出混凝土抗裂能力,则导致纵向开裂。

(2)底板上、下层之间分层拉裂

底板上、下层之间分离是由于钢束管道对截面的削弱及不良构造引起的,表现为大面积起鼓或大块脱离,如图2.2所示。

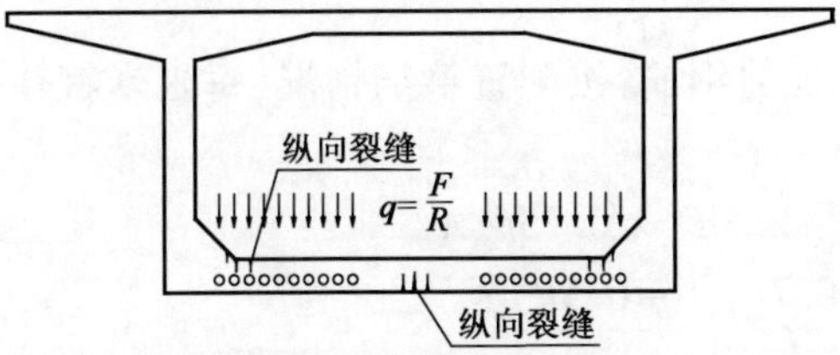

图2.1　底板横向挠曲开裂

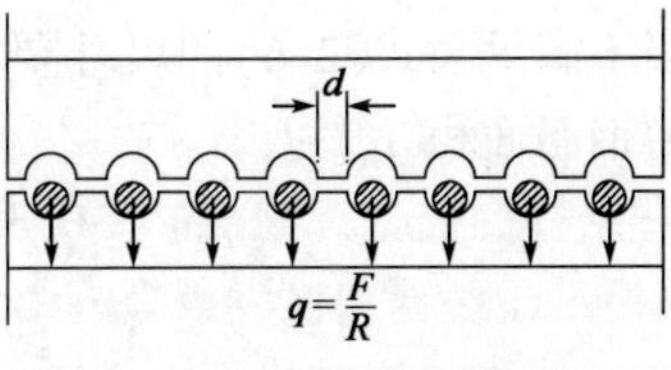

图2.2　底板上、下层分离

(3)钢束局部崩出(剪出)

曲线段或齿板转折点处钢束,由于局部径向力的作用,在外崩方向混凝土保护层厚度较小、受力钢筋配置不佳、混凝土质量存在缺陷时,易出现崩出破坏,如图2.3所示。

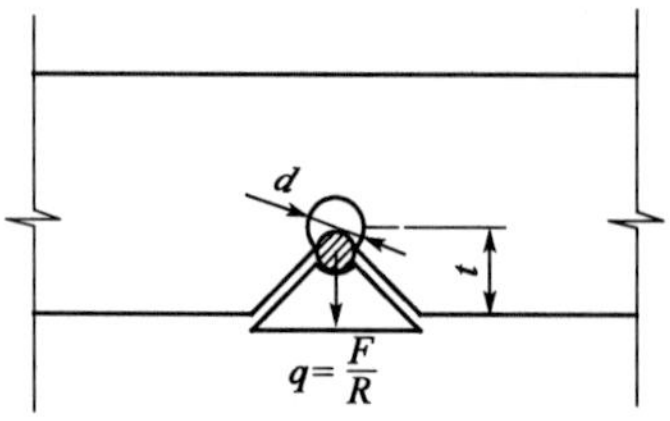

图 2.3 钢束局部崩出(剪出)

2.3.2 相应破坏形式的配筋验算要求

(1)底板横向挠曲产生的纵向开裂

底板横向挠曲产生的纵向开裂,属于常规的横向弯矩计算与抗裂计算的内容,在此不再赘述。

(2)底板上、下层之间分离拉裂

如图 2.2 所示,管道之间混凝土上下拉应力近似地按均匀计算

$$\sigma = \frac{q}{d} \tag{2.2}$$

当拉应力大于混凝土的开裂应力时,拉力由钢筋承受,这时上下层连接钢筋沿钢束每延米需要的面积按承载能力极限状态计算

$$A \geqslant \frac{\gamma_0 q}{f'_{sd}} \tag{2.3}$$

式中:f'_{sd}——达到极限状态时的钢筋应力,由于实际结构底板厚度不大,上、下层之间抗拉钢筋长度短,计算时要考虑锚固传力长度不足的影响。

按大跨径连续刚构一般采用 C50 混凝土、ϕ16mm 抗拉钢筋、基本锚固长度 20 倍钢筋直径、实际锚固传力长度 12cm,计算锚固传力长度不足的影响,有上、下层分离处的钢筋极限应力f'_{sd} = 12/(20 倍钢筋直径) ×f_{sd} = 12/(20 × 1.6)f_{sd} = 0.375f_{sd},代入式(2.3),则有抗拉钢筋计算公式

$$A \geqslant \frac{2.7\gamma_0 q}{f_{sd}} \tag{2.4}$$

要注意的是,有效锚固考虑了 90°弯钩,因此钢筋两端应与外层钢筋钩牢。

(3)钢束局部崩出(剪出)

崩出破坏可参考冲切模式计算

$$\gamma_0 q \leqslant 0.7f_{td} \times 2 \times (t - 0.5d) \tag{2.5}$$

式中:t——波纹管中心到混凝土边缘的距离(m);

d——波纹管外径(m)。

于是有不配置剪出钢筋的尺寸要求

$$t \geqslant \frac{0.71\gamma_0 q}{f_{td}} + 0.5d \tag{2.6}$$

当不满足公式(2.6)的尺寸要求时,需配置抗剪钢筋,按配置箍筋情况,每延米箍住钢束管道的钢筋面积 A_{svu} 为

$$\gamma_0 q \leqslant 0.35f_{td} \times 2 \times (t - 0.5d) + 0.75f'_{sv}A_{svu} \tag{2.7}$$

$$A_{svu} \geqslant \frac{1.33[\gamma_0 q - 0.7f_{td}(t - 0.5d)]}{f'_{sv}} \tag{2.8}$$

与前面类似,极限状态时的箍筋应力应考虑锚固长度不足的影响,偏安全地,按 ϕ16cm、12cm 锚固传力长度,f'_{sd} = 0.375f_{sd},于是有

$$A_{svu} \geqslant \frac{3.55[\gamma_0 q - 0.7f_{td}(t - 0.5d)]}{f_{sv}} \tag{2.9}$$

最后,波纹管中心到混凝土边缘的距离 t 还应满足最小尺寸要求

$$\gamma_0 q \leqslant 1.05 f_{td} \times 2 \times (t - 0.5d) \tag{2.10}$$

$$t \geqslant \frac{0.48\gamma_0 q}{f_{td}} + 0.5d \tag{2.11}$$

2.3.3　关于外崩力的认识

梁底预应力径向外崩力是容易被忽视的一种作用,为了引起读者的注意,这里对其大小作简要的理论分析和事例计算。

为简单计算,外崩力 q 不考虑路线纵坡曲线的影响,只考虑梁底固有曲线产生的径向力 q_1 和管道定位误差产生的径向力 q_2

$$q = q_1 + q_2 \tag{2.12}$$

(1)梁底固有曲线产生的径向力 q_1

以应用最广的抛物线变化规律为例,假设悬浇长度为 l,根部梁高为 h_0,跨中梁高为 h_1,抛物线幂次为 k,则有梁底抛物线方程

$$y = \frac{h_0 - h_1}{l^k}x^k + h_1 \tag{2.13}$$

1 阶和 2 阶导数为

$$y' = k\frac{h_0 - h_1}{l^k}x^{k-1}, y'' = k(k-1)\frac{h_0 - h_1}{l^k}x^{k-2}$$

曲率半径为

$$R = \frac{(1 + y'^2)^{1.5}}{|y''|} \tag{2.14}$$

可以看出,当抛物线指数 $k<2$,$x\to 0$ 时,$y''\to\infty$,$R\to 0$,钢束在此存在一个集中力作用。这也预示着,当抛物线指数 $k<2$ 时,对跨中钢束的局部崩出问题及其验算要予以充分注意。

以主跨 80m、160m、200m 为例,比较 $x=4$m(最后一个悬浇段处)的曲率半径和钢束径向力 q_1,如表 2.6。由此可以看出,曲率半径与跨径、抛物线指数密切相关。对于山区桥梁,根部梁高不受净空控制,可取相对大些,抛物线指数则可取 2;对于跨度小于 160m 的桥梁,钢束规格不宜超过 ϕ15.24 ~ ϕ15。

箱梁下缘跨中附近曲率半径与 q_1　　表 2.6

主跨(m)	悬浇长度 l(m)	根部梁高 h_0(m)	跨中梁高 h_1(m)	抛物线指数 k	x	y	y'	y''	曲率半径 R(m)	钢束拉力 F(kN)	q_1 (kN/m)
80	33.0	5.0	2.0	1.6	4.0	2.103	0.041 01	0.006 15	163.0	ϕ15.24 − 15:3 515.4	21.6
				1.8	4.0	2.067	0.030 25	0.006 05	165.5		21.2
				2.0	4.0	2.044	0.022 04	0.005 51	181.6		19.4
160	71.0	10.0	3.5	1.6	4.0	3.565	0.026 08	0.003 91	255.9	ϕ15.24 − 19:4 452.8	17.4
				1.8	4.0	3.537	0.016 50	0.003 30	303.1		14.7
				2.0	4.0	3.521	0.010 32	0.002 58	387.8		11.5

续上表

主跨 (m)	悬浇长度 l(m)	根部梁高 h_0(m)	跨中梁高 h_1(m)	抛物线指数 k	x	y	y'	y''	曲率半径 R(m)	钢束拉力 F(kN)	q_1 (kN/m)
200	90.5	12.0	3.8	1.6	4.0	3.856	0.022 31	0.003 35	299.0	ϕ15.24 - 19：4 452.8	14.9
				1.8	4.0	3.830	0.013 45	0.002 69	371.8		12.0
				2.0	4.0	3.816	0.008 01	0.002 00	499.5		8.9

如果箱梁节段按抛物线的折线设置，q_1 将向节段折角处集中，按分布长度 1m 计算

$$q_1' = \frac{q_1 l}{1.0} = q_1 l \tag{2.15}$$

式中：l——两相邻节段长度的平均值(m)，对于表 2.6 中跨径为 160m 的箱梁，1.8 次抛物线，节段长度 4m，有节段折角处径向力 $q_1' = 58.8\text{kN/m}$，可见比按曲线计算增大了数倍。

(2)直线段管道定位误差产生的径向力 q_2

施工质量控制水平不同，管道定位误差相差悬殊，假定定位钢筋间钢束曲线按图 2.4 余弦函数曲线变化

$$y = 0.5t\cos\frac{2\pi x}{L}\text{，半波包角 }\theta = \frac{2\pi t}{L}$$

包角对应的长度为 $L/2$，则有等效曲率半径

$$R = \frac{\frac{L}{2}}{\theta} = \frac{L^2}{4\pi t} \tag{2.16}$$

式中：L——定位钢筋间距；

t——钢束偏移误差，为管道误差减去钢束与孔道之间间隙。

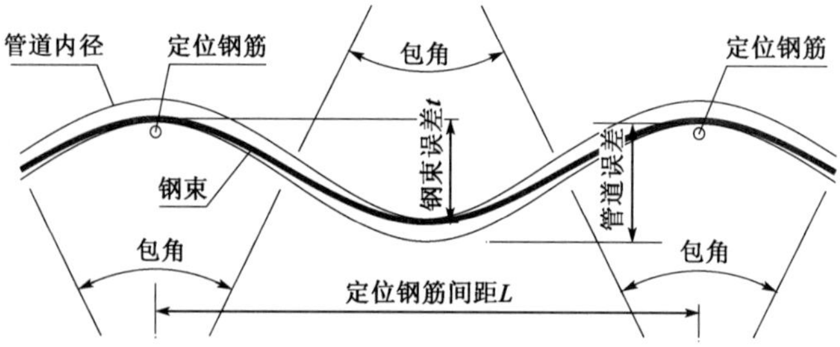

图 2.4　钢束位置误差

直线段定位钢筋间距通常为 100cm。根据对多座发生事故桥梁的管道误差观察，定位钢筋之间管道下垂达 2cm，钢束与孔道的直径之差 1.5～2cm，取实际钢束偏移误差 $t = 0.3\text{cm}$，于是有曲率半径 $R = L^2/(4\pi t) = 26.5\text{m}$。对于跨径 160m 箱梁、底板钢束采用 ϕ15.24 - 19，则有

$$q_2 = \frac{F}{26.5} = \frac{4\,452.8}{26.5} = 168.0(\text{kN/m})$$

$$q = q_1 + q_2 = 58.8 + 168.0 = 226.8(\text{kN/m})$$

由此可以看出,管道定位误差是钢束外崩力产生的主要原因,并且是高度敏感的。

2.3.4　防止连续刚构桥底板预应力崩裂的若干建议

(1)鉴于钢束定位误差对外崩力的高度敏感性,建议采用容错设计,计算考虑钢束误差3～5mm。

(2)对于底板横向挠曲产生的纵向开裂,设计时要进行箱梁横向框架计算或空间计算,考虑钢束径向力对箱体的影响,要注意的是这种影响不仅可能产生底板纵向开裂,还对腹板主拉应力计算产生影响。

(3)为防止底板上下层之间分离破坏,建议按公式(2.4)计算并配置抗拉钢筋。

(4)为防止钢束局部崩出(剪出)破坏,建议按公式(2.9)计算并配置抗剪钢筋,按公式(2.11)验算最小尺寸要求。

公式(2.4)计算的抗拉钢筋和公式(2.9)计算的抗剪钢筋可相互起作用,只需按两者的较大值设置即可,但要注意钢筋-混凝土握裹传力模式的不同,分别满足不同的构造要求。由于底板厚度较薄,本书提出的公式中考虑了锚固长度不足导致的折减。

在设计构造方面,提出4点建议:

(1)底板连续钢束以往多按平行于下缘布置,由于管道之间及管道与下缘净距小,不利于混凝土的浇筑和密实,建议适当加大管道之间及管道与下缘净距,底板连续钢束可平行于上缘布置。

(2)对齿板处的钢筋布置细节应予以关注,由于齿板处局部刚度增大、锚于齿板的钢束与继续通过该处的钢束形成对拉,更易产生拉裂或剪出破坏,齿板防崩钢筋与下缘防崩钢筋宜结合起来采用闭合箍筋。

(3)直线段钢束由于管道定位误差导致的崩裂破坏,不但要计算、设置向下的防崩裂钢筋,亦要注意向上的崩裂趋势和措施(已有底板上缘破坏的实例)。

(4)底板崩裂受钢束拉力影响大,建议尽量控制底板连续钢束的规格和张拉力。

在施工方面,提出3点建议:

(1)底板崩裂受钢束管道定位误差的影响大,定位钢筋的间距要适当加密。鉴于实际事故桥梁管道定位误差大的现状,建议对直线段钢束,定位钢筋亦按不大于50cm间距设置。

(2)底板防裂、防崩钢筋是抵抗破坏的关键构造,要严格按图施工,绝不能按一般撑筋而忽略其质量和数量。

(3)施工中管道偏离误差的控制要求,除应严格满足施工规范要求外,任何部位管道偏离误差应小于管道内径与钢束外径差值的一半,要注意混凝土浇筑振捣过程中对钢束管道的保护。

对于底板崩裂后的加固处理,笔者建议根据其破坏形式,采取相应的措施:对于横向挠曲破坏,以加强底板横向抗弯能力为主,如加大底板厚度、增设横向隔梁等;对于上下层之间分离拉裂破坏,则采用上下缘粘贴钢板、高强螺栓夹持、压注黏合剂和封闭剂为宜;对于局部崩出(剪出)破坏,视情形是否严重,可采用粘贴钢板或浇筑混凝土(如聚合物混凝土、环氧混凝土)局部封闭等措施。

第 3 章　总体布置和结构构造

3.1 总体布置

3.1.1 联长选择

连续刚构桥的联长除受桥长控制外，墩高亦是重要制约因素。采用抗推刚度较大的实体或空心薄壁墩的连续刚构桥，为使桥墩在混凝土的徐变、收缩和温度变化等纵向变形作用下受力基本合理，一联中连续刚构桥的变形区段长度 $\sum L$ 不宜过长。一般情况下，较经济的墩高与联长关系为 $\sum L \leqslant 7H$，如图 3.1 所示，H 为距两端设纵向滑动支座的桥台（或中间墩）最近桥墩的高度，$\sum L$ 为两端第一个固结桥墩之间的长。

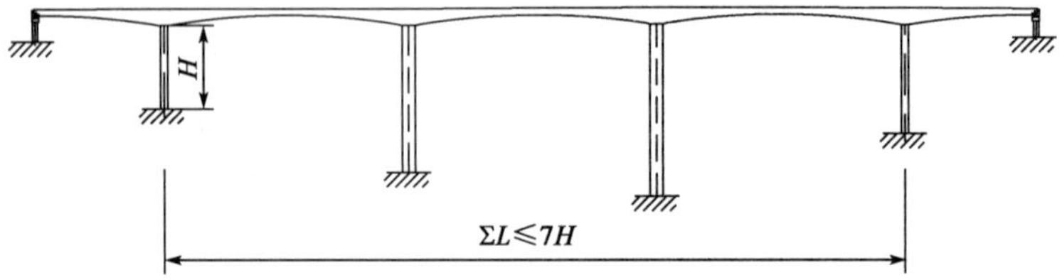

图 3.1　具有实体桥墩的连续刚构桥总长

双肢薄壁墩的抗推刚度相对较低，一联中连续刚构桥的变形区段长度可根据结构受力情况适当增长，一般情况下可取 $\sum L \leqslant 8H$。墩高与一联变形区段长度超出正常范围时，可释放两端次边墩（与设伸缩缝的过渡墩紧邻）的墩梁固结，改设纵向滑动支座，即刚构-连续组合梁桥。

3.1.2 孔跨布置

为使桥梁的变形、受力合理，连续刚构桥边、中跨的跨径要保持合适的比例。从已建桥梁来看，边中跨比一般在 0.5 ~ 0.7 之间，但 0.5 仅在下部为刚性墩的美国 Houston 桥上应用，超过 0.6 的也仅是少数几座桥，大部分在 0.55 ~ 0.58 之间，如表 3.1 ~ 表 3.3 所示。

国内部分大跨度连续刚构桥　　表 3.1

序　号	桥　名	建成年份	跨径组合(m)	边跨/主跨	截　面
1	虎门大桥辅航道桥	1997	150 + 270 + 150	0.556	单室箱
2	黄石长江公路大桥	1995	162.5 + 3 × 245 + 162.5	0.663	单室箱
3	泸州长江二桥	2001	145 + 252 + 54.8	0.575	单室箱
4	江津长江大桥	1997	140 + 240 + 140	0.583	单室箱

续上表

序　号	桥　名	建成年份	跨径组合(m)	边跨/主跨	截　面
5	重庆高家花园嘉陵江大桥	1998	140+240+140	0.583	单室箱
6	重庆龙溪河大桥	2000	140+240+140	0.583	两单室箱
7	南澳跨海大桥	1998	122+221+122	0.552	单室箱
8	广东洛溪大桥	1998	65+125+180+110	0.520/0.611	单室箱

国外部分大跨度连续刚构桥　　表3.2

序　号	桥　名	国　家	建成年份	跨径组合(m)	边跨/主跨	截　面
1	Gateway 桥	澳大利亚	1985	145+260+145	0.558	单箱室
2	Houston 桥	美国	1982	114+228.6+114	0.500	双室箱
3	Mooney 桥	澳大利亚	1985	130+220+130	0.591	分离双箱

边中跨比值可选范围　　表3.3

桥　型	中　国		英　国	法　国	美　国	
	经验值	统计值			允许值	一般值
连续梁	0.65~0.75	0.545~0.700	0.6~0.65	0.6~0.7	0.6~0.8	0.5~0.6
连续刚构	0.55~0.58	0.55~0.65				

1)三跨连续刚构

设中跨为 L,边跨为 L_1 及 L_2。$L_1=L_2$ 时为对称布置,$L_1\neq L_2$ 时为非对称布置。正常情况下,一般可取 L_1/L(及 L_2/L)$=0.52\sim0.60$ 较为合适。边跨大和小的优缺点如下:

(1)边跨较小的优点

①边跨现浇段长度较短,对施工有利。当边墩台较高时,可用导梁、托架或挂篮前推作为支架,现浇段可以不用落地支架。

②边跨主梁端附近主拉应力较小,对防止箱梁腹板出现斜裂缝有利。

③当中跨长度一定时,边跨较小,则主桥长度较短。

(2)边跨较小的缺点

①边跨过小时,如边支承出现负反力,需采用拉压式支座或在边跨主梁内加配重的措施,边墩台的受力不好。

②边跨较小时,主墩将承受较大的弯矩,使靠岸侧压力小,跨中侧压力大。一般采取下述措施进行调整:

a.边跨合龙前,在边跨大悬臂端加压重,边跨合龙后卸载。结构分析表明,卸载后,外立柱仍可获得因加压增加压力的90%。

b.中跨合龙前适当顶推主梁,使主墩向岸侧偏移产生预弯矩后锁定中跨合龙段,再浇边跨和中跨的合龙段混凝土。

边跨较大时的优缺点,与边跨较小的优缺点正好相反,在此不再赘述。

2）多跨连续刚构

四跨或四跨以上，可以对称布置，也可以非对称布置。中间一跨或几跨为主跨，跨径相等。次边跨和边跨跨径一般逐渐减小。相邻两跨如跨径不等时，过渡跨取相邻跨径的平均值，如图3.2所示。

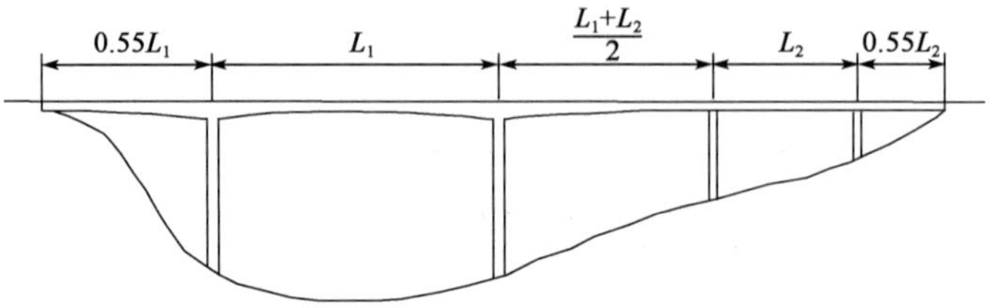

图3.2 多跨连续刚构不等跨径布置

3）小边跨连续刚构

有时受地形或其他条件限制，可能出现很小的边跨，其跨径与相邻较大跨径之比小于0.5。对桥墩和主梁受力不利，设计有下述两种处理措施：

（1）当小边跨梁端的负反力较大，难以消除时，采用基础锚碇的方法平衡负反力。例如：

①泸州长江二桥因受地形和通航条件限制，选用三跨不对称的预应力混凝土连续刚构桥型，孔跨布置为145m＋252m＋54.75m，小边跨箱梁通过5.25m长的合龙段与桥台刚性连接。按锚碇桥台设计，布置18根方形锚桩，通过设在锚桩内的竖向预应力束将桥台可靠地锚于基岩中。桥台长26m，与箱梁结构一致，两端加隔板，箱内用浆砌石填心，小边跨的纵向预应力束锚于台尾。桥台为三向预应力结构。构造如图3.3所示。

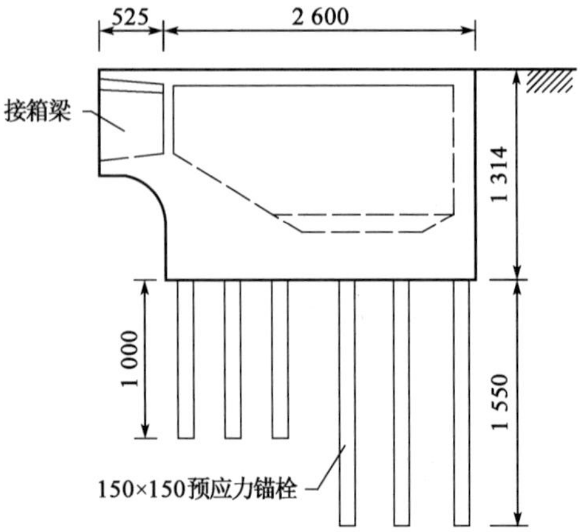

图3.3 泸州长江二桥锚碇桥台示意图（尺寸单位：cm）

②贵州省关兴公路落拉河大桥，孔跨布置为40m＋166.5m＋97m。40m小边跨采用大截面等高度箱梁，并在梁端布置4排预应力锚杆。锚杆用ϕ32精轧螺纹钢筋，锚入基岩内10m，在梁顶张拉。锚杆纵向间距100cm，横向间距180cm，每根锚杆张拉力320kN。

（2）当小边跨跨径不是很小时，采用大、小T和调整边跨构造尺寸的方法协调恒载分布，以改善边主墩的受力。例如：

①云南省三界怒江大桥，孔跨布置为55m＋138m＋95m，小边跨55m与中跨138m的比值为0.399。设计采取的协调措施是：主桥由一个100m的小T和一个176m的大T组成，使小边跨端部不出现负反力。小边跨箱梁仍按正常情况进行结构设计。

②贵州省思南岩头河大桥，孔跨布置为53.5m＋128.5m＋92m，小边跨53.5m与中跨128.5m的比值为0.416。设计亦采用大、小T的方式协调内力。小边跨端部为正反力，箱梁按正常情况进行设计。靠小边跨的主墩较矮，墩顶截面出现不大于3MPa的拉应力，布置竖向预应力筋。

3.2　箱梁一般构造

3.2.1　箱梁截面形式

连续刚构桥悬臂施工,对主梁抗扭刚度要求较高,这是主梁一般采用变截面箱梁的重要原因。另外,箱梁的底板使墩顶主梁具有较低的重心,便于布置预应力钢束平衡悬浇时的巨大负弯矩。

箱梁断面有单箱单室、单箱双室、单箱多室、双箱单室等多种。箱梁顶板宽度在22m以内时,可采用单箱单室或单箱双室,当宽度超过22m时,宜修建成双幅桥,截面为两个分离单箱式,如虎门大桥辅航道桥。国内外的趋势多用单箱单室,当顶板较宽时,可通过顶板加肋、加翼缘斜撑、加箱内斜撑等方式提高横向刚度。

3.2.2　主梁高度

跨中梁高宜采用1/40～1/50的主跨跨径,其中小跨径取大值。根部梁高宜采用主跨跨径的1/16～1/18。表3.4为主梁高度经验公式。表3.5为国内连续刚构桥主梁根部高度。

主梁高度经验公式　　表3.4

箱梁变高度	根部高跨比(h_a/L)	跨中高跨比(h_b/L)	备　注
变高度连续梁	1/14～1/20,常用1/17	1/30～1/50	—
变高度连续刚构	1/15～1/20,常用1/17	1/35～1/55	国内近期从$L/17$增大为$L/16.5$
	$L/h_a=14+L/45$	$L/h_b=19+L/7$	法国要求最低梁高应≥2.2m

国内连续刚构桥主梁根部高度　　表3.5

桥　名	跨径组合(m)	主梁根部高h(m)	h/L	建成年份
虎门大桥辅航道桥	150+270+150	14.8	1/18.24	1997
黄石长江公路大桥	162.5+3×245+162.5	13	1/18.85	1995
三门峡黄河大桥	105+4×160+105	8	1/20	1993
广东石南大桥	75+135+75	7.5	1/18	1991
东明黄河大桥	75+7×120+75	6.5	1/18.46	1993
南海金沙大桥	66+120+66	6	1/20	1994
珠海大桥	70+2×125+70	6.8	1/18.38	1993
安徽南肥河大桥	45+75+45	4	1/18.75	1995

梁高跨比的下降,是上部结构趋于轻型化的表现。挪威拉托圣德大桥由于跨中采用了轻质混凝土,减轻了自重,并选用了较小的跨中高度,使该桥无论是跨中还是根部的高跨比都达到了最低值1/85.1和1/20.6,值得借鉴。

主梁高度的变化曲线,常用的有3种:按二次抛物线变化,按正弦曲线变化和按半立方抛物线变化。

图3.4表示主梁从根部高度h_a变化到跨中高度h_b。几种变化曲线主梁高度h_j的计算公

式如下：

按圆曲线变化时

$$h_i^1 = h_b + [R - \sqrt{R^2 - (L - x^2)}]$$

按二次抛物线变化时

$$h_i^2 = h_b - \Delta h\left(\frac{L-x}{L}\right)^2$$

按正弦曲线变化时

$$h_i^3 = h_a + \Delta h \sin\frac{90x}{L}$$

按半立方抛物线变化时

$$h_i^4 = h_b + \Delta h\left(\frac{L-x}{L}\right)^{\frac{3}{2}}$$

按直线变化时（作对比作用）

$$h_i^5 = h_b + \Delta h\left(\frac{L-x}{L}\right)$$

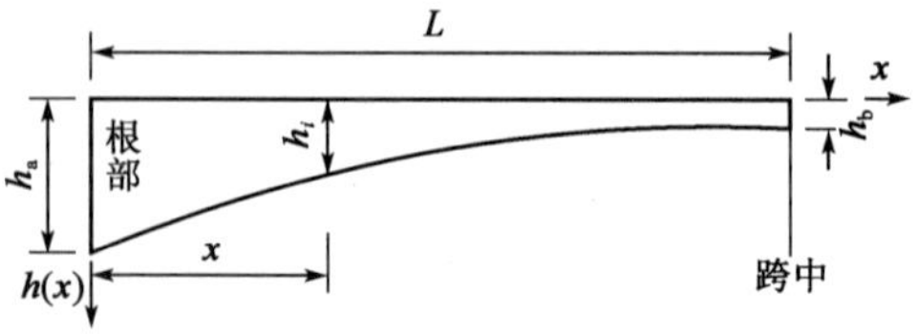

图 3.4　主梁高度的变化曲线

其中，$\Delta h = h_a - h_b$(m)；$(90x/L)$以度为单位；R为圆曲线半径(m)。

当x相同时，且$x \neq 0, x \neq L$，则有$h_i^1 < h < h_i^2 < h_i^3 < h_i^4 < h_i^5$

20 世纪末，曲线梁高变化指数曾采用 1.5～1.8 次的抛物线形式，该曲线使跨中底板曲率增大，导致底板下崩力增大而逐渐淘汰。

3.2.3　箱梁顶、底板和腹板厚度

箱梁截面的顶板和底板是结构承受正负弯矩的主要工作部位。当采用悬臂施工方法时，梁的下缘特别是靠近桥墩的截面承受很大的压应力。箱梁截面的底板应提供足够大的承压面积，发挥良好的受力作用。在发生变号弯矩的截面中，顶板和底板也都应各自发挥承压作用。

1）顶板厚度

确定箱形截面顶板厚度一般需考虑两个因素，即满足桥面板横向受力及布置纵向预应力钢束的要求。

根据箱的宽度和是否布置横向预应力筋，《公路钢筋混凝土及预应力混凝土桥涵设计规范》（JTG D62—2004）要求不小于顶板净跨径的 1/30 和 20cm。常用顶板跨中厚度在 25～35cm 之间变化，一般情况下不小于 25cm。0 号梁段和边跨现浇段梁端的顶板应加厚，一般加厚至 50～70cm。顶板两侧的根部要布置承托，其尺寸应根据顶板预应力钢束构造要求确定（图 3.5）。

其他国家规定如下：

（1）法国规范：顶板厚度一般取 22～26cm。

（2）美国规范：$L_5/L_3 = 0.2 \sim 0.3$之间时，且$L_4 < 4.6$m，顶板厚度不应小于 26cm。

(3)日本规范:箱梁顶板或连续板的厚度,取以下两式计算的较小者:①垂直行车方向:$t_3 = 3L_3 + 11$(cm),L_3 以 m 为单位;②平行行车方向:$t_3 = 5L_0 + 13$(cm),L_0 为横隔板之间顶板跨径,以 m 为单位。

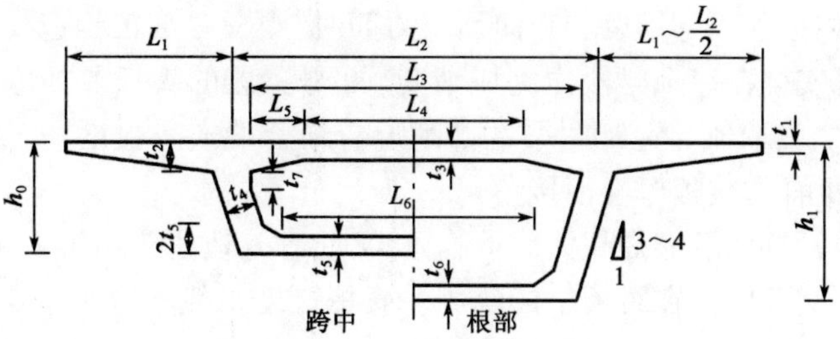

图3.5 箱梁截面尺寸

箱梁两侧的悬臂板,其端部厚度一般为 15 ~ 20cm。当布置横向预应力筋时,多用 20cm,根部设置承托,尺寸由顶板钢束构造要求确定。此外,悬臂板的跨长不宜大于 5m,当跨长超过 3m 后,宜布置横向应力束筋。

边跨梁端因设置伸缩缝,顶板厚度(含两侧悬臂板)要满足预埋锚固钢筋的要求。

2)底板厚度

底板除承受自身荷载外,还受一定的施工荷载。当采用悬臂施工法时,箱梁底板还承受挂篮底模梁后吊点的反力,设计时应考虑该力对底板和腹板的作用。

根部底板厚度 t_6 可取跨径的 1/140 ~ 1/170,或梁高的 1/10 ~ 1/12;跨中底板厚度 t_5 的最小值可取预应力管道直径的 2.5 倍,一般不小于 25 ~ 32cm。从箱梁根部至跨中,底板厚度应采用渐变,其变化曲线多采用半立方抛物线或二次抛物线。箱梁底板下缘顺桥向必须在一条平顺的曲线上,边跨现浇段及中跨合龙段与悬臂端最后一个梁段之间不允许有相对转角,可设置成抛物线。

其他国家规定如下:

(1)美国规范:跨中底板厚度 $t_5 > L_6/30$,但不小于 21cm。一般情况下,跨中底板厚度取 21 ~ 25cm。根部底板厚度应计算确定。

(2)法国规范:跨中底板厚度 $t_5 > t_4/3$,跨中底板厚度一般取 18 ~ 22cm。根部底板厚度按计算确定。底板厚度变化取二次或更高次曲线。

(3)英国规范:跨中底板厚度一般为 16 ~ 20cm,根部底板厚度计算确定。

随着设计经验的丰富,以及采用高强混凝土,底板的最大厚度有减薄的趋势。已有几座桥,根部最大底板厚跨比达到或小于 1/200,其中以虎门大桥辅航道桥最小,为 1/207.7。中国的连续刚构桥根部最大底板厚跨比,与跨径相似的澳大利亚两座桥相比,都有很大减小。值得强调的是挪威的拉托圣德大桥,由于自重轻及采用高强混凝土,其最大底板厚仅为 120cm,为跨径的 1/248.3,远小于中国,说明采用轻质混凝土有良好的经济性。

3)腹板厚度

腹板的主要功能是抵抗扭矩、剪力以及布置预应力束。腹板厚度设计必须考虑 3 个条件:①剪切荷载引起的剪力和扭矩必须保持在允许范围内;②满足混凝土的浇筑空间,尤其是在腹板内设置有弧线钢束的地方;③钢束如果锚固在腹板内,则必须能适当地分布集中在锚固位置上的高预应力荷载。从以上3个条件上看，腹板厚度主要取决于布置预应力筋的构造要求。

从箱梁根部至跨中，根据跨径的大小，可分为不同厚度的二段或三段，一般在40~80cm之间取值。当腹板内设置下弯钢束和竖向预应力筋时，腹板厚度按构造要求确定。沿纵向腹板厚度不宜突变，可安排在一个梁段内完成渐变。0号梁段的腹板要加厚，根据跨径的大小，一般在80~140cm之间取值。边跨主梁端部附近应结合端横隔板设计，加大腹板厚度，并设置一渐变段与一般梁段的腹板厚度衔接。

合理的增大腹板厚度，既能提高抗剪承载力，又能有效地改善箱梁的抗裂性能，也便于施工中的钢筋布置，尤其预应力在腹板上的锚固。腹板厚度一般不应小于35cm，墩上或靠近桥墩的箱梁根部腹板需加厚，以满足此处剪力大的要求，其厚度可以达到30~60cm甚至100cm。如有下弯束通过，还要满足构造要求。各国腹板的最小厚度见表3.6。

腹板最小厚度 表3.6

国家	跨中厚度	根部厚度	备注
中国	30~40cm	50~70cm	板厚由跨中向支承处逐步加厚，可以将变化段设在$L/4$处
英国	≥35cm		—
法国	$\geqslant\left(\frac{L/275+1.25B/L-0.125}{2}\right)$m		式中，L为主跨长，B为顶板宽度，均以m为单位，计算结果亦为m，法国规范限于腹板内无下弯束通过，亦无锚固的情况
美国	≥36cm		—

4）桥面板的悬臂长度

桥面板的悬臂长度也是调节板内弯矩的重要参数，在布置有横向预应力钢筋时，一般应尽量外伸一些。根据目前一些资料，悬臂板外伸的长度越来越长。例如：法国跨越厄道尔（Adour）河的桥，4跨72.5m连续梁，桥宽17.8m，单箱单室悬臂外伸达3.95m。当悬臂板加劲肋或加斜撑时，悬臂板还可以伸得更长一些。在确定悬臂板根部的活载弯矩时，当悬臂自由长度增加时，集中活载的荷载纵向分布长度也随着增加，所以对弯矩数值影响不大，这就使选择悬臂长度时，具有较大的自由度。

3.2.4 箱梁横隔板

横隔板的主要作用是增加箱梁的横向刚度，限制箱梁的畸变。端横隔板，既作为一个末端的横隔板，同时又可满足后张法预应力筋分散锚固在端部的构造要求。由于连续梁的支点传递荷载较大，大多数是采用实体式的刚性横隔板，中部开设人洞。中间支点横隔板要考虑支座布置，以及悬臂浇筑时设置墩、梁临时固结构造的要求，应予以加强。

通常的做法是，在0号梁段对应于主墩墩柱位置布置横隔板，其厚度与桥墩两壁的厚度一致；另外还在边跨支承处布置端横隔板，其厚度可根据边跨跨径的大小，在0.8~2m之间取值。其余梁段不设横隔板。

中间横隔板较少采用。由于近年有的连续刚构桥曾发生底板崩裂的事故，当箱梁较宽时，为了减小底板钢束径向力的不利影响，有的设计在主梁跨中布置横隔板。当边跨跨径较大，箱梁较窄时，为了提高梁端支承的抗扭能力，必要时可将端横隔板延伸至箱外（至腹板的外侧），梁端支承相应移至腹板之外。所有横隔板都应设孔洞，以保证箱内通道全桥贯通。孔洞的大小应方便管养人员及小型机具通过。

为防止端隔墙和支座隔板的开裂，隔墙或隔板洞口宜采用椭圆形，并按椭圆形配置构造钢筋。

3.2.5　梗腋

介于顶、底板与腹板接头处的梗腋，又称斜托。它可以提高截面的抗扭转刚度和抗弯刚度，减小扭转剪应力和畸变应力。加腋有竖向加腋和水平加腋两种。如图3.6所示，图中a)为一般箱梁上常用形式；b)和c)常用于箱梁截面较小的情形；d)、e)常用于斜腹板与顶板之间；f)、g)、h)常用于底板与腹板之间的下梗腋，以便于底板混凝土的浇筑。

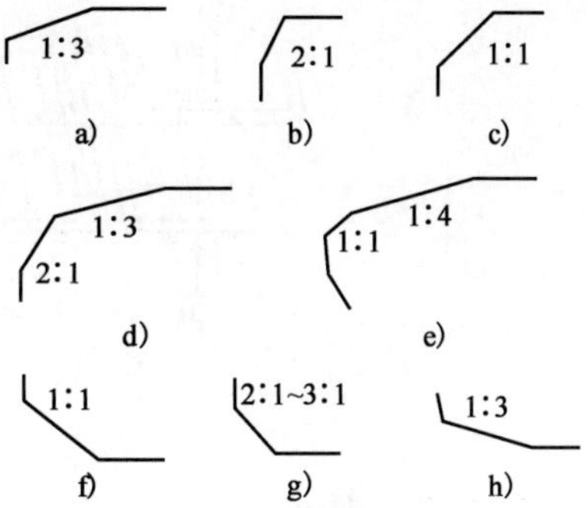

图3.6　梗腋形式

3.2.6　齿板

(1)尺寸拟定

构造端部与底、顶、腹板表面设置10°~15°的后仰角，以减小齿板端部下部的受拉范围和大小，同时给齿板后部受剪区增加压力。

齿板长度拟定时可按公式(3.1)及图3.7综合确定。

$$L \geqslant \frac{N}{400[\tau]B} \tag{3.1}$$

式中：L——齿板长度(m)；

N——一个齿板内钢束总的张拉力(kN)；

$[\tau]$——齿板混凝土的容许抗剪强度(MPa)；

B——齿板宽度(m)。

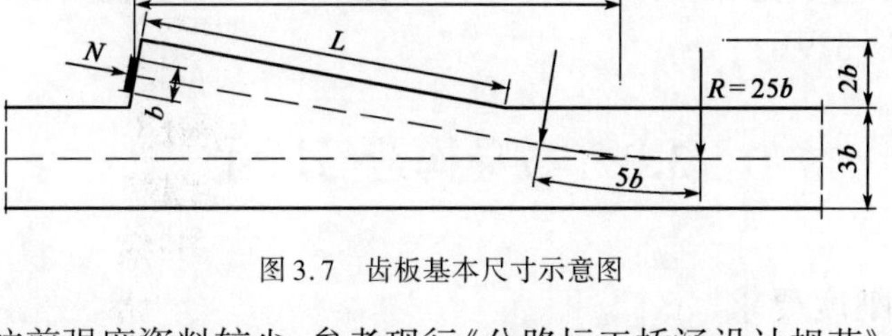

图3.7　齿板基本尺寸示意图

混凝土的容许抗剪强度资料较少，参考现行《公路圬工桥涵设计规范》(JTG D61)、《公路钢筋混凝土及预应力混凝土桥涵设计规范》(JTG D62)及《铁路路基支挡结构设计规范》(TB 10025)，建议混凝土容许抗剪强度按表3.7取用。

建议混凝土容许抗剪强度　　表3.7

混凝土强度等级	C30	C35	C40	C45	C50	C55	C60
容许抗剪强度$[\tau]$(MPa)	1.04	1.14	1.24	1.31	1.37	1.42	1.47

(2)钢筋布置

在齿板内部应设置足够的受拉钢筋,根据受力需要,主要布置的10种类型钢筋如图3.8所示。

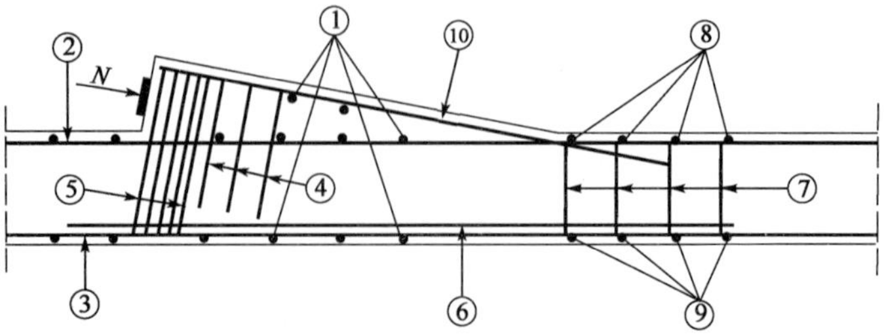

图3.8　齿板钢筋布置示意图

3.2.7　其他

(1)箱梁的管养及检修通道

箱梁内应设置贯通全桥的管养及检修通道。进出口尽可能布置在边跨梁端的桥台(或桥墩)上,一般情况下不宜布置在箱梁的底板上。箱内所有的横隔板要设置孔洞,其尺寸至少要满足人员通行。

(2)箱内泄水孔

为了排除施工期箱内雨水,可在箱梁最低处(根部底板上)布置2~4个直径为100~120mm的泄水管,竖向贯穿底板。

(3)箱内通气孔

为了降低箱内外的温差,应在每一梁段的底板或腹板上设置6~8个直径为60~80mm的通气孔。

(4)梁段结合面上设剪力键

悬浇梁段之间的施工缝,为箱梁的薄弱断面,一般会影响主梁的整体性,为了提高梁段接缝传递剪力的能力,可在已浇梁段的端面设置剪力键(图3.9)。

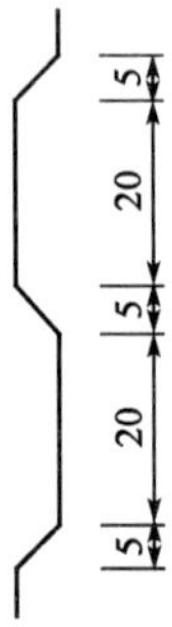

图3.9　接缝面上剪力键(尺寸单位:cm)

3.3　墩身构造与尺寸

3.3.1　墩身刚度要求

连续刚构桥墩梁固结桥墩的刚度对结构的变形和内力影响较大,通常采用适当刚度的桥墩使内力分配合理,使其在满足结构强度、刚度和稳定性的同时,保证结构的经济性。

顺桥向桥墩刚度的增加,使主梁跨中截面正弯矩、支点截面负弯矩分布接近于刚构体系,桥墩端部弯矩亦相应增加。因此,为减小上部结构在温度、混凝土收缩徐变、纵向水平变形产生的约束内力,要求主墩采用纵向抗推刚度小的柔性墩。另一方面,由于悬臂施工过程会不可避免要产生不平衡弯矩,所以要求主墩要有必要的纵向抗弯刚度。

在横向荷载作用下，连续刚构桥易产生扭曲、变位，而桥墩是保证横向稳定的主要构件。一般而言，风荷载是桥墩横桥向设计的控制荷载，特别是地处大型峡谷的高墩连续刚构桥，由于峡谷风效应，瞬时风速及紊流强度较大的情况。为抵抗横桥向风荷载，减小偏载引起的侧向位移，提高行车舒适性，墩柱横桥向刚度应设计得较大，无论是在悬臂施工阶段还是运营阶段，应尽可能减小墩柱横向迎风面积、改善气动外形、减小风载体形系数。

从桥梁经济合理性角度，在连续刚构设计中，高墩应与大跨径相匹配，桥墩截面的形状对墩身刚度有较大的影响。可近似将主墩按下端固结，上端自由的悬臂柱进行考虑，纵向抗推刚度为

$$K = \frac{3EI_b}{H^3} \tag{3.2}$$

式中：E——主墩弹性模量（Pa）；

I_b——主墩惯性矩（m^4）；

H——主墩高度（m）。

设 a 为桥墩横向尺寸，b 为顺桥向尺寸。同样顺桥向截面宽度为 b 的桥墩，分为两肢后，其纵向抗推刚度减为单柱式桥墩的1/4，故大跨连续刚构桥一般均采用双肢薄壁墩以减小抗推刚度。为了满足桥墩刚度和强度要求，连续刚构桥的桥墩常做成横截面为空心或实心的一字形、I形、箱形钢筋混凝土薄壁墩，最常采用的是竖直双薄壁墩或竖直单薄壁墩。而高度较低的连续刚构桥在城市立交、风景区公路也经常采用V形、X形、Y形、斜腿形的桥墩。

3.3.2　墩身结构形式

(1)直立式墩

直立式墩有单肢薄壁墩和双肢单薄壁墩两种。单肢薄壁墩为在墩位上只有一个截面形式为空心或实心的“一”字形、矩形截面，或箱形截面的桥墩。常用于高墩大跨连续梁、连续刚构桥中。一般来说，单薄壁墩特别是箱形截面单薄壁墩的抗扭性能比双薄壁墩好，抗推能力强，但其柔性不如双薄壁墩。

双肢单薄壁墩，为在墩位上由相互平行的两个薄壁墩肢组成（图3.10，图3.11）。竖直双薄壁墩纵向抗推能力小，在桥梁纵向允许的变位大，它不仅可以减小主梁墩顶负弯矩，使结构内力分配更趋合理，而且由于其为双墩柱，墩顶负弯矩的峰值也不像单壁墩出现在支点中心，它的峰值出现在两支墩的墩顶，峰值也较单壁墩小，两支墩之间负弯矩为下凹的曲线，可减小墩顶截面的尺寸，充分发挥材料的受力性能，增加桥梁美感。双薄壁墩纵向抗推刚度容易调整，可以通过调整单肢截面、系梁间距、系梁截面刚度等手段，较自由地调整纵向抗推刚度，减小由于温度、混凝土收缩徐变等应用产生的结构内力。在墩柱工程量相当的前提下，双肢柱纵向间距较大，减小了上部结构箱梁的净跨径和箱梁的受力，上部结构相对经济。因此，在预应力混凝土连续刚构桥中，竖直双薄壁墩是理想的柔性墩。

(2)斜腿式墩

将直立式桥墩斜置，即为斜腿式墩，对应的刚构成为斜腿刚构。斜腿刚构桥的工作情况与拱桥更接近。其梁与腿中的弯矩比常规门式刚构桥要小，但支承反力有所增加。由于桥墩置

于岸坡上，有较大斜角，在主梁跨度相同的条件下，斜腿刚构桥的跨度比门式刚构桥要大。跨越陡峭河岸和深切峡谷时，采用斜腿刚构桥较经济合理。1982 年建成的陕西安康汉江桥，是我国第一座铁路钢斜腿刚构桥，跨度达 176m，在目前世界同类铁路桥中，居于首位。浊漳河桥（图 3.12）位于山西省境内浊漳河上，是我国第一座预应力混凝土斜腿刚构铁路桥，于 1981 年 9 月竣工。该桥桥址两岸陡峭，岩层完整坚硬，石嘴形成峡谷。主跨为 1 孔 82m 预应力混凝土斜腿刚构，两腿趾设铰支座，两端伸臂各长 23.5m，设水平方向无约束的活动支座，中心跨为 90m，梁全长 91m，桥全长 171.12m。梁体及腿部均为单室箱形截面。法国 1974 年建成的 Bonhomme 桥（图 3.13），是世界跨度最大的公路预应力混凝土斜腿刚构桥，两支承铰的间距为 186.25m，桥高 23m，主梁为单箱，基础设有支承铰。

图 3.10　龙潭河大桥

图 3.11　喜旧溪大桥

图 3.12　浊漳河桥

图 3.13　法国 Bonhomme 桥

（3）其他墩型

如 V 形墩、X 形墩、Y 形墩等，是双肢墩和斜腿式墩的中间形式，适用于远离岸坡支撑条件下的刚构桥。在同样跨径情况下，也能达到缩短跨径、降低梁高的目的，而且使得结构轻巧美观。

V 形墩斜撑与水平面的夹角，依桥下净空要求和整体布置确定，通常采用大于 45°。它具有连续刚构桥和多跨斜腿刚构桥的受力特性和共有的优点。如于 1988 年建成的桂林雉山漓江桥（图 3.14），采用预应力混凝土 V 形墩刚构桥。边跨长 67.5m，悬臂长 27.5m，悬臂间设置 40m 挂梁，均为箱形截面。V 形墩的斜腿长 12m，宽度与箱梁等同（5m），斜腿倾角 45°。V 形墩减小了主梁的正负弯矩峰值，并显著降低建筑高度，最小高跨比达 1/42.5。

图 3.14　桂林雉山漓江桥

V 形刚构桥在设计上与连续梁桥相比，跨度加长了，弯矩峰值进一步削减，梁高却可降低；与连续刚构桥相比，跨中和支点弯矩较小，在结构外观上更显轻巧美观。桥墩较高时，V 形墩腿以下部分可连接一段竖墩，形成 Y 形刚构，其工作性能与 V 形刚构相同。如于 2014 年建成的北盘江大桥主跨 290m 预应力混凝土空腹式连续刚构桥墩（图 3.15）。

图 3.15　北盘江大桥主桥

斜撑的截面形式可采用矩形、I 形和箱形等。连续刚构采用它们做墩时，不设支座，斜撑的受力大小依据结构的图式和主梁与斜撑的刚度比确定。

高墩一般采用滑模或爬模施工，从施工的便捷出发，宜采用简洁的形状。

空心式桥墩是桥墩向轻型化、机械化方向发展的途径之一。空心墩可充分地利用材料强度，因此，可以节省材料、减轻桥墩自重，降低对地基强度的要求，有很好的力学性能，是桥梁建设技术进步的成果。采用滑动钢模板施工的空心墩比实体式桥墩可节省 20% ~ 30% 左右的混凝土用量，钢筋混凝土空心墩可节省 50% 左右，特别是对于高桥墩更能显示出其优越性。目前我国 60m 以上的高桥墩绝大多数是空心墩，最高的目前已达 178m 左右。

3.3.3　墩身横桥向设计参数

横桥向墩身宽度为 a_1，一般取箱梁的底板宽度 a_0，即 $a_1 = a_0$。如果主梁箱宽过小，桥墩较高，或者为造型美观，也可使 $a_1 > a_0$，$(a_1 - a_0)$ 大约在 150 ~ 250cm 之间，如图 3.16 所示。

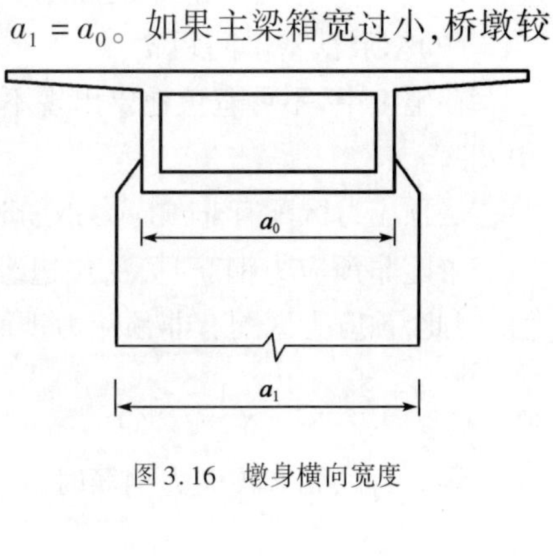

图 3.16　墩身横向宽度

3.3.4　顺桥向薄壁桥墩设计参数

1）主墩顺桥向截面尺寸

墩身顺桥向设计参数为双柱的中距 $d = 2e$ 和壁厚 b（图 3.17），影响 d 和 b 的主要因素是主跨跨径 L 和墩高 H。随着 b 值的减小，桥墩整体稳定安全系数减小，桥墩所受弯矩、轴力显著减小;随着 d 值的减小,桥墩整体稳定安全系数减小,桥墩所受弯矩减小,桥墩所受轴力增大;反之亦然。

在考虑主墩合理刚度时,可仅从柔性墩功能上来分析,一是柔性墩除了传递上部恒载和活载于基础外,还要满足连续刚构桥纵向位移所需的柔性,由此找出它的顺桥向单肢截面宽度 b;二是要满足主梁悬臂施工中产生的不平衡弯矩,所需双薄壁墩的抗弯刚度来确定两薄壁墩间距。

(1)主墩顺桥向单肢截面宽度

设空心双薄壁墩,如图 3.18 所示,横桥向宽度内外分别为 a' 和 a,顺桥向宽内外分别为 b' 和 b,两薄壁墩中心距为 d。$a'=0$,$b'=0$ 时为实心墩。

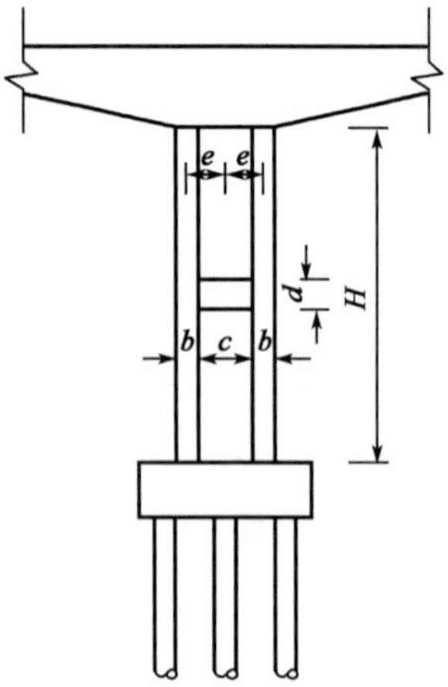

图 3.17　双肢墩参数

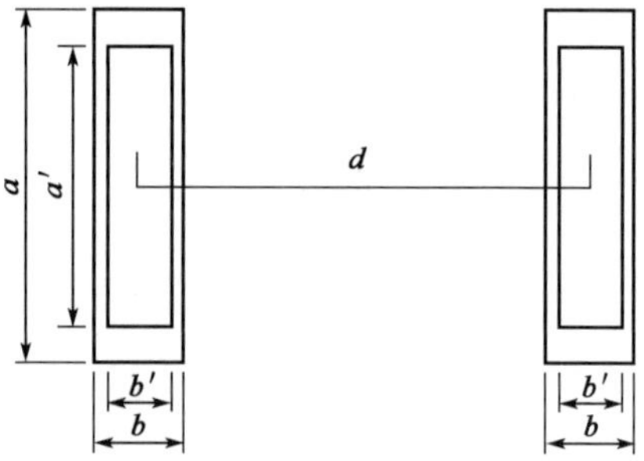

图 3.18　空心双薄壁墩截面

双薄壁墩顺桥向宽 b 的确定,应根据温度变化、混凝土收缩和徐变引起墩顶顺桥向位移最大进行计算,实际上以温度变化位移为最大。由此,根据温度变化引起最大位移 δ 计算所需双薄壁墩宽度 b。

设 P 为由温度变化 ΔT 在墩顶产生的水平力,温度变化 ΔT 引起墩顶顺桥向位移 δ 为

$$\delta = \alpha \Delta T \frac{1}{2} L = \frac{Pl^3}{3EI} = \frac{2Pl^3}{E(ab^3 - a'b'^3)} \tag{3.3}$$

式中:L——桥梁主桥全长。

按经验,一般 $a - a' = 100\text{cm}$;$b - b' = 100\text{cm}$,由式(3.3)可计算出合理的 b 和 b'。

(2)双肢薄壁墩间距 d

在施工中,不可避免地要出现不平衡弯矩,按实际施工中出现的不平衡弯矩 ΔM 确定墩间距 d。

当预应力区配有非预应力钢筋时,双肢薄壁墩受拉边缘混凝土拉应力 $\sigma_t \leqslant 1.15 f_t$,当预应力区未配非预应力钢筋时,受拉边缘混凝土拉应力 $\sigma_t \leqslant 0.7 f_t$,式中 f_t 为混凝土抗拉强度设计值,因此,预应力区配有非预应力钢筋时

$$\frac{\Delta M}{W} \leqslant 1.15 f_t \tag{3.4}$$

预应力区无非预应力钢筋时

$$\frac{\Delta M}{W} \leqslant 0.7f_t \tag{3.5}$$

$$W = \frac{I_b}{\frac{b}{2} + \frac{d}{2}}$$

$$I_b = 2\left[\frac{ab^3}{12} - \frac{a'b'^3}{12} + (ab - a'b')\left(\frac{d}{2}\right)^2\right]$$

式中：W——抗弯截面系数；

I_b——双肢薄壁墩横截面对中性轴的惯性矩。

计算时不平衡重力一侧为最重块件理论重力的1.2倍，另一侧为最重块件理论重力的0.8倍，一个挂篮及施工机具设备荷载按最大悬浇块件重力的0.4倍计算。由不平衡最大弯矩可计算出两薄壁墩合理间距 d。

(3)算例

某跨径布置为150m + 270m + 150m = 570m的连续刚构桥，最大悬臂 $L = 131.5$m，桥墩混凝土强度等级C55，节段理论重1 407kN。

桥墩尺寸 $a = 7$m，$a' = 6$m；$H = 35$m，$b' = 0.666b$。极端最高温度为36.8℃，极端最低温度为-0.7℃。$\alpha = 1 \times 10^{-5}$，$E = 3.5 \times 10^4$MPa，由温度产生 $P = 3\ 560$kN。由式(3.3)计算得 $b = 3.007\ 5$m。

最大悬臂 $L_1 = 131.5$m；单节段理论重1 407kN的浇筑不平衡弯矩

$$\Delta M_1 = 1\ 407 \times 131.5 \times 1.2 - 1\ 407 \times 131.5 \times 0.8 = 74\ 008(\text{kN} \cdot \text{m})$$

1个挂篮及施工机具设备荷载按最大悬浇节段重力的0.4倍计算，为1 150kN，悬臂 $L_2 = 130$m，挂篮及施工机具不平衡弯矩

$$\Delta M_2 = 1\ 150 \times 130 \times 1.2 - 1\ 150 \times 130 \times 0.8 = 59\ 800(\text{kN} \cdot \text{m})$$

全部不平衡弯矩

$$\Delta M = \Delta M_1 + \Delta M_2 = 74\ 008 + 59\ 800 = 133\ 808(\text{kN} \cdot \text{m})$$

承载所需的桥墩最小抗弯模量：桥墩混凝土强度等级为C55，取 $f_t = 3$MPa，由式(3.4)有

$$W = \frac{13\ 380\ 800}{0.7 \times 3 \times 10^6} = 63\ 718\ 095.24(\text{cm}^2)$$

桥墩 $a = 7$m，$a' = 6$m；$b = 3$m，$b' = 2$m。设 $d = 9$m，由式(3.5)算得

$$W = 64\ 666\ 666.67\text{cm}^2 > 63\ 718\ 095.24\text{cm}^2$$

可见空心双薄壁墩间距 $d = 9$m满足要求。

2)横系梁

施工过程当主梁为T构大悬臂状态时，稳定安全系数最小。当跨径较大，桥墩较高时，为了提高墩身的稳定安全系数，在双柱之间设置横系梁。横系梁一般高100～200cm。经计算，如果使用阶段不需要横系梁，可以按临时构件设计，如用钢结构，全桥合龙后便可拆除。在两柱发生不均匀变形时，横系梁受力较大，梁端将出现很大的弯曲应力。当两端为铰接时，横系梁对墩柱的稳定无贡献，应采取措施确保横系梁两端承载力满足规范要求，限制混凝土的裂缝宽度，使之达到刚接状态。

3.3.5　墩身实心段

空心薄壁墩墩底宜有适当的实心段，以便承台和薄壁墩刚度过渡，建议墩底实心段取2.5～

3m。为保证高墩的刚度及稳定性,可在适当位置的双薄壁墩之间设置横系梁,并应与薄壁空心墩内的横隔板对应位置设置。

主梁0号块横隔板宜设计成柔性横隔板,每道横隔板厚度宜取50~60cm;在墩顶一个墩壁厚度范围内应增设封闭箍筋以提高该区域的墩身混凝土承压强度。可采取合龙前顶推主梁、边跨合龙前后加卸载等措施来调整连续刚构桥的桥墩受力。

空心高墩顶部承受上部结构传来的强大集中力,为使应力在墩身内更好地传递与分布,应设置墩顶实体过渡段,同样在基底截面为使墩身应力很好地传递到基础,也必须设置墩底实体过渡段。《公路桥涵设计手册 墩台与基础》中规定:空心墩的顶端应设置厚度不小于1.0~2.0m的实体过渡段。

3.3.6 已建的典型连续刚构桥主墩尺寸

我国已建的典型连续刚构桥主墩尺寸汇总如表3.8所示[6]。随跨径和主墩的高度变化,主墩类型(双肢、单肢)、横截面类型(实心、空心)、横截面尺寸和横系梁的设置有一定规律:①在跨径大于160m时,主墩设置为双肢空心薄壁墩,双肢间距大多在8m以上;②在跨径小于160m时,主墩多设置为双肢实心薄壁墩,双肢间距大多在8m以下;③双肢墩横系梁的设置规律性不强,墩高在60~110m之间设置1道系梁,在110m以上,设置2~3道横系梁;④主墩截面横桥向宽度基本与箱梁底板宽度一致,在6.5~8.0m之间,主墩越高,其主墩纵桥向宽度越大,这是桥梁稳定性的需要,在墩高较小时规律性较差,设计采用宽度 b 为2.0~3.0m的双肢实心墩或采用空心薄壁独柱墩。

中国已建典型连续刚构桥的主墩类型及尺寸 表3.8

桥 名	主跨跨径组合(m)	墩高(m)	桥墩类型	截面尺寸(m×m)	双肢距离(m)	系梁个数
虎门大桥辅航道桥	150+270+150	35	双肢空心	7.0×3.0	9.0	0
苏通大桥辅航道桥	140+268+140	39	双肢空心	7.5×2.5	9.5	0
云南红河大桥	58+182+265+194+70	122	双肢空心	11.5×4.0	10.0	2
重庆黄花园嘉陵江大桥	137+3×250+137	62	双肢空心	8.0×2.5	9.5	1
武汉军山长江大桥	138+3×240+138	40	双肢空心	7.5×2.8	12.0	0
湖北龙潭河大桥	106+3×200+106	178	双肢空心	(14.6~7)×(5.3~3.5)	13.0	2
湖北魏家洲大桥	110+200+110	108	双肢空心	8.5×3.8	10.2	1
山西徐水河大桥	110+2×200+110	98	双肢空心	7.0×4.0	8.0	0
重庆红石梁大桥	100+180+100	101	双肢空心	7.0×3.5	7.5	1
洛溪大桥	65+125+180+110	27	双肢空心	8.0×2.2	7.8	0
山西姬家庄大桥	90+3×160+90	142	双肢空心	6.5×4.0	8.0	3
山西仁义河大桥	80+4×145+80	74	双肢空心	6.5×2.5	6.5	0
重庆构壁溪大桥	77+140+77	54	双肢空心	7.0×2.2	4.0	0
重庆白沙包大桥	72+120+72	68	双肢空心	7.0×2.5	4.0	2
贵州沙银沟大桥	68+120+68	80	双肢空心	6.5×2.0	8.0	2

表3.9列出了几座大桥截面形式及其尺寸。

双肢薄壁墩截面形式及尺寸　　表3.9

形式	桥名	主跨跨径组合(m)	$\frac{H}{d}$	每肢薄壁界面尺寸(m)	墩身立面
实心截面	黄石长江大桥	162.5+3×245+162.5	$\frac{48.4}{10.5}$	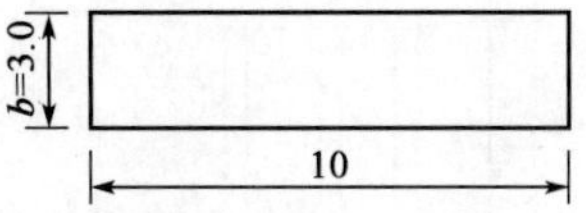	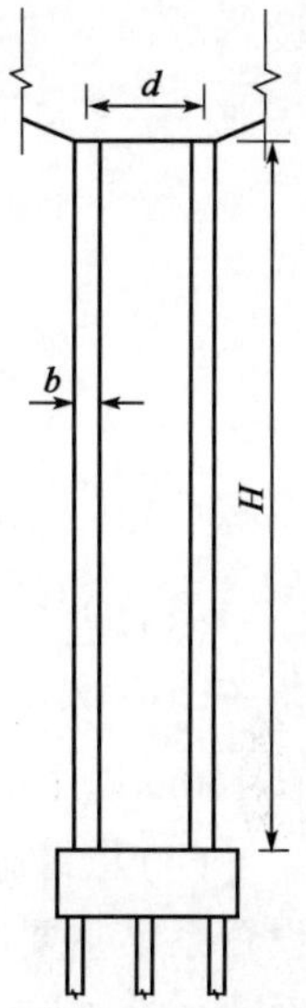
	白土北江大桥	100+180+100	$\frac{24.5}{4.7}$	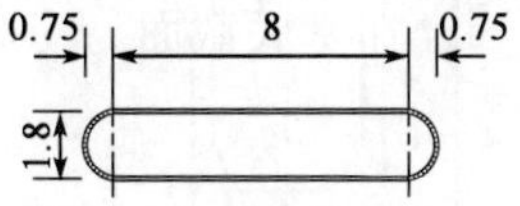	
箱形截面	凯峡河大桥	118+220+160+58	$\frac{71.0}{12.0}$	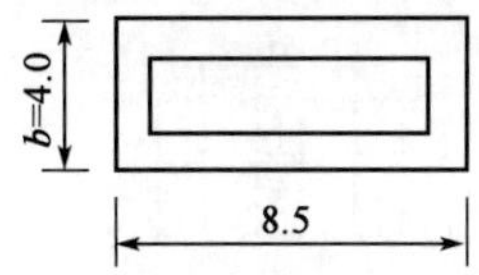	
	虎门大桥辅航道桥	150+270+150	$\frac{36.0}{9.0}$	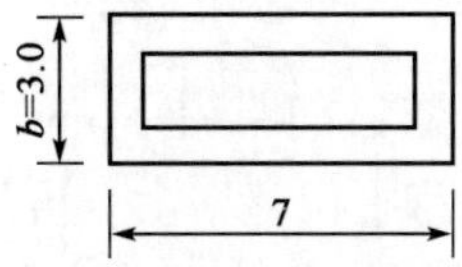	
	门道桥(澳大利亚)	145+260+145	$\frac{47.5}{11.0}$	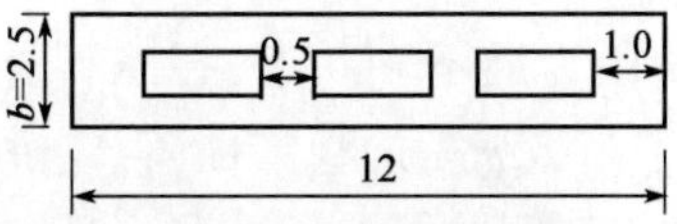	
	广东洛溪大桥	65+125+180+110	$\frac{26.6}{7.8}$	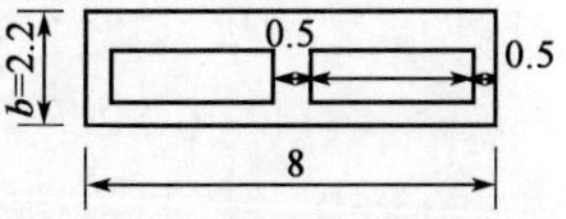	

3.3.7　稳定性要求

当桥墩满足 $H/B>20$ 和 $h/b>20$ 时，建议验算桥墩的稳定性。如图3.19所示，其中，B 为双薄壁墩的外宽或单柱式的顺桥向宽度；b 为双薄壁墩的单片墩的顺桥向宽度；H 为桥墩总高度；h 为双薄壁墩外横隔板间距，单柱墩内横隔板的间距。

双柱式墩的外横隔板与内横隔板对应并联成整体，单柱式空心墩当 $H/B>20$ 时，设内横隔板，否则应验算局部稳定。

在施工稳定性方面，有关资料表明，考虑到施工中不平衡荷载、裸墩风载、高空作业安全等诸多因素，建议长细比值 λ 不大于116，以避免施工中墩顶位移过大。

通过对大跨径连续刚构双薄壁矩形空心主墩在不同长细比及不同圆心角、考虑几何非线性和材料非线性下的稳定性全过程分析，得出如下结论：

(1)随着桥墩长细比的增大，稳定系数减小，直桥尤其显著。主墩长细比是稳定性的敏感参数。随着墩高的增加，其线性刚度减小，在满足变形需要时，可选择空心独墩，以提高主墩经济性。

(2)随着双薄壁桥墩刚度的减小，整体稳定安全系数减小，桥墩所受弯矩、轴力显著减小，中跨跨中位移增大,而边跨跨中位移迅速减小。

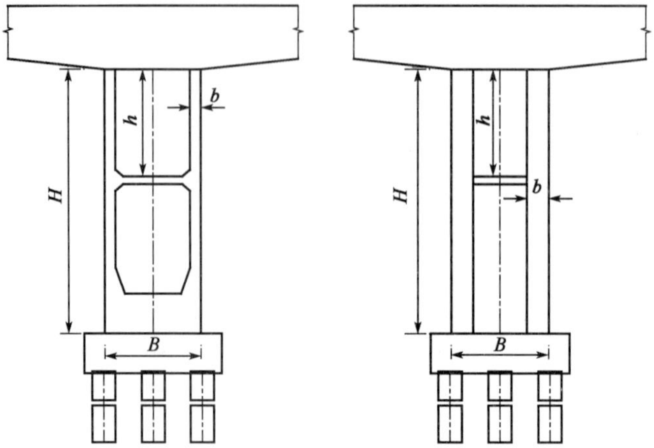

图 3.19　双肢墩尺寸构造

(3)随着双薄壁桥墩双肢间距缩小,整体稳定安全系数减小,桥墩弯矩减小、轴力增大,中跨跨中位移减小,而边跨跨中位移增大。可见桥梁稳定性对桥墩双肢间距也较为敏感。跨径在 160m 以上时,主墩设置为双肢空心薄壁墩,双肢间距应在 8m 以上,以确保稳定性需要。

(4)悬臂施工阶段为最不利状态,在悬臂施工阶段设置一道系梁对稳定荷载稍有提高。设置系梁主要增大了高墩纵桥向稳定性,若成桥阶段稳定由横向控制,且稳定系数较大,可将系梁去掉,施工时的稳定问题可通过采取临时措施解决。双肢墩高度在 60 ~ 110m 之间设置 1 道系梁,在 110m 以上设置 1 ~ 2 道横系梁,即可满足施工和成桥状态稳定性的需要。

宜尽量减小墩底与承台、墩顶与 0 号块、各梁段间在浇筑时的相对龄期差,墩底与承台的浇筑龄期差不宜大于 30d,0 号块各层和各相邻梁段之间的浇筑龄期差不宜大于 15d。

3.4　配筋设计与合理布置

箱梁桥配筋设计包括纵向预应力束的布置、横向和竖向预应力筋的布置,及非预应力筋的配置等内容,其中纵向预应力束的布置又可以按在箱梁桥中的布置位置分为顶板预应力束(承受负弯矩)、底板预应力束(承受正弯矩)、腹板预应力束、连续束(补充使用阶段承受内力)、备用束和合龙段临时束。

3.4.1　顶板、底板纵向预应力束的布置

顶板束尽可能锚固在腹板顶部承托中,采用分层布置,长束尽量布置在上层。悬臂施工时布置下弯束锚固在节段上。这样,既可避免外形复杂的锯齿板构造,又可方便施工,同时减轻自重。

底板束一般采用直线束,锚固在腹板与底板相交区附近的锯齿板上,并尽可能布置在底板上缘的受压区内,以增大截面抵抗钢束径向力的抗剪厚度(图 3.20)。在变高度连续梁中要注意底板弯束引起的径向压力和垂直分力。连续束主要考虑在合龙以后承受恒、活载产生的内力而布设的分直筋(沿纵向按直线布置)和弯筋(伸入腹板承受主拉应力)两种。

考虑合龙后结构次内力影响,预估弯矩束适当增加20%。

箱梁底板钢束应改变传统的与底板平行设置而造成在梁段节点处形成死弯的缺点,应将底板钢束管道顺桥向各点均设在一条平顺的曲线上,为此每梁段中的管道距离底板的竖向距离应按照钢束曲线计算得出,而不是定值。

箱梁中跨跨中及边跨现浇段与悬臂端相接处底板的纵向预应力管道宜尽量靠近底板上缘布置,即可紧贴箱梁底板的上层钢筋,以增大截面抵抗钢束径向力的抗剪厚度。

为了控制底板纵向预应力管道的线形,除了提供梁段节点断面管道布置图外,还应提供每一梁段中部截面的管道布置图。

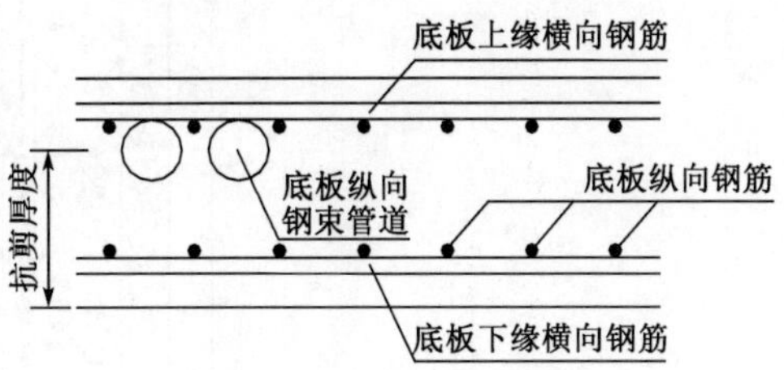

图3.20　箱梁底板钢束

3.4.2　顶板横向预应力束的布置

美国规范规定腹板净距大于4.6m时,顶板应设置横向预应力筋。

我国经验顶板总宽度大于9m时,应布置横向预应力筋。大量调查说明,顶板总宽大于9m时,如不设横向预应力筋容易产生纵向裂缝。

3.4.3　腹板下弯束的设置

大跨径预应力混凝土箱梁桥一般采用悬臂浇筑的施工方法,预应力束的布置主要依据施工和成桥阶段的受力状态确定。传统纵向预应力配束方案是根据梁在荷载作用下的弯矩包络图设计的(图3.21),配置了悬臂预应力束(顶板直线束、腹板下弯束)和连续预应力束等。

自20世纪80年代末,曾有专家[7]建议取消下弯束,悬臂预应力束只采用顶板直线束。该方案的优点是腹板内预应力管道较少,给箱梁施工带来了极大方便。但是,相应地需要布置大量的竖向预应力束来限制主拉应力。这种直线式的配束方案不仅导致工程费用的增加,而且经历了十几年的工程实践,很多大跨径混凝土梁桥出现了病害,其中最突出的问题是箱梁腹板出现斜裂缝和跨中挠度的不断增大。

由于直束布置对腹板应力的控制完全靠竖向预应力,故其腹板斜裂缝出现的比例很高,在采用直束布置的箱梁中出现跨度四分点斜裂缝的高达95%,比弯束形式高近20%。当然采用弯束布置形式的梁中出现斜裂缝的绝对比例也不低,某种程度上与弯束的布置范围和方式有很大关系,换言之,弯束的具体布置仍然有优化的地方。另外箱梁梁端或多或少有一些底板钢束弯起,仅约1/3的箱梁出现梁端斜裂缝,表明梁端弯起对提供额外抗剪能力、控制斜裂缝的出现是有效果的。

采用下弯束限制主拉应力及斜裂缝的出现是最为有效的。腹板斜裂缝的出现主要是由于混凝土主拉应力超限,主拉应力的计算公式为

$$\sigma_1 = \frac{\sigma_x + \sigma_y}{2} - \sqrt{\left(\frac{\sigma_x - \sigma_y}{2}\right)^2 + \tau^2} \tag{3.6}$$

式中:σ_x——各种荷载作用下的纵向正应力(MPa);

σ_y——竖向预应力束产生的竖向正应力(MPa)。

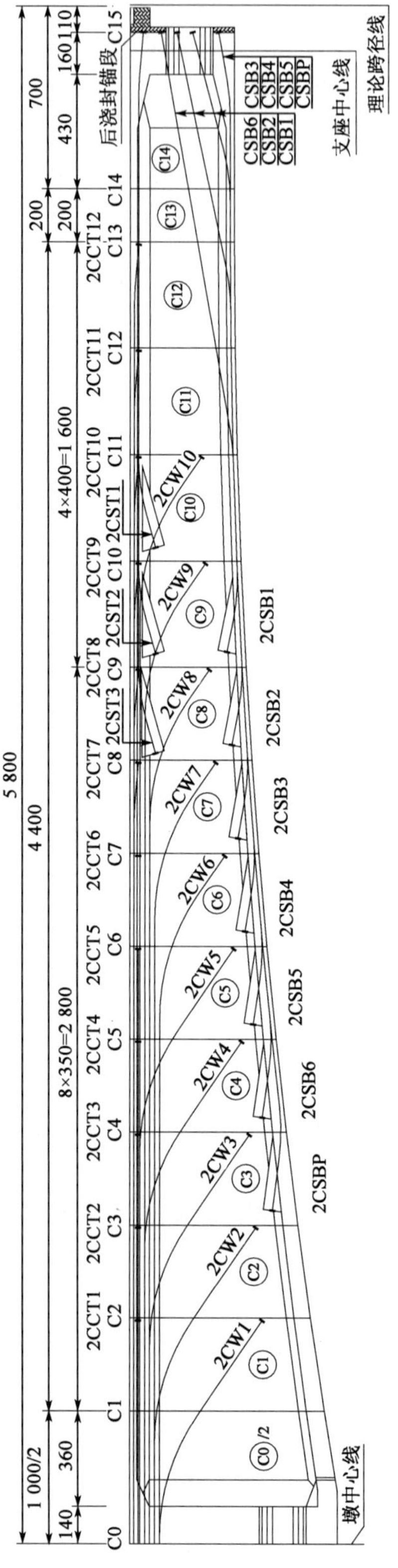

图3.21　典型纵向预应力配束示意图（尺寸单位：cm）

令 $\sigma_1=0$,则有

$$\frac{\sigma_x+\sigma_y}{2}=\sqrt{\left(\frac{\sigma_x-\sigma_y}{2}\right)^2+\tau^2} \tag{3.7}$$

简化后得到

$$\sigma_x\cdot\sigma_y=\tau^2 \tag{3.8}$$

理论上可以通过控制 σ_x 与 σ_y 的乘积来限制主拉应力的大小,也就是利用竖向预应力提供的 σ_y 来减小主拉应力。但实际效果不佳,这是由于受梁高的限制,竖向预应力束太短,预应力损失较大,实际预应力有效值与设计值相差较大,而且存在预应力空白区。从式(3.8)可知,主拉应力和剪应力的大小密切相关,随着剪应力的增大,主拉应力也增大,从另一方面来讲,也可以通过限制剪应力的大小来控制主拉应力。剪应力由箱梁截面的剪力大小决定,而纵向预应力下弯束能提供预剪力,从而减小了箱梁截面的剪应力。

箱梁中存在预应力效应盲区。预应力作用是通过一定的扩散角而逐步传递到整个截面的,采用直线束时,预应力扩散是先扩散至顶板,再沿腹板向下,然后扩散至底板。这样布置于顶板的预应力要从锚固断面延伸很长一段距离方能达到全截面受力的效果,且随着箱梁高度的增加,预应力盲区增大。在预应力盲区内,σ_x 值较小,在该区域也易产生较大的主拉应力。而设置下弯束,预应力束锚固在腹板上,减小了预应力作用盲区。所以,为限制腹板主拉应力大小,设置腹板下弯束是比较有效的方式。这样不仅能提供预剪力,而且能减小纵向预应力作用的盲区。

在大跨度预应力混凝土梁桥设计中,一般采用平面杆系软件来分析结构的整体受力性能,忽略了局部效应。例如纵向预应力盲区无法反映,且竖向预应力作用也存在盲区,处于盲区的腹板很有可能主拉应力超限,存在开裂的隐患。

3.4.4 腹板竖向预应力束

设置下弯束可以有效地改善腹板主拉应力大小,下弯束提供的预剪力可以平衡荷载产生的剪力。尽管大跨度混凝土梁桥的自重占总荷载的80%左右,但是薄壁箱梁的扭转、畸变等空间效应也会产生腹板剪应力,在设计时必须对这些效应进行充分的考虑,尤其是腹板内没有配置下弯束来限制主拉应力时,必须配置足够的竖向预应力束。

腹板设置竖向预应力精轧螺纹钢筋能显著地减小或消除主拉应力,但在实际工程中,由于以下几方面因素的影响,竖向预应力体系很难达到设计标准和要求。

(1)受梁高限制,竖向预应力钢筋长度往往较短,预应力损失较大。竖向预应力筋的损失随着竖向筋长度的增长而减小;精轧螺纹钢筋的各种损失中,锚具变形和钢筋回缩的损失占总损失的34%~44%;钢绞线的各种损失中,锚具变形和钢筋回缩引起的损失占总损失的63%~80%,对此,应引起设计人员的关注。尽管钢绞线的锚具变形和钢筋回缩产生的预应力损失很大,但钢绞线的永存有效预应力仍比精轧螺纹钢筋大。在考虑竖向预应力损失时应根据梁高分段考虑。在梁高较小的跨中附近,采用钢绞线替代精轧螺纹钢筋,可以增大竖向有效预压应力。

文献[8]试验测得的竖向预应力损失高达50%,文献[9]对衡阳东阳渡湘江大桥的竖向预应力损失进行了现场测试,部分实测的总损失达到了初始张拉力的47%左右。由于锚具变形和钢筋回缩变形值一定,竖向预应力筋越短,该项损失越大,实测的锚具变形和钢筋回缩引起的损失占预应力总损失的53.7%。如果竖向预应力筋在梁段混凝土由于水化热产生的温度场还未完全稳定情况下张拉并随即进行孔道压浆和封锚,也会造成竖向预应力损失,可达总损失的19%。同时由于锚固效果取决于螺母与精轧钢筋螺纹的咬合,受螺纹公差的影响,锚固效果不易保证。

(2)由于纵向预应力钢束伸长量有限,受材料塑性变形影响较大。

(3)纵向预应力钢束采用钢绞线及配套锚具张拉时,采用双控技术,容易张拉到位,而竖向预应力用粗钢筋进行张拉,采用扭力扳手进行施工,随意性强,张拉精确度不易保证。

(4)竖向预应力孔道较窄,压浆存在漏浆或灌浆不饱满问题,导致对抗剪截面的削弱,使腹板主应力增大。从钱江三桥[10]随机抽检35根的结果来看,无浆的占71.42%,不饱满的占11.42%,开孔流水的占40%。

由于受以上几方面因素的影响,竖向预应力难以达到设计的理想状态,一般实际预应力只有设计预应力的1/2~3/4左右,因而造成梁体竖向压应力不够,克服主拉应力的能力不足,使梁体出现腹板斜截面开裂,从而使结构刚度降低,引起主梁跨中下挠增大。

3.4.5 非预应力钢筋的布置

(1)配置足够数量的非预应力钢筋

在预应力混凝土连续刚构桥中,除了合理地配置预应力束外,还应该设置数量、位置等都比较合适的非预应力钢筋。在预拉区段设置非预应力钢筋,一方面可以防止施工阶段混凝土收缩徐变和温差引起的预拉区裂缝,承受施加预应力过程中产生的拉应力,提高使用阶段桥梁结构的抗压能力;另一方面,对箱梁桥裂缝宽度的控制也起着至关重要的作用。对于上部结构预拉区的非预应力钢筋的直径,光面钢筋不宜大于12mm,螺纹钢筋不宜大于14mm。同时为了充分发挥非预应力筋的作用,应尽量提高钢筋与混凝土之间的黏结力以及重视抵抗局部应力的配筋。设计者在配置的过程中可以参考美国和德国桥规有关非预应力钢筋配置的规定。

(2)管道竖弯范围内宜设置防崩箍筋

在管道竖弯范围内宜设置防崩箍筋,并将开口端锚固于原结构内,防崩箍筋宽度按($d+10$)cm控制,d为管道外径,不宜太大,每米的总面积A_s应满足下式要求。

$$A_s \geqslant \frac{N}{700R \cdot f_{sd}} \tag{3.9}$$

式中:A_s——沿一根管道1m长度内的防崩箍筋面积(m^2);

N——一束预应力的张拉力(kN);

R——钢束的竖弯半径(m);

f_{sd}——钢筋的抗拉强度设计值(MPa)。

(3)腹板箍筋的合理设置

近腹板斜裂缝出现后,是不能完全闭合的,它不像弯曲裂缝在使用阶段多数情况下可以闭合,所以对斜裂缝控制需更加严格。不少设计人员,甚至一些学者,认为箱梁腹板斜裂缝问题严重,可采用多配箍筋的办法。这混淆了抗裂与抗剪承载力两者的概念。

应当认识到提高截面的抗剪承载力与增加抵抗斜裂缝出现的能力(提高受剪抗裂性)并不是一回事。抗裂性能不好不等于抗剪承载力差,加密箍筋的做法的确对提高抗剪承载力有利,但箍筋并不能防止腹板斜裂缝的出现,提高不了斜截面的抗裂性。况且,箍筋增多减小了混凝土截面,更不利于抗裂。当然,多配箍筋对斜裂缝出现之后的裂缝开展具有抑制作用。从防止斜裂缝出现的角度看,非预应力筋的作用是很小的。所以,在箱梁满足抗剪承载力和构造的要求下,无须多加配置箍筋。一味地增大配箍量可能导致腹板混凝土浇筑的不密实,反而影响了施工和混凝土浇筑质量。而且,在抗剪承载力中,若混凝土截面过小,仅靠增加箍筋是无用的。

3.4.6　跨中底板合龙束的布置

(1)跨中底板合龙束的纵向布置

对于变截面高度的预应力混凝土连续箱梁,底板在垂直平面内具有一定的曲率,中跨底板合龙钢束必须按着这种曲率布置[11]。预应力筋的等效荷载由两部分组成:①预应力筋沿程的径向等效荷载,使底板下压(图3.22);②合龙束锚固点的水平作用力,使底板上拱[图3.23a)]。

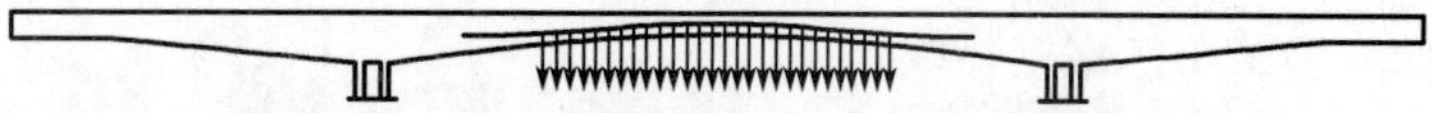

图3.22　合龙束等效荷载的竖向分力和锚固点水平作用力

如果跨中底板合龙钢束张拉力很大,这两部分等效荷载对底板产生复杂的空间效应,使跨中区段箱梁底板(横向)和腹板内侧(竖向)出现较大的拉应力,如图3.23b)中阴影区域所示。

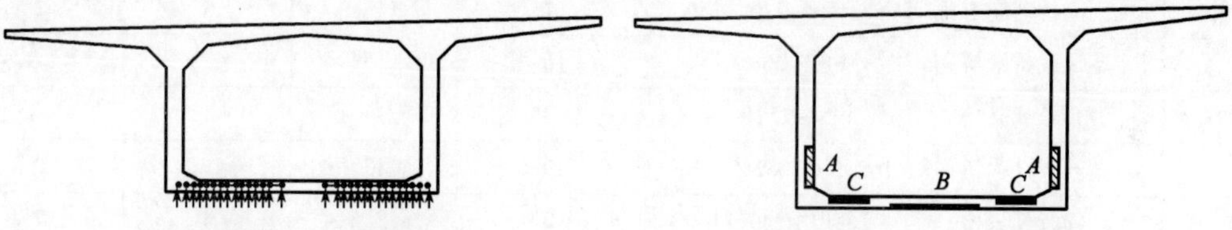

a)跨中底板顶应力对箱梁的作用　　b)横向(竖向)拉应力较大区域

图3.23　底板纵向预应力等效荷载作用示意图

底板预应力筋一般锚固在腹板附近,这样布置于底板中部的部分预应力束存在平弯,其横向等效荷载会使跨中区段底板受拉。另外,混凝土在纵向受压缩短的同时将产生横向膨胀(横向拉应变),如果纵向张拉力过大,也会引起底板的横向拉应力。所以,底板预应力束的不利空间效应十分复杂。

现分析底板合龙钢束曲线形式为 $y = ax^b$ 时产生的径向等效荷载(图3.24)。图3.25中原点0为中跨跨中箱梁底板中心点,x 为纵桥向,y 为竖直方向,$q_1, q_2, \cdots, q_n$ 为力筋产生的径向力。取某一微梁段 dL 为分析对象,T 为力筋的张力,则可以认为预应力束曲线为如图3.25所示的圆弧线,则有

$$\sum F_y = 0 \qquad T\sin\theta = Rq\sin\theta \tag{3.10}$$

$$q = \frac{T}{R} \tag{3.11}$$

式中：R——曲率。

$$\frac{1}{R}=\frac{|y''|}{(1+y'^2)^{1.5}}=\frac{|ab(b-1)x^{b-2}|}{[1+(abx^{b-1})^2]^{1.5}}$$

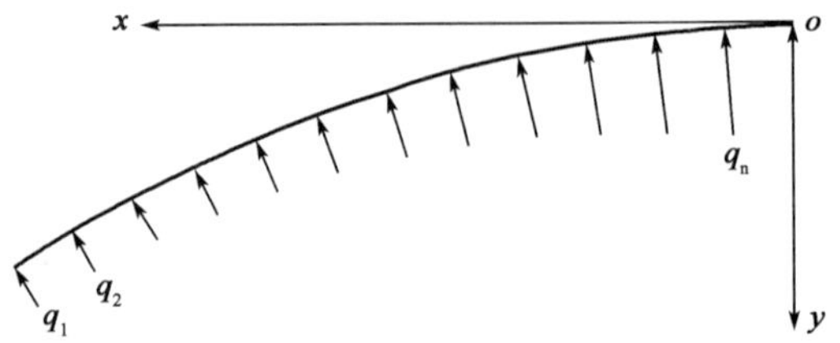

图3.24 力筋径向力分析示意图

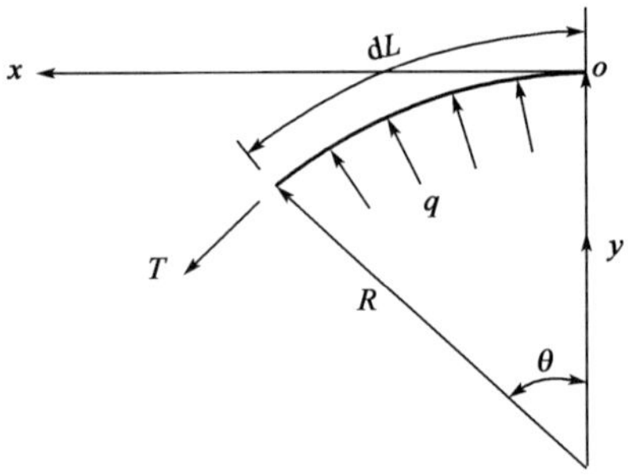

图3.25 微段力筋径向力分析示意图

如果底板纵向预应力筋的抛物线形式低于2次($b<2$)，曲率随着x的减小而增大，则预应力筋产生的径向力也随着x的减小而增大，在预应力筋顶部(实桥跨中)产生的径向等效荷载最大。所以，底板预应力束的不利空间效应和梁底的变化曲线有关。国内几座有代表性的大跨径预应力混凝土连续刚构桥梁资料如表3.10所示。从表3.10可以看出，国内大跨径的连续刚构桥的梁底曲线多采用二次抛物线。

连续刚构桥的梁底变化曲线 表3.10

序号	桥　名	主跨跨径组合(m)	箱宽(m)	梁高(m)		抛物线指数
				根部	跨中	
1	虎门大桥辅航道桥	150+270+150	15	14.8	5	2
2	苏通大桥辅桥	140+268+140	16.4	15	4.5	1.6
3	泸州长江二桥	145+252+54.8	25	14	4	1.75
4	黄石长江大桥	162.5+3×245+162.5	19.6	13	4.1	2
5	江津长江大桥	140+240+140	22	13.5	4	2
6	洛溪大桥	65+125+180+110	15.14	10	3	3

(2)跨中底板合龙束的横向布置

大跨径的连续刚构桥多采用单箱单室的箱梁，而跨中底板较薄，最多只能布置两排的预应力筋，如果底板合龙钢束数量较多，必然向底板中部布置。如果把箱梁底板看作两端弹性嵌固的单向板，底板合龙束越靠近底板中部，其产生的径向等效荷载对箱梁底板越不利。由于底板预应力筋锚固在腹板附近，这样布置于距离腹板间距远的部分预应力束必然存在平弯，其横向分力也会使跨中区段底板受拉。所以，中跨底板合龙束的横向布置应尽量靠近腹板。

3.4.7 连续刚构底板防崩设计

近年来发生的大跨径连续刚构桥由于底板钢束径向力产生的病害较多，其原因大致分为两种：一是底板钢束不平顺，局部产生死角，死角处钢束产生较大的径向力，导致底板钢筋和混凝土受到较大的崩力；二是底板防崩钢筋设计不到位，没有起到防崩的作用。因此首先从钢束线形设计上来减小钢束的径向力是很必要的。

1)钢束线形设计

底板预应力筋产生的径向压应力、合龙段的高差、钢束定位成折线产生转角、箍筋的间距设置过大是产生底板裂缝的主要原因。

由于箱梁截面高度的变化,底板预应力钢束产生径向附加力[12](图3.24)。连续刚构桥底板崩裂大多发生在张拉中跨底板合龙束的过程中,具体表现为底板束下方混凝土大面积破损脱落,底板钢束及底板钢筋发生向下的变位,波纹管撕裂等破坏迹象。而一些连续刚构桥由于底板的波纹管间距过密,造成径向力过于集中;底板或者底板保护层厚度过薄,造成混凝土结构抗拉强度的降低;大部分径向力主要是由箍筋承受,而箍筋间距过大,应力超限,底板上下层钢筋网被撕开,导致底板混凝土向下崩出。

在设计中,钢束通过底板都是圆滑的曲线,而在施工中很难做到,由于合龙高差的影响及其他原因,往往在钢束转向处出现"折角",在"折角"处产生集中力(图3.26),这集中力可能会导致混凝土局部剥落或崩裂。

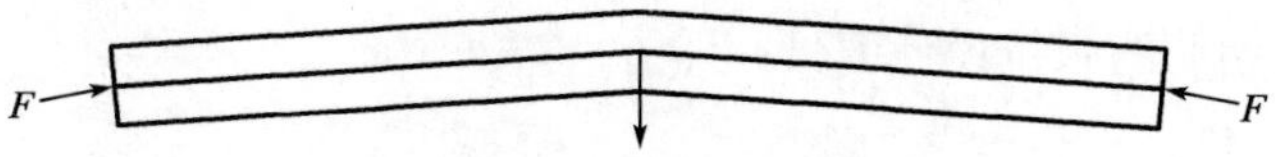

图3.26　钢束转向处折角

连续刚构桥一般是悬浇施工,两个梁段的交点处为折角,过去底板纵向钢束通常设计成与梁高曲线平行,即底板钢束距离底板下缘等高,那么钢束在梁段节点处形成死角,对底板不利,因此底板钢束纵桥向各点应该在一条平顺曲线上,而不应按各截面与梁底等高度设计。

连续刚构桥箱梁中跨跨中及边跨现浇段与悬臂端相接处底板最薄,此处底板钢束的曲率半径较小,钢束的径向力较大,因此底板钢束在此范围尽量靠近底板上缘布置,以增大底板混凝土的抗剪厚度。

2)底板防崩钢筋计算

建议在两个管道之间及最外排管道的外侧均设底板预应力防崩钢筋,防止底板预应力钢束张拉时将底板下缘保护层崩裂(图3.27)。

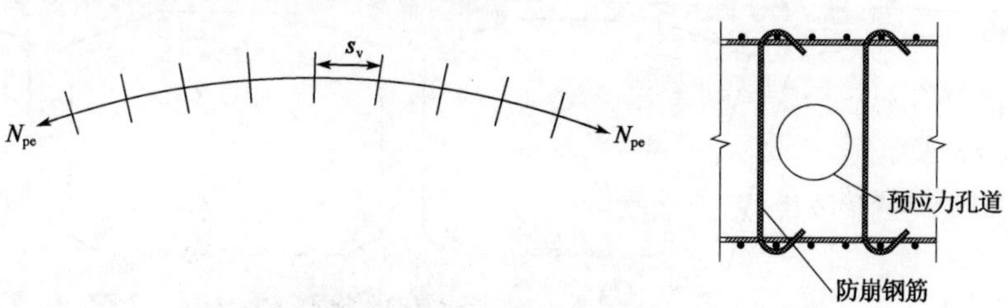

图3.27　底板防崩钢筋的设置

(1)当钢束在平面上曲线布置时防崩箍筋设计

弧长 s_v(箍筋间距)的径向压力(图3.25)为

$$F_c = qs_v = \left(\frac{N_{pe}}{R}\right)s_v \tag{3.12}$$

则对于任一弧长 s_v,径向力引起的底板防崩箍筋单肢截面面积可按下式计算。

$$A_{sv1} = \frac{P_d s_v}{2Rf_{sv}} \tag{3.13}$$

式中：A_{sv1}——单肢箍筋截面面积（mm^2）；

P_d——预应力钢筋的张拉设计值（N），可扣除锚圈口摩擦、钢筋回缩及计算截面处管道摩擦损失后的张拉力乘以 1.2；

s_v——箍筋间距（mm）；

f_{sv}——底板防崩箍筋抗拉强度设计值（MPa）。

如果预应力筋的曲线形式低于二次抛物线，考虑到预应力筋的径向等效荷载在跨中处最大，底板防崩箍筋的间距可从合龙段向其他段逐渐增大。

（2）钢束折角处防崩箍筋设计

钢束折角处防崩箍筋单肢截面面积可按下式估算：

$$A_{sv1} = \frac{P_d \theta}{2f_{yv}} \tag{3.14}$$

式中：P_d——预应力钢筋的张拉设计值（kN）；

θ——折角（rad）；

f_{yv}——钢筋屈服强度（kPa）。

3）防崩钢筋大样

防崩钢筋可做成[形和封闭箍筋，如果采用[形钢筋，则应确保卡住底板上下缘横筋；如为封闭箍筋，则应将开口端向上设置。若为底板的齿板防崩钢筋，则箍筋的开口向下设置。

用于防崩钢筋的箍筋开口方向与径向力方向相反，图 3.28 中中间开口向上的箍筋适用于底板钢束的防崩及顶板钢束齿板的防崩，右边开口向下的箍筋适用于底板钢束齿板的防崩。

防崩箍筋宜采用两端带弯钩 135°的单肢 ϕ14mm 和 ϕ16mm 钢筋，弯钩直线段长应不小于 10cm。

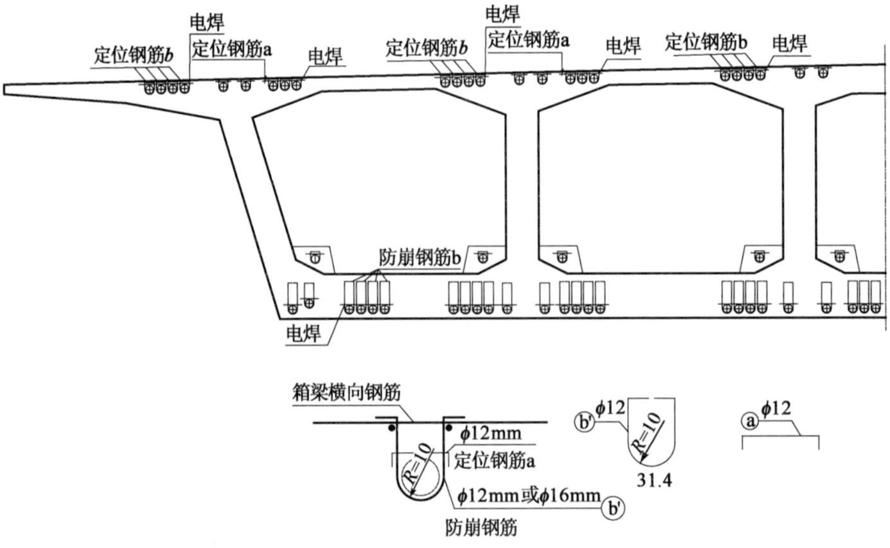

图 3.28 防崩钢筋大样图（尺寸单位：mm）

4)防崩钢筋布置

防崩钢筋的设置应遵循以下几点:

(1)在钢束两侧均应设置防崩钢筋。

防崩钢筋设置在钢束两侧,距离钢束较近,能起到防崩的作用,若防崩钢筋距离钢束较远,则效果较差,甚至起不到防崩的作用,建议在每根钢束两侧均应布置防崩钢筋,没有钢束的地方,底板架立钢筋的横向间距按照构造要求设置。

(2)防崩钢筋顺桥向间距不宜超过两个横向钢筋间距,也不宜采用梅花形布置,避免部分钢束两侧没有防崩钢筋。

(3)防崩钢筋不能等同于底板的架立钢筋,底板的架立钢筋不能缺少。

(4)防崩箍筋的直径和间距要符合现行《公路钢筋混凝土及预应力混凝土桥涵设计规范》(JTG 3362)的要求,建议合龙段底板箍筋间距采用20cm,其余段采用25~30cm,纵向箍筋的间距应从合龙段向其他段逐渐增大。

5)其他防崩构造

在设计指标取用时,合理选取构造参数可对底板的应力集中予以改善,如增加底板厚度,加大钢束波纹管之间的间距,增大底板钢束保护层厚度。文献[13]建议设计时,底板波纹管净间距 d 与外径 D 之比(d/D)宜定在1附近,底板波纹管外径 D 与净保护层厚度 h 之比(D/h)宜定在1.05附近,底板厚度与波纹管外径 D 之比(H/D)宜定在4附近。

在主跨跨中长约 $L/5$(L 为主跨跨径)的节段交接处设置底板横肋,能有效减少底板最大横向拉应力,对预防底板纵向裂缝有显著效果。在设计时加强箱梁横向计算,保证跨中底板有足够的厚度,重视跨中底板横向受力钢筋的设置,可有效防止跨中合龙段底板的纵向裂缝及崩裂[14]。

合理设计箱梁底缘的曲线,将曲线从距原点一段距离开始设置,避开曲率无穷大的区域,曲线在合龙段两端的曲线半径尽可能大,使钢束径向力降低到最小。

3.4.8 预应力构造要求

(1)预应力管道间净距不得小于6cm,在直线段两管道竖向可以叠置。

(2)建议箱梁顶、底板纵向预应力设备用管道,且不少于2束,如施工中未动用,则将喇叭口封闭以后备用。

(3)竖向预应力宜对称腹板布置。

采用竖向预应力是降低主梁腹板内主拉应力最有效的方法之一。大跨径连续刚构桥的腹板会设几个梯度变化,通常从腹板内侧加宽。

当竖向预应力没有布置在腹板中心,或没有关于腹板对称布置时,竖向预应力对于腹板会产生一定的偏心力矩,腹板内侧将承受较大的拉应力;当箱梁悬臂板上满布汽车车轮而箱梁中心无荷载时,腹板上产生的弯矩与上述弯矩是同方向的,将加剧腹板内侧受拉。因此,为了不增加箱梁腹板的横向抗弯负担,竖向预应力应根据腹板厚度进行调整,保证竖向预应力钢筋布置在腹板中心或关于腹板中心对称布置。

(4)建议边跨底板预应力钢束有20%且不少于2束的预应力钢束按直束布置通过支座外,其余底板束一律上弯锚固。

(5)顶板纵向预应力钢束宜通过平弯及竖弯锚固在顶板与腹板交界处,底板纵向预应力宜通过平弯及竖弯锚固在底板与腹板交界处,否则应验算锚前和锚后的局部应力。

(6)纵向预应力钢束尽量布置在靠近腹板处。

从预应力作用的原理来看,预应力所提供的所有内力是通过预应力锚板对锚下混凝土施加压力来提供局部轴力,此轴力沿预应力走向不断通过梁体的纵向剪切扩散,直至形成全断面的偏心受压状态。单侧扩散角度约为26°左右,由于箱梁构造复杂,以箱梁底板中心线处的钢束为例,预应力扩散是先扩散至全底板,再沿腹板向上,然后在顶板向两侧扩散。这样,布置于底板中心处的纵向预应力要从锚固断面延伸很长一段距离,方能达到全断面受力的效果。采用常规结构分析工具进行结构计算时,多数都采用了全断面受力的假定,而忽略了上述不利影响,从计算结果中无法真实地反映实际应力分布情况。同时,当底板纵向预应力布置在底板中心附近时,由于变截面箱梁梁底纵向曲线引起预应力的径向分力,也会导致箱梁底板横向弯矩增大。

将钢束布置在腹板附近是缩短预应力传递长度的有效方法,这样有效预应力能够沿腹板和底板双方向传递。同时由于钢束靠近腹板,预应力的径向分力对底板产生的弯曲效应也大大减小。

(7)在有足够空间的情况下,纵向预应力管道的平弯和竖弯半径尽可能采用较大的,以减小管道平弯和竖弯引起的局部拉应力。顶板的平弯半径 R 不宜小于按下式计算的半径。

$$R \geqslant \frac{N}{500(h-d)f_{\mathrm{tk}}} \tag{3.15}$$

式中:R——预应力钢束的平弯半径(m);

N——预应力钢束的张拉控制力(kN);

h——顶板(底板)厚度(m);

d——管道外直径(m);

f_{tk}——混凝土轴心抗拉强度标准值(MPa)。

表3.11给出了不同张拉力对应的最小弯曲半径。

不同张拉力对应的最小弯曲半径 表3.11

张拉力(kN)	最小弯曲半径(m)	张拉力(kN)	最小弯曲半径(m)
1 000	4	3 000	12
2 000	8	≥4 000	16

(8)在布置主梁纵、横、竖三向预应力钢束时,应错开位置,避免钢束的锚头、管道相互干扰,或锚头管道与普通钢筋干扰,而不能准确到位,从而影响预应力的效果。

(9)预应力钢束的张拉龄期除满足混凝土强度条件外,建议对加载龄期提出要求,加载龄期最少不得小于5d,对主跨跨径大于200m的桥梁,加载龄期不得小于7d,以减少收缩徐变的影响。张拉时,对于加载时的混凝土弹性模量应提出要求。

(10)建议尽可能增大主梁的预应力度,控制主跨跨中在永久作用下的下挠。

3.4.9　普通钢筋构造要求

箱梁纵向钢筋和横向钢筋的间距不宜大于20cm,纵向钢筋和底板横向钢筋的直径不宜小于16mm,腹板箍筋直径不宜小于12mm。当箱梁不设置竖向预应力钢筋时,纵向钢筋和底板横向钢筋的直径不宜小于20mm,腹板箍筋直径不宜小于16mm,箍筋间距不宜大于15cm。当顶板设有横向预应力时,顶板上层钢筋和箱内顶板下缘横向钢筋直径不宜小于16mm,悬臂板下缘和箱中承托下缘钢筋直径不宜小于12mm。

第 4 章 连续刚构桥计算分析基本方法

连续刚构桥的受力分析包括施工阶段及运营阶段，一般可归纳为总体静力分析、动力分析、稳定性分析、箱梁横向框架受力分析及局部受力分析等分项，本章将针对这些分项分别予以介绍。

4.1 连续刚构桥总体静力分析

4.1.1 连续刚构桥总体静力分析内容

连续刚构桥作为超静定结构，对其进行计算分析时一般应将桥梁上、下部结构作为一个共同受力的整体，同步进行分析。其主要分析内容如下：

(1)连续刚构桥上部箱梁

①持久状况截面承载能力极限状态计算：正截面抗弯承载能力验算，斜截面抗剪、抗弯承载力验算。

②持久状况正常使用极限状态计算：短期效应组合正截面、斜截面抗裂验算。

③持久状况预应力混凝土构件的应力计算：受压区混凝土最大压应力验算、受拉区预应力钢筋的最大拉应力验算。

④短暂状况预应力混凝土构件的应力计算：施工期正截面最大压应力、拉应力验算。

⑤主梁挠度验算。

(2)连续刚构桥主墩及基础

①持久状况截面承载能力极限状态计算：墩身、桩基的正截面抗弯承载能力验算。

②持久状况正常使用极限状态计算：配置预应力钢筋的墩身区域应进行短期效应组合正截面抗裂验算，墩身非预应力区域及桩基应进行裂缝宽度验算。

③承台或扩大基础等下部结构相关计算。

4.1.2 连续刚构桥总体静力受力分析方法

连续刚构桥受力分析法对箱梁分析的主要方法概括起来有解析法和数值法。

1)解析法

为了把问题简化，在解析法中往往采用一些假定和近似处理方法。如将作用于箱形梁的偏心荷载分解成对称荷载与反对称荷载。对称荷载作用时，按梁的弯曲理论求解；反对称荷载作用时，按薄壁杆件扭转理论分析；然后将二者计算结果叠加而得。扭转分析又根据截面的刚度区分为截面不变形(刚性扭转)和截面变形(畸变)两种不同情况。通过这些荷载分解，就单项问题进行较深入的探讨。采用若干假定是解析法的另一特点,如对位移模式的假定等。箱形梁剪力滞的分析方法有"加劲板"理论、比拟杆法以及 Eleissnen 根据能量原理的分析方法等。关于箱形梁的扭转分析,苏联学者符拉索夫和乌曼斯基在这方面建立了完整的理论。对于箱形梁的畸变应力分析,有广义坐标法、等代梁法、弹性地基梁比拟法等。弹性地基梁比拟法具有物理概念清晰、受力分析明确、计算简便等特点,所以得到普遍推广应用。对于箱形梁的横向弯曲,分析方法有影响面法和框架分析法。影响面法计算较为烦琐,而框架分析法是一种颇为简便的方法。

解析法虽然能得到一些规律性的结论,但是它存在一些假定前提,应用形式单一,有一定的局限性。

2)数值方法

数值方法主要包括有限段、有限条、有限差分法和有限元方法,前 3 种方法都是半解析方法,与有限元法相比,它们具有简单、计算量小的优点,但是随着计算机的快速发展,已经很少采用。预应力混凝土箱梁的空间有限元分析方法有多种离散模型,常用的有空间梁单元法、梁格法、板壳元法和三维实体元法。

(1)空间梁单元法

空间梁单元是一种可用于承受拉、压、弯、扭的单轴受力单元。通用的有限元软件如 MIDAS/Civil、SAP2000、CSiBridge、ADINA、ANSYS 的单元库中均包括空间梁单元。但是这些通用有限元软件直接用来进行桥梁结构分析有很多不便。采用空间梁单元进行预应力混凝土箱梁分析有以下不足:①不能反映箱梁纵向弯扭时的"剪力滞效应";②不能反映"畸变效应";③不能反映横向挠曲。

(2)梁格法

梁格法是分析桥梁上部结构比较实用的空间分析方法。它具有概念清晰、易于理解和使用的特点。梁格法的思想是将上部结构用一个等效梁格来模拟。将桥梁上部结构模拟成由纵梁、横梁组成的梁格体系以后,梁格体系的计算可利用空间杆系有限元的计算方法。梁格法能从一定程度上反映箱梁受力的空间效应,对于多箱多室的箱梁有较高的实用价值,但也存在一些不足:①对于单箱单室宽箱梁,由于梁格法仍然是建立在空间梁单元的基础上的,对于这一类型的箱梁空间效应反映十分有限;②纵向梁格和横向梁格的截面特性需要自行计算,由此带来不便;③虚拟横向梁格的设置具有较大的随意性。

(3)板壳元法

采用板、壳有限元对预应力混凝土箱梁进行离散,当板壳单元相当密的时候,可以反映桥梁结构的各种受力行为,如弯曲变形、扭转变形和局部变形。对于精确分析箱梁的受力特征,板壳有限元能起到比较好的效果。

CSiBridge 有专门的采用壳单元的箱梁模块,可以方便地进行预应力模拟、预应力损失模拟、施工过程模拟。

应用板壳有限元分析预应力混凝土箱梁的难点在于:由于板单元采用的是箱梁的顶板、腹板、底板的中性面位置,因此预应力索在顶板、底板中的上下位置和在腹板中的横向位置对分析结果不产生任何影响,这显然是不符合实际的。

(4)三维实体元法

对于研究箱梁空间效应来说,三维实体单元法相比前述方法是更为精确的一种方法。目前预应力混凝土三维实体模型的研究,主要将预应力混凝土分析分为两类:即分离式和整体式。所谓分离式就是将混凝土和力筋的作用分别考虑(脱离体),以荷载的形式取代预应力钢筋的作用,典型的如等效荷载法;而整体式则是将二者的作用一起考虑,典型的如 ANSYS 中用 LINK 单元模拟力筋的方法。

过去由于计算方法受到计算机功能的限制,通常考虑梁横截面尺寸较纵向长度小得多,引入一些假定,用杆系结构简化桥梁实际结构进行分析。但当桥梁宽跨比较大、截面异形、简化为杆单元的假定的适用条件不再满足,横截面变形不可忽略时,梁单元就显得无能为力了,必需求助于三维实体单元。近 20 年来,计算机和有限元技术的发展,使大型结构分析程序趋于成熟,三维实体单元法的优势得以彰显。

4.1.3 荷载或作用效应

(1)结构自重

考虑结构自重时,除应计入参与总体纵向受力截面以外部分的附加重量外(如齿板、横隔板等的重量),还应计入现行《公路桥涵施工技术规范》(JTG/T 3650)容许范围内的节段方量偏差对结构受力的影响。

在施工过程中,由于模板变形、找平等一些因素的影响,多数情况下会出现节段混凝土的超方现象,从而导致自重增加。因此建议设计过程中对主梁混凝土重度额外考虑施工超方的影响,即“计算等效重度 = 理论等效重度 × 最大容许超方系数”。

提高主梁混凝土等效容,对刚构桥设计的合理性具有两面性:重混凝土等重度的增加将导致预应力配束量增加,即主梁截面预加力效应增加,对防止主梁长期下挠、截面开裂等病害有积极作用;然而当实际结构超方情况小于设计预估值时,截面的最大压应力将超过计算值,存在压应力超过规范限值的危险。因此,建议设计过程中,应同时对未超方的情况进行补充验算。

(2)施工荷载

刚构桥的施工荷载主要为悬臂浇筑过程中挂篮的支点反力、合龙过程中的内力(位移)调节措施等。

悬臂浇筑过程中挂篮的支点反力主要包含:

①挂篮空重;

②挂篮空重 + 节段混凝土湿重;

③挂篮脱落引起的悬臂端不平衡荷载。

合龙过程中的调节措施主要包含:

①连续刚构在主跨合龙前,根据需要在两悬臂端用水平千斤顶互施水平顶推力,以调整主跨及双壁墩身的内力;

②连续刚构在边跨梁处于悬臂状态时,在悬臂端施加竖向荷载,于边跨合龙后卸除,以调整双壁墩身内力。

施工荷载对刚构桥的内力及位移状态有一定的影响,计算时(尤其是施工监控阶段的计算)必须根据实际的施工进程,对施工荷载的数值、作用位置及加载时序进行精确模拟。

(3)收缩、徐变作用

设计计算应体现结构形成的过程和状态。对于悬臂施工的连续刚构桥梁,应按施工顺序逐个步骤地计算结构因各个荷载(作用)产生的内力效应并予以叠加,计入混凝土收缩徐变的影响,形成永久作用效应。

受混凝土材料离散性较大的影响,实际结构中的收缩、徐变效应与理论值存在一定的差异,设计过程中应充分估计混凝土收缩徐变对结构的影响。

刚构桥为超静定结构,其成桥阶段的收缩、徐变作用对结构的内力及应力状态均产生影响,其影响结果对结构的不同部位而言既有利又不利,因此,设计验算时,应分别考虑计与不计成桥阶段收缩、徐变作用的两种情况。有些桥梁分析软件,将成桥阶段的收缩、徐变作用等同于使用阶段的一个荷载工况看待,即是出于这方面的考虑。

(4)预应力一次效应及其次内力

对于预应力一次效应及其次内力的计算,应采用符合实际情况的管道摩阻、偏差系数,必要时应通过试验来确定。此外预应力线形的平弯、竖弯均应考虑。

进行承载能力组合时,应特别注意荷载作用效应不计预应力一次力效应,但应将预应力效应引起的次内力当作外力作用效应看待,其荷载分项系数 γ_P 的规定为:受力有利时,γ_P 取为 1.0;不利时,γ_P 取为 1.2。

在进行长短期效应组合时,预应力一次效应及其次内力效应按同一作用效应考虑。

(5)活载

计算汽车活载效应时,应按规范考虑纵、横向折减及行车偏载对结构的影响。行车偏载对采用箱形截面刚构桥的受力影响主要表现为两方面:类似于T梁桥的横向分布及扭转翘曲效应,实际设计中常利用偏载系数来综合考虑这两方面的影响。实践表明,对于刚构桥汽车偏载系数取为 1.15,一般情况下是偏于安全的。

汽车活载的效应还包括冲击力、制动力、离心力及撞击力等,其详细取值请参照相关规范。

当桥梁具有非机动车道、人行道时,还应考虑非机动车荷载、人群荷载。

(6)温度效应

温度荷载是结构受力的重要组成部分之一。纵向计算时,温度按照现行《公路桥涵设计通用规范》(JTG D60)取用,计算结构的均匀升温或降温以及温度梯度引起的内力。

对施工中的温度作用引起的箱梁自由伸缩和挠度变化的计算,以及桥墩和箱梁多方向的温度作用,规范均没有给出具体规定,必要时需要根据实际情况通过调查研究确定。

(7)风荷载

位于地形条件简单区域刚构桥的风荷载建议参照现行《公路桥梁抗风设计规范》(JTG/T 3360)的相关规定进行计算。

对于山区,由于地形、地貌情况变化急剧,风场分布变得非常复杂,而现有桥梁抗风规范仅适用于平坦地貌各向同性的风场条件,关于山区这类复杂地形,其风特性与规范规定值有一定差异,建议结合桥址处特殊的地形、地貌和风向条件,通过现场实测对常规的取值进行必要的修正。

(8)其他静力偶然荷载

位于河道中的桥墩应考虑船撞或漂流物的撞击作用力。可能出现落石地质灾害的地区应考虑落石对桥墩的撞击作用力。

4.1.4 箱梁的剪力滞效应与畸变效应

(1)箱梁的剪力滞效应

进行结构计算分析时,应考虑箱梁的剪力滞效应对于结构构件截面正应力的影响。剪力滞是指宽翼缘箱形截面受对称垂直力作用时,其上、下翼缘的正应力沿宽度方向分布不均匀(图4.1),这种现象称为剪力滞或剪力滞效应。剪力滞效应会造成腹板处的应力水平高于平均应力。忽略此影响就会低估箱梁腹板和翼缘交接处的应力,致使实际应力大于设计应力,翼缘板的抗裂能力得不到满足从而出现裂缝,最终导致结构不安全。

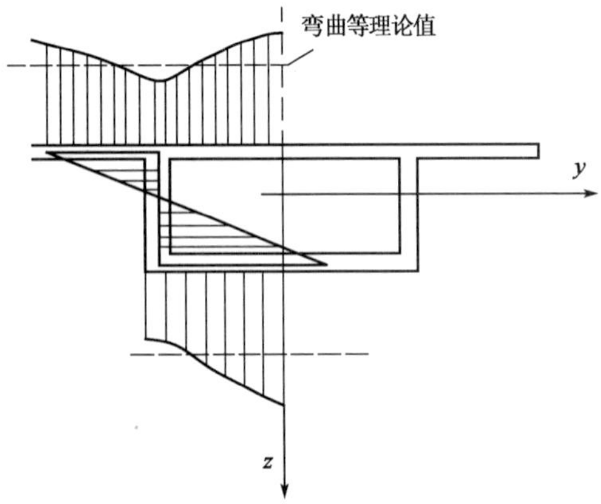

图4.1 箱梁剪力滞效应

由于一般连续刚构计算采用平截面假定,利用杆系程序进行整体纵向计算,无法考虑剪力滞效应,计算出的平均应力小于腹板处的应力,因此,设计时宜使计算出的平均应力小于规范容许的最大应力,且与规范容许最大应力有一定差距,控制结构的最大正应力在规范容许值之内。必要时建议作空间结构分析,确定箱梁的剪力滞系数,来指导设计,保证结构的安全度。

对于混凝土结构,承载能力验算时可不考虑剪力滞效应的影响。

(2)箱梁的畸变效应

箱形梁在反对称荷载作用下,除了引起截面刚性扭转外,还产生截面畸变(周边变形)。箱形梁在偏心荷载作用下会产生畸变效应,能引起这种变形的荷载可归纳为竖直偏心荷载、水平偏心荷载和在自重作用下由于支点倾斜(所谓三条腿)产生的扭矩等3种荷载。这3种荷载都可以通过荷载分解得到畸变荷载,通过畸变荷载可推导出箱梁的畸变控制微分方程,从而对箱梁畸变进行求解。

箱梁的畸变变形将使箱形梁壁产生横向弯曲应力,并因畸变后截面翘曲,在纵向出现翘曲正应力和翘曲剪应力。根据资料分析,对于混凝土箱形梁,截面畸变是产生翘曲正应力的主要原因,因此不管是工程实践还是理论研究,都表明箱形梁的畸变效应对约束扭转的影响是不容忽视的。

关于等截面箱形梁的畸变应力计算,国内外学者做了大量的研究工作,已有非常成熟的理论和实用方法,应用最多并且精确而实用的是弹性地基梁比拟法(BEF法,WrightN.)。这种方法最早是根据箱形梁在畸变荷载作用下的能量守恒原理推导得到一个和弹性地基梁挠曲微分方程在数学上完全相似的畸变微分方程,因而可以利用解弹性地基梁的方法和图表,按照截面畸变时箱形梁畸变微分方程和弹性地基梁挠曲微分方程之间的比拟关系进行换算,求出箱形梁畸变角和畸变双力矩,进一步得到畸变应力。目前,国内学者对无中间横隔板的箱形梁根据板梁框架原理推导得到类似的畸变微分方程。由于这种方法力学概念清楚、受力分析明确、推导过程简便、并明确提出了畸变荷载的概念,因此在工程上得到推广应用。

变截面箱形梁由于其结构的复杂性,给理论分析带来了许多困难,目前还没有比较完善可靠的分析方法。在工程实际中普遍采用的结构分析方法是把变截面箱形梁沿纵向简化为数段等截面的台阶形变截面箱形梁,应用等截面梁理论计算。这样的近似解法固然使分析计算过程得到极大地简化,而且随着分段的加密也能得到较理想的结果。但遗憾的是在理论上未能反映其受力特点及刚度和截面形式沿纵向连续变化对内力的影响。基于上述原因,捷克斯洛伐克学者用梁框共同作用原理推导得到变截面箱形梁畸变微分方程组,该方法在理论上是完善和可靠的,遗憾的是其结果是非常复杂的6个畸变微分方程组,且难于求解,所以在工程实际中未能推广应用。另一种既简单又实用的变截面箱形梁畸变分析方法是等代梁分析法。这种方法在结构分析过程中虽然采用了一些假设,略去了一些次要因素的影响,但它是直接从变截面箱形梁的结构特点出发,充分考虑了箱形梁沿纵向刚度变化和截面形式变化对结构内力的影响。其分析过程力学概念清楚、受力分析明确,且具有计算简便、精度良好的特点,具有实用价值。

随着箱形截面梁在工程中的广泛应用,畸变效应对其受力性能的影响越来受到工程设计人员的重视。在工程实践中,设置横隔板被认为是减小畸变效应的有效方法。大跨度变截面连续箱梁在跨中截面设置横隔板后,能有效地约束跨中附近截面的畸变效应,所以在跨中截面设置横隔板是十分必要的,而在4等分截面、6等分截面设置横隔板对截面畸变效应的约束作用相对较弱,设计时一般不在这些位置增设隔板。此外,并不是只有横隔板可以影响畸变效应大小,杆壁的厚度等其他因素也会影响薄壁杆件畸变效应的大小。

4.1.5 箱梁的截面受力验算

(1)主梁正截面承载能力极限状态计算

主梁的正截面承载能力验算包含最小配筋率、受压区高度、截面抗弯承载能力等内容,相关计算按照现行《公路钢筋混凝土及预应力混凝土桥涵设计规范》(JTG 3362)中的相关条款进行。

安全等级的确定:对于大跨径预应力混凝土连续刚构桥的安全等级均宜按照一级来控制,即结构的重要性系数取1.1。

(2)主梁斜截面承载能力极限状态计算

主梁的斜截面抗剪承载能力验算包含截面最小抗剪尺寸及抗剪配筋验算等内容,相关计算按照现行《公路钢筋混凝土及预应力混凝土桥涵设计规范》(JTG 3362)中的相关条款进行计算。

剪跨比较小时,可采用增加竖向预应力筋的方法提高连续刚构桥箱梁截面的抗剪承载力;而剪跨比较大时,竖向预应力的增大对承载力提高的影响有限。无论剪跨比为何值,均可采用增设竖向预应力筋或纵向预应力筋的方法来提高箱梁截面的开裂荷载。

应适度调整下弯预应力筋的下弯角度以充分发挥腹板的抗剪作用。箍筋发挥抗剪作用并不仅仅由箍筋的配筋率决定,应综合考虑纵向预应力筋、普通钢筋及竖向预应力筋的作用。应利用腹板纵向普通钢筋对抗剪性能的提高作用和在纵向预应力作用下初始压应力对截面开裂荷载的提高作用,纵向普通钢筋的配筋量宜与箍筋相当。

(3)主梁正截面抗裂验算

预应力混凝土连续刚构桥按照全预应力混凝土构件进行抗裂验算,验算正截面拉应力,即在作用频遇组合下

$$\sigma_{st} - 0.8\sigma_{pc} \leqslant 0 \tag{4.1}$$

式中:σ_{st}——在作用频遇组合下构件抗裂验算截面边缘混凝土的法向拉应力(MPa),按照现行《公路钢筋混凝土及预应力混凝土桥涵设计规范》(JTG 3362)计算;

σ_{pc}——扣除全部预应力损失后的预加力在构件抗裂验算边缘产生的混凝土预应力(MPa),按照现行《公路钢筋混凝土及预应力混凝土桥涵设计规范》(JTG 3362)计算。

(4)主梁斜截面抗裂

①预应力混凝土连续刚构桥按照全预应力混凝土构件进行斜截面抗裂验算,验算斜截面的主拉应力,即在作用频遇组合下

$$\sigma_{tp} \leqslant 0.4 f_{tk} \tag{4.2}$$

式中:σ_{tp}——由作用频遇组合和预加力产生的混凝土主拉应力(MPa);

f_{tk}——混凝土的抗拉强度标准值(MPa)。

②计算预应力混凝土受弯构件由作用频遇组合和预加力产生的混凝土主拉应力 σ_{tp}时,应按照现行《公路钢筋混凝土及预应力混凝土桥涵设计规范》(JTG 3362)的 6.3.3 条计算。规范主应力计算公式为

$$\left.\begin{matrix}\sigma_{tp}\\ \sigma_{cp}\end{matrix}\right. = \frac{\sigma_{cx} + \sigma_{cy}}{2} \mp \sqrt{\left(\frac{\sigma_{cx} - \sigma_{cy}}{2}\right)^2 + \tau^2} \tag{4.3}$$

式中:σ_{tp}——构件混凝土中的主拉应力(MPa);

σ_{cp}——构件混凝土中的主压应力(MPa);

σ_{cx}——在计算主应力点,由预应力和按作用频遇组合计算的弯矩产生的混凝土法向应力(MPa);

τ——在计算主应力点,由预应力弯起钢筋的预加力和按作用频遇组合计算的剪力产生的混凝土剪应力(MPa);

σ_{cy}——由竖向预应力钢筋的预加力产生的混凝土竖向压应力(MPa)。规范 σ_{cy}的计算公式为

$$\sigma_{cy} = 0.6\,\frac{n\sigma'_{pe}A_{pv}}{bs_v} \tag{4.4}$$

n——在同一截面上竖向预应力钢筋的肢数;

σ'_{pe}——竖向预应力钢筋扣除全部预应力损失后的有效预应力(MPa);

A_{pv}——单肢竖向预应力钢筋的截面面积(mm^2);

b——计算主应力点处构件腹板的宽度(mm);

s_v——竖向预应力钢筋的间距(mm)。

4.1.6 持久状况和短暂状况构件的应力计算

(1)使用阶段主梁混凝土正截面压应力与预应力钢筋拉应力验算

本项验算按照现行《公路钢筋混凝土及预应力混凝土桥涵设计规范》(JTG 3362)中进行。

(2)使用阶段主梁混凝土斜截面主压应力验算

本项验算按照现行《公路钢筋混凝土及预应力混凝土桥涵设计规范》(JTG 3362)中进行。

(3)施工阶段的主梁最大、最小应力验算

本项验算按照现行《公路钢筋混凝土及预应力混凝土桥涵设计规范》(JTG 3362)中进行。

4.1.7 挠度的计算与控制

跨径大于100m的预应力混凝土连续刚构桥的上部构件,不应进行部分预应力混凝土设计,应按照全预应力混凝土构件设计。

(1)在设计阶段宜作主梁的挠度控制设计。挠度控制设计指结构在永久作用下主跨跨中的挠度控制设计。永久作用下的跨中弹性挠度影响着结构混凝土收缩徐变的挠度,而且永久作用下的跨中弹性挠度大,结构的徐变挠度就大,反之就小。因此,建议主梁的主跨跨中在自重恒载、二期荷载、预加力等除混凝土收缩徐变以外的永久作用下的弹性下挠度值,宜控制在 $L/4\,000$(L 为连续刚构桥主跨跨径,单位 m)以内。

(2)应考虑施工误差对结构挠度的影响。设计应考虑施工规范容许范围内的自重施工偏差对结构挠度的影响,包括结构自重偏差宜控制在 ±5% 以内和桥面铺装层的超厚宜控制在 $L/7\,000$(L 为连续刚构桥主跨跨径,单位 m)以内,同时应考虑施工误差对混凝土收缩徐变挠度的影响;设计应考虑施工规范容许范围外的偏差能够采取适当的措施予以补救,比如预留钢束、体外束等。

(3)应考虑纵向预应力误差对结构挠度的影响。设计应分析全部纵向预应力误差 ±6% 对结构弹性挠度的影响,同时分析此项误差对混凝土收缩徐变挠度的影响;设计应从施工工艺和技术上明确采取有效措施,保证有效预应力的增加,比如采用智能张拉、智能压浆等工艺和技术,确保预应力张拉质量及波纹管注浆饱满;设计时还应考虑到施工中可能存在的多种因素会引起有效预应力达不到设计值,可按某一指定的有效预应力不足比例进行挠度计算,并考虑钢绞线失效对结构的影响,适当增加主梁跨中底板钢束用量,以提高预应力强度,减少主梁下挠值。

(4)应考虑活载对于结构徐变挠度的影响。设计时应考虑活载引起的结构徐变下挠值加大问题。苏通长江公路大桥辅航道桥在设计时,考虑了活载对结构收缩徐变的影响,具体方法是:将长期作用在桥梁上的汽车荷载,在计算中给予适当的折减,取两车道进行计算,计算活载产生的弹性挠度为6.1cm,除去活载弹性挠度的影响,活载效应造成的长期徐变挠度增量为5.3cm,即活载引起的混凝土收缩徐变挠度为5.3cm。此种考虑活载引起的徐变挠度方法可以借鉴。

4.2　连续刚构桥横向受力分析

4.2.1　箱梁横向计算

部分连续刚构桥在后期运营过程中出现了纵向裂缝,其中由于横向底板抗弯引起的纵向裂缝也是很常见的,因此横向计算是结构设计不可缺少的、重要的内容。设计者在做横向计算时通常考虑了自重、二期荷载、预应力和活载,而忽略了底板预应力钢束的径向力及箱内外温差等因素对结构的影响。通过箱梁的横向分析可判断整个桥跨范围内箱梁的薄弱断面,并采取必要的技术措施,确保每个断面在荷载作用下横向的安全性,进而有效控制箱梁的纵向裂缝及混凝土劈裂。

横向分析时,可以按框架模型计算,必要时采用空间实体单元模型计算。

(1)验算内容

建议按照现行《公路钢筋混凝土及预应力混凝土桥涵设计规范》(JTG 3362)中有关预应力混凝土构件的要求来验算顶板(若顶板配置横向预应力)的各项受力,按照钢筋混凝土构件的要求,验算顶板(若顶板未配置横向预应力)、腹板和底板裂缝宽度和极限承载能力。

(2)相关荷载

从目前的多种桥梁病害分析方面看,超载现象是一个主要原因,因此作为新桥设计,在横向分析时,除按照现行《公路桥涵设计通用规范》(JTG D60)考虑1.3的冲击系数外,建议根据业主意见,适当的考虑超载因素。

汽车轮载的加载应考虑荷载的有效分布宽度,具体计算方法见《公路钢筋混凝土及预应力混凝土桥涵设计规范》(JTG D62—2004)第4.1节。

横向计算时,宜计算箱室内外 ±5°的温差(图4.2)。

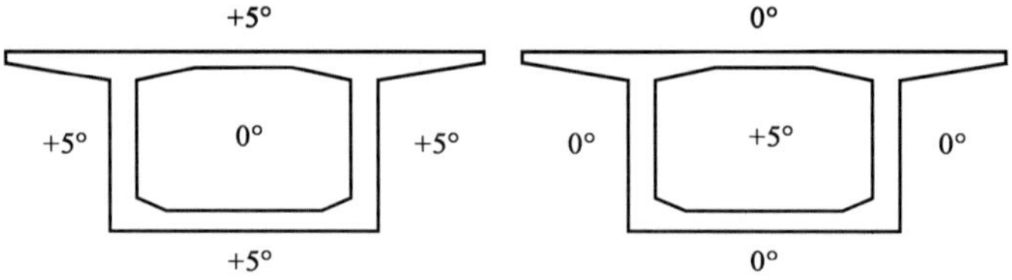

图4.2　箱室温差示意图

日照梯度温度亦是横向计算应当考虑的荷载,可参照现行《公路桥涵设计通用规范》(JTG D60)4.3.10条对竖向梯度温度效应的规定,在箱梁顶板范围内施加。

(3)边界条件

对于单箱单室的情况,框架模型与空间实体单元模型均可采用将腹板底端作为支点,施加类似于简支梁边界条件的横向简支状态约束。

对于单箱多室的情况,边界条件的模拟相对复杂一些,边界条件依然可施加于各腹板的底部,竖向约束应考虑纵向整体受力时各腹板共同承受竖向荷载的协调性,施加弹性约束进行模拟。竖向弹簧刚度与各腹板参与纵向受力时提供的竖向刚度有关,对于横向分析,一般情况下只需获得这些竖向刚度比值即可,可简单地以各腹板弯曲刚度的比值代替。

4.2.2　箱梁横向计算结果与纵向总体分析结果的组合

连续刚构预应力混凝土箱梁实际的受力状态是三维受力模式,本质上看,其三维受力模式与薄壁钢箱梁是类似的,依然可分为第一体系及第二、第三体系,纵向总体受力计算即是对第一体系进行分析,横向受力分析即是对第二、第三体系进行分析。箱梁横向受力效应与纵向总体受力效应在结构三维受力时是同步出现的,因此验算时应考虑对这两个体系的计算结果进行组合。

考虑到将箱梁横向受力与箱梁纵向受力分别进行分析时,一方面两个体系同步出现最不利加载工况的概率较低,另一方面两个体系的效应中可能有重复的荷载作用(如横向分析采用三维实体分析时,车辆荷载的作用效应),因此两个体系进行结果组合时不宜直接叠加。

欧洲规范对钢箱梁第一体系与第二、第三体系结构组合的规定如下

$$\sigma_{\mathrm{Ed}} = \sigma_{\mathrm{loc,d}} + \Psi\sigma_{\mathrm{glob,d}} \tag{4.5}$$

或

$$\sigma_{\mathrm{Ed}} = \Psi\sigma_{\mathrm{loc,d}} + \sigma_{\mathrm{glob,d}} \tag{4.6}$$

式中:σ_{Ed}——局部荷载效应$\sigma_{\mathrm{loc,d}}$和整体荷载效应$\sigma_{\mathrm{glob,d}}$组合后的纵梁应力值(MPa);

$\sigma_{\mathrm{loc,d}}$——单辆重车的局部车轮荷载产生的纵梁应力值(MPa);

$\sigma_{\mathrm{glob,d}}$——包含由一辆或多辆重车的桥梁荷载产生的纵梁应力值(MPa);

Ψ——组合系数,总体受力计算跨径小于20m时取1.0,大于40m时取0.7,其他情况线性内插。

刚构桥计算时可借鉴欧洲规范的该项规定。

考虑两个体系计算结果组合作用时,受影响最大的结构部位是箱梁的腹板。箱梁横向分析中,在自重、温度、活载、张拉横向预应力和张拉纵向预应力引起的径向力等荷载在腹板断面产生的拉应力组合值较大,一般在2.5MPa左右,此值甚至可抵消竖向预应力提供的竖向压应力,可见箱梁的横向效应对腹板产生的效应较大,考虑横向因素的最大主拉应力将比不考虑横向因素计算出的最大主拉应力值大很多,若不考虑横向应力的影响,必然使计算的主拉应力值偏小,这也是腹板出现斜裂缝的主要原因之一。

因此,建议腹板竖向应力σ_{cy}按照下式计算

$$\sigma_{\mathrm{cy}} = 0.6\frac{n\sigma'_{\mathrm{pe}}A_{\mathrm{pv}}}{bs_{\mathrm{v}}} + \sigma_{\mathrm{cy2}} + \sigma_{\mathrm{cy3}} + \Psi\sigma_{\mathrm{cy4}} + \sigma_{\mathrm{cy5}} + \sigma_{\mathrm{cy6}} \tag{4.7}$$

式中:σ_{cy2}——箱梁自重在腹板产生的应力(MPa);

σ_{cy3}——箱梁室内外温差在腹板产生的应力(MPa);

σ_{cy4}——活载在箱梁腹板产生的应力(MPa);

σ_{cy5}——张拉箱梁顶板横向预应力在腹板产生的应力(MPa);

σ_{cy6}——底板纵向预应力的径向力对腹板产生的应力(MPa)。

对式(4.7)中的σ_{cy2}、σ_{cy3}、σ_{cy4}、σ_{cy5}、σ_{cy6},当为压应力时以正号带入,当为拉应力时以负号带入。分别计算腹板内、外侧σ_{cy}值,取不利的数值代入现行《公路钢筋混凝土及预应力混凝

土桥涵设计规范》(JTG 3362)计算腹板的主拉应力。

4.3 连续刚构桥地震动力响应特征

4.3.1 高墩连续刚构桥梁地震响应特点

桥梁高墩具有显著的力学性能特点,高墩墩柱的长细比和轴压比通常较大,墩柱横截面多为空心,构造复杂。对于中、低墩桥梁,由于上部结构自重远大于桥墩的自重,在地震分析过程中可将桥梁结构等效为单自由度体系进行计算;而对于高墩桥梁,上部结构自重将不再比桥墩自重大很多,甚至远小于桥墩的自重,第一阶振型质量参与系数明显下降,高阶振型效应和墩身质量对结构地震响应的贡献变得更加显著[15]。由此可见,高墩桥梁与中、低墩桥梁的刚度和质量分布有很大区别,中、低墩桥梁的抗震设计理论将不适用于高墩桥梁。

我国现行《公路桥梁抗震设计细则》(JTG/T 2231-01)仅适用于主跨不超过150m、墩高不超过40m的桥梁,并明确指出对于墩高超过40m、墩身第一阶振型有效质量低于60%、结构进入弹塑性工作范围的桥梁需要进行专门的研究。

同济大学的叶爱君等[16]通过对某独柱式高架桥进行的高墩振动台试验研究表明:高墩模型的破坏发生在桥墩根部,墩顶位移最大,P-Δ效应加剧了墩底的弯曲破坏,并指出桥墩的横向地震反应比纵向大。

位于Ⅱ类以上场地土上的连续刚构桥梁,对其进行抗震计算时应考虑桩土共同作用,并与墩底固结模型相比,取两者的不利值[17]。墩梁刚度比及土层厚度的选取(桩土作用)是影响结构动力及地震响应的敏感性参数。考虑桩土共同作用后,结构体系变柔了,周期会增大,相应的地震力会有所减小,但同时结构的变形会增大,对结构的位移可能不利。故采用深桩基础的刚构桥在地震响应分析时应考虑桩土作用。

4.3.2 桥墩结构形式对连续刚构桥抗震性能的影响

(1)实心墩和空心墩刚构桥地震动力响应特点

王维等[18]分析比较不同桥墩结构形式对连续刚构桥抗震性能的影响,认为与采用双肢薄壁实心墩的刚构桥相比,双肢薄壁空心墩的刚构桥位移反应更大,各构件轴力以及面内弯矩减小,而面外弯矩增大。

周勇军等[19]研究了桥墩外形尺寸、截面纵向刚度等参数对结构自振特性的影响,认为空心墩桥比实心墩桥的自振频率低。李子春等[20]探讨了连续刚构桥采用钢筋混凝土四柱式桥墩、双薄壁空心墩、单薄壁空心墩及独柱实心墩时的动力性能,得出4种桥墩的自振频率依次增大。

(2)单、双柱式墩刚构桥地震响应特点

①在高墩的延性性能方面,单柱式桥墩的墩顶位移要大于双柱式桥墩,当竖向地震相应较大和对位移控制较严时,这是不利的。对于坚硬场地土情况,双柱式桥墩的动力弯矩响应比单柱式要大,但在场地土较弱时,两者的差异则与输入的地震波有一定的关系。

②双薄壁墩的桥梁与单薄壁墩的桥梁相比,结构的频率有所降低,纵向地震作用下前者的

主梁弯矩和纵向位移、墩底弯矩响应均小于前者,但前者墩底轴力较大,且双薄壁墩的主梁纵向位移比单薄壁墩小。横向地震作用下,两种墩型桥的主梁横向弯矩相差不大,而双薄壁墩桥横向位移远远小于单薄壁墩桥。

③在常见的双薄壁墩中距(主跨的1/20~1/25)范围内,一般可不考虑双薄壁墩间距对高墩大跨刚构桥地震响应的影响。

④对具有双薄壁墩的弯连续刚构桥来说,系梁的设置对结构的动力性能及地震反应有一定的影响,从动力性能上看,不设置系梁或者尽量少设置系梁更优。但系梁位置的改变对结构的地震响应的影响不大,一般响应的变化量不超过10%,在概念设计时,可不考虑该参数对结构动力性能的影响。

4.3.3 不同墩高时刚构桥的内力与位移规律

范立础等对五座连续刚构体系大桥作了地震反应分析,结果表明纵向地震作用和横向地震作用分别对低墩和高墩产生不利影响,并指出地震反应的控制截面为墩底、主梁根部和跨中。马坤全对高墩大跨连续刚构桥的空间地震响应进行了分析,结果表明相位差效应对结构反应不利,梁的横向刚度变化对桥的横向地震响应影响不大。魏琴等针对连续刚构桥,采用平面杆系单元建立有限元模型进行地震反应分析,其结论是竖向地震激励对结构内力影响较小,行波效应及土-桩-结构相互作用使结构内力、位移增长显著。

对于低墩在墩顶墩梁固结的刚构桥,高墩与低墩的不利反应与地震作用方向密切相关。高墩在横向地震作用下表现出较大的内力反应,而低墩在顺桥向地震作用下表现出大的内力反应;从全桥反应过程来看,在横向地震作用下桥梁反应相对复杂。结构除了有很大的横桥向反应分量外,此时顺桥向的反应分量也不能忽视。

通过比较横桥向输入和顺桥向输入下结构最不利反应与其结构自身截面抗力的关系,发现低墩在地震发生时产生破坏的概率大于高墩,因此,应该注意低墩的抗震设计和验算。

降低低墩不利反应的一个有效措施是合理确定低墩与墩顶结合部的处理方式,如设置橡胶支座。该措施大大降低了低墩的反应,起到了保护低墩的目的。但是,该方式却不同程度地放大了高墩在顺桥向的反应。计算结果表明,橡胶支座的设置并没有改变结构横桥向的动力特性,不影响高墩在横桥向的反应。

4.3.4 直线与曲线刚构桥的地震响应特点

相同条件下的曲线刚构桥比直桥纵向刚度大,而横向刚度小,故弯桥纵向频率较大,而横向频率小。顺桥向激励时,随着弯桥圆心角的减小(曲率半径的增大),墩顶切向位移、墩底切向剪力、墩底纵向弯矩及主梁根部竖向的弯矩均迅速增大。而横桥向激励时,随着弯桥圆心角的减小,除了主梁根部横向弯矩和位移逐渐减小外,其余各主要响应峰值均迅速增大。如果不考虑扭转,则在相同条件下,弯桥的综合抗震性能优于直桥。

对不同圆心角的曲线刚构桥进行地震响应研究分析,结果表明,当圆心角小于30°时,除了扭矩和直桥有一定的差别外,其他各响应值与直桥的差别在15%以内。因此,单跨圆心角小于30°的高墩曲线连续刚构桥可按照相应直桥在两个方向分别进行强度抗震计算。

4.4　连续刚构桥稳定性分析

4.4.1　稳定问题分类

结构失稳是指结构在外力增加到某一量值时,稳定性平衡状态开始丧失,稍有扰动,结构变形将迅速增大,使结构失去正常工作能力的现象。在桥梁结构中,总是要求其保持稳定平衡,即沿各个方向都是稳定的。桥梁结构的失稳现象可分为下列几类:①个别结构的失稳,例如压杆的失稳和梁的侧倾;②部分结构或整个结构失稳,例如施工中的T构或整个桥的失稳;③构件的局部失稳,例如组成压杆的板和板梁腹板的翘曲等,局部失稳常导致整个体系的失稳。

按照结构在逐渐加载过程中平衡形式是否发生质变的观点,将结构的失稳分为两类形式:

(1)平衡分岔失稳

平衡分岔失稳特征是达到临界荷载时,除结构原来的平衡状态理论上仍然可能外,还将出现第二个平衡状态。如图4.3a)所示完善的(无缺陷、挺直)轴心受压构件。当作用于构件端部的荷载P未超过某一限值($P<P_{cr}$)时,构件处于直线的平衡状态即初始平衡状态,对应如图4.3b)所示荷载-挠度曲线(P-δ)中的线段OA,称为原始平衡路径。而当荷载P达到限值P_{cr}时,构件会突然发生弯曲,这种现象称为屈曲,或者丧失稳定。在图4.3b)有两条不同的平衡路径:原始平衡路径AB及第二条平衡路径AC(根据大挠度理论计算)。原始平衡路径OA与第二条平衡路径AC的交点A点称之为分岔点,所对应的状态称为临界状态,所对应的荷载值称之为屈曲荷载或临界荷载,用P_{cr}表示。原始平衡路径由分岔点A分为两段:线段OA上的点是稳定平衡,AB上的点是不稳定平衡,即在分岔点B上原始平衡路AB和新平衡路AC并存,出现平衡的二重性。这种具有原始平衡路经由稳定平衡转化为不稳定平衡的失稳形式称之为平衡分岔失稳,也称为第一类失稳。

(2)极值点失稳

桥墩大多属于压弯构件,其组成材料有一定的弹塑性和强度极限,当荷载小于P_{cr}时,一部分材料已进入弹塑性状态或达到极限而破坏,即出现第二类弯曲失稳破坏。

图4.4为具有初始弯曲的两端受弯矩作用的压弯杆件。当轴向压力N与初弯矩M_0成比例增加时,N和杆件中点的挠度δ的关系曲线如图4.4a)所示。按弹性理论分析,压弯杆件的荷载-挠度(N-δ)曲线为图中虚线AD,它以轴心受压杆件的欧拉临界荷载N_E处引出的水平线为渐近线。如按弹塑性理论分析,荷载-挠度将是图4.4a)中的曲线$OABC$,其中OA段为弹性阶段,在A点,杆件截面应力最大的纤维开始屈服,此后进入弹塑性阶段(AB段曲线)。上升段OB表示杆件处于稳定平衡,曲线下降段BC则为不稳定平衡状态。杆件在极值点B失稳。

极值点B表示杆件维持内外平衡时的极限承载力,即表示杆件能够承受的最大荷载。用极值点B来确定杆件承载力的方法称为极限承载力准则。B点对应的荷载N_u即为极限压溃荷载。

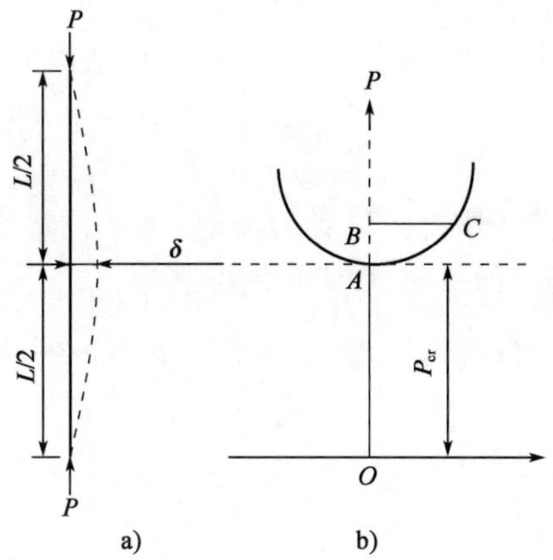

图4.3　平衡分岔失稳

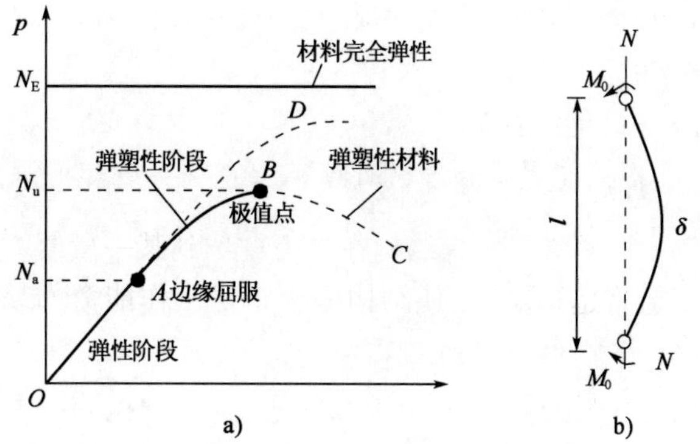

图4.4　极值点失稳

压弯杆件在弯矩作用平面内失稳时，以截面边缘纤维屈服作为杆件的承载极限，即用弹性阶段的最大荷载作为杆件承载力。这一确定杆件承载力的方法称为边缘纤维屈服准则。A 点对应的荷载 N_a 即为边缘屈服荷载。

失稳时，构件截面可能边缘屈服，也可能部分进入塑性，这取决于杆件的截面形状和尺寸、杆件的长细比和缺陷大小等因素。

两类稳定问题的区别如表4.1所示。

两类稳定问题的区别　　表4.1

稳定类型	第一类稳定	第二类稳定	稳定类型	第一类稳定	第二类稳定
失稳性质	分支点	极值点	实际应用	理想结构	实际结构
平衡状态	发生改变	不发生改变	求解方法	特征值问题	加载全过程分析
临界荷载	屈曲荷载	压溃荷载			

大量的研究成果表明，大跨度桥梁的破坏多为非正式第二类弹塑性失稳破坏，即在结构整体失稳破坏前已经存在局部构件发生强度破坏。对于大型桥梁实际结构不可避免地具有初弯曲、初偏心等初始缺陷以及材料非线性等影响，使得结构并不是在理论弹性屈曲强度处发生屈曲，但是，由于第一类稳定问题的力学情况比较单纯明确，数学上求解比较容易，而它的临界荷载又近似地代表相应的第二类稳定的上限，因此，研究第一类稳定问题仍有着重要的工程意义。

4.4.2　稳定问题的求解方法

研究稳定问题的常用方法有平衡法（Eular方法）、能量法（Timoshenko方法）和动力法。由于桥梁结构的复杂性，不可能单靠上述方法来解决其稳定问题，大量使用的是稳定问题的近似求解方法，一类为微分方程求解法，另一类是基于能量变分原理的近似法，如有限元法。

（1）平衡法

对于有平衡分岔点的弹性稳定问题，在分岔点存在着两个极为邻近的平衡状态，一个是原结构的平衡状态，一个是已经有了微小变形的结构平衡状态。平衡法是根据已产生了微小变形后结构的受力条件建立平衡方程而求解的。如果得到的符合平衡方程的解不止一个,那么其中的最小值才是该结构的分岔屈曲荷载。平衡法只能求解屈曲荷载,但不能判断结构平衡状态的稳定性。

(2)能量法

根据能量法原理,弹性系统在平衡位置时的总位势 Π(外力的位势 Π_a 和内力的位势 Π_i 之和)为最小或最大。最小为稳定的平衡,最大的为不稳定的平衡,即平衡的标志为

$$\delta\Pi = 0 \tag{4.8}$$

平衡稳定性的标志为

$$\delta^2\Pi\begin{cases} >0 & \text{稳定平衡} \\ =0 & \text{随遇平衡} \\ <0 & \text{不稳定平衡} \end{cases} \tag{4.9}$$

上列二式中,$\delta\Pi$ 和 $\delta^2\Pi$ 分别为平衡位置与 $y(x)$、在设想的可能变形位置 $y(x)+\delta(x)$ 两者位势之差的一级和二级微小量。

按照小变形理论,能量法一般只能获得屈曲荷载的近似解,但是,如果事先能够了解屈曲后的变形形式,采用此变形形式做计算可以得到精确解。能量法用于大挠度理论分析,可以判断屈曲后的平衡是否稳定。

(3)动力法

处于平衡状态的结构体系,如果是微小干扰使其发生振动,这时结构的变形和振动加速度都和已经作用在结构上的荷载有关。当荷载小于稳定的极限值时,加速度和变形的方向相反,因此干扰撤去以后,运动趋于静止,结构的平衡状态是稳定的;当荷载大于极限值时,加速度和变形的方向相同,即使将干扰撤去,运动仍是发生的,因此结构的平衡状态是不稳定的;临界状态的荷载即为结构的屈曲荷载,可由结构振动频率为零的条件解得,动力法属于结构动力稳定问题。

(4)有限元法

结构屈曲失稳可以表述为在某一载荷作用下结构处于一种平衡状态,载荷增量为一个微量,结构变形迅速增大,使结构失去正常工作能力。根据线性屈曲理论,结构在外荷载作用下处于初始构形线性平衡状态,由拉格朗日列出其平衡方程为

$$(\boldsymbol{K}_D + \boldsymbol{K}_G)\{\boldsymbol{\delta}\} = \{\boldsymbol{F}\} \tag{4.10}$$

式中:$\boldsymbol{K}_D$、$\boldsymbol{K}_G$——分别为弹性刚度矩阵和初应力刚度矩阵;

$\{\boldsymbol{\delta}\}$——位移列阵;

$\{\boldsymbol{F}\}$——节点荷载列阵。

按(4.10)可以求得在荷载 $\{\boldsymbol{F}\}$ 作用时的位移 $\{\boldsymbol{\delta}\}$,如果荷载不断增大,则结构的位移增大。由于 $\boldsymbol{K}_G$ 与荷载大小有关,因而这时结构的力与位移的关系不再是线性的,如果 $\{\boldsymbol{F}\}$ 达到 $\lambda_{cr}\{\boldsymbol{F}\}$ 时,结构呈现随遇平衡状态,这就是我们所求的临界荷载点。

设 $\{\boldsymbol{F}\}$ 增加 λ 倍,则杆力和几何刚度矩阵也增大 λ 倍,因此可以写出下式

$$(\boldsymbol{K}_D + \lambda\boldsymbol{K}_G)\{\boldsymbol{\delta}\} = \lambda\{\boldsymbol{F}\} \tag{4.11}$$

如果 λ 足够大,使得结构达到随遇平衡状态,即当$\{\boldsymbol{\delta}\}$变为$\{\boldsymbol{\delta}\}+\{\boldsymbol{\Delta\delta}\}$,上列平衡方程也能满足,则

$$(\boldsymbol{K}_{\mathrm{D}}+\lambda\boldsymbol{K}_{\mathrm{G}})(\{\boldsymbol{\delta}\}+\{\boldsymbol{\Delta\delta}\})=\lambda\{\boldsymbol{F}\} \tag{4.12}$$

同时满足式(4.11)和式(4.12)的条件是

$$(\boldsymbol{K}_{\mathrm{D}}+\lambda\boldsymbol{K}_{\mathrm{G}})\{\boldsymbol{\Delta\delta}\}=0 \tag{4.13}$$

这就是计算稳定安全系数的特征方程式,如果方程有 n 阶,那么理论上存在 n 个特征值 $\lambda_1,\lambda_2,\cdots\lambda_n$。但是在工程问题中只有最低的特征值或最小的稳定安全系数才有实际意义,这时的特征值为 λ_{cr},临界荷载值为 $\lambda_{cr}\{\boldsymbol{F}\}$。

工程中存在的稳定问题大多数属于极值点失稳,即二类稳定问题。从力学角度分析看,结构第二类稳定性就是通过不断求解计入几何非线性和材料非线性的结构平衡议程,寻找结构极限荷载的过程。同时考虑材料和几何非线性的效应,其基本方程为

$$(\boldsymbol{K}_{\mathrm{D}}+\boldsymbol{K}_{\mathrm{G}}+\boldsymbol{K}_{\mathrm{L}})\{\boldsymbol{\delta}\}=\{\boldsymbol{F}\} \tag{4.14}$$

式中:$\boldsymbol{K}_{\mathrm{D}}$——小位移弹塑性刚度矩阵;

$\boldsymbol{K}_{\mathrm{L}}$——大位移弹塑性刚度矩阵。

4.4.3 稳定评价指标与判别准则

1)稳定评价指标

对于稳定性评价指标而言,最直观的即为稳定安全系数,目前对于稳定安全系数的计算有两种不同的方法:

(1)稳定安全系数 λ = 当前计算阶段极限荷载$\{\boldsymbol{R}\}_{\mathrm{cr}}^{(i+1)}$与当前计算阶段实际荷载$\{\boldsymbol{R}\}^{(i+1)}$的比值,可以表达为

$$\lambda=\frac{\{\boldsymbol{R}\}_{\mathrm{cr}}^{(i+1)}}{\{\boldsymbol{R}\}^{(i+1)}} \tag{4.15}$$

(2)稳定安全系数 λ = 结构总的失稳荷载$\{\boldsymbol{R}\}_{\mathrm{cr}}$与当前阶段所有荷载$\{\boldsymbol{R}\}$的比值,可以表达为

$$\lambda=\frac{\{\boldsymbol{R}\}_{\mathrm{cr}}}{\{\boldsymbol{R}\}} \tag{4.16}$$

第一种方法的物理意义为当前计算阶段结构对于当前计算阶段荷载的安全储备,认为该阶段前的荷载影响已经通过内力与构形反映在结构刚度矩阵中。而第二种方法则表述为当前计算阶段所能承受的结构总的失稳荷载与该阶段前所有荷载的比值。

对于第一类稳定问题,工程上在计算出结构的稳定系数后可直接参照文献的有关规定进行判别,规定结构稳定安全系数应大于4。

大量的研究成果表明,大跨度桥梁的破坏多为非正式第二类弹塑性失稳破坏,即在结构整体失稳破坏前已经存在局部构件发生强度破坏,这说明桥梁稳定安全系数的最低容许值应该不小于强度问题的安全储备。按照现行《公路桥涵设计通用规范》(JTG D60)的承载力极限状态计算时,结构重要性系数为1.1,荷载分项系数为1.2(自重、活载附加荷载综合系数),混凝土材料安全系数为1.25,压弯构件的工作条件系数为0.95,则要求结构构件的强度安全系数 $K\geqslant1.1\times1.25\times1.2/0.95=1.74$,因此,稳定安全系数的最低容许值应不小于此数值。

2)非线性稳定分析失稳准则

高墩、大跨桥梁的各构件在承载后,由于初始缺陷的影响,其荷载—位移曲线表现出非线性特征,明显地属于第二类稳定性问题,即极值点失稳。

非线性稳定分析中,需要确定失稳的标准,才能判断结构是否失稳。目前,比较常用的是采用截面边缘纤维屈服准则和压溃准则两种判别准则。

(1)边缘纤维应力屈服准则

根据边缘纤维屈曲准则,压弯杆件截面上正应力的强度条件是

$$\sigma_{max} = \frac{N}{A} + \frac{M_{max}}{W} \leqslant f_y \tag{4.17}$$

式中:N——轴压力(kN);

A——杆件截面面积(mm^2);

W——杆件最大受压纤维的截面模量(mm^4);

f_y——材料的屈服强度(MPa);

M_{max}——考虑轴压力影响和初偏心(或初弯曲)影响的杆件中的最大弯矩(kN·m),表示为

$$M_{max} = \frac{\beta_{max} M_0 + N\delta}{1 - \frac{N}{N_E}} \tag{4.18}$$

β_{max}——压弯杆件的等效弯矩系数,其意义是把不同荷载作用的压弯构件转化为两端等弯矩 $\beta_{max} M_0$ 的压杆来处理;

M_0——构件的最大弯矩(kN·m);

δ——中点挠度(mm)。

边缘纤维屈服理论的本质是把稳定问题作为强度问题来处理,只考虑了杆件的弹性工作阶段,计算比较简单。但实际上偏心压杆的破坏荷载不是由于纤维应力达到某临界值的结果,而是由于在某一临界荷载下,内外弯矩之间的稳定平衡成为不可能,企图把偏心柱的稳定问题作为应力问题来考虑肯定是会失败的,因为这样完全误解了问题的本质。尽管如此,这种理论仍然得到广泛的应用,而这一理论也为在结构初步设计阶段的稳定计算提供了快速计算的依据。

(2)压溃准则

该方法根据材料试验所得的本构关系或假设的材料本构关系曲线,通过逐步增加外部荷载,直到结构出现较大的塑性变形而不能进一步承担更多的外部荷载为止,类似于结构承载能力分析。

由于截面边缘达到屈服强度,实际结构的承载力仍然可以增大,采用边缘屈服准则低估了稳定。

李松等[25]分别采用屈曲理论和压溃理论,利用三维非线性数字模型,研究了悬臂施工阶段大跨度预应力混凝土刚构桥的非线性稳定行为。得出了一些有益的结论:

①大跨度预应力混凝土刚构桥悬臂施工阶段的失稳模态除了受荷载作用形式和大小影响外,在很大程度上还受到结构初始缺陷的影响,当结构的初始缺陷不利于其面外稳定时,结构出现面外失稳的概率明显提高,甚至可能首先出现面外失稳的情况,这与目前常用的屈曲稳定计算结果(面外稳定性远大于面内稳定性)有较大的差别,施工中应引起重视。

②尽管屈曲失稳结果过分夸大了大跨度预应力混凝土刚构桥悬臂施工阶段的稳定性,其一阶失稳系数的大小却能够在一定程度上反映结构在各计算工况中的相对稳定性,因而可以用于选定大跨度预应力混凝土刚构桥悬臂施工阶段的稳定性最不利的计算工况,以节省计算时间、提高分析效率。

③大跨度预应力混凝土刚构桥悬臂施工阶段的稳定性分析与将荷载一次性施加到整个结构物上的一般意义下的结构稳定性分析不同,需要在所采用的计算模型能够真实反映悬臂施工阶段不同结构体系的主要受力性能的前提下,选取对实际结构稳定性最不利的计算工况进行仿真计算,才能确保大跨度预应力混凝土刚构桥悬臂施工阶段的安全。

4.4.4　桥梁施工稳定性

大跨度连续刚构桥为了有效地减小上部结构的内力,减少混凝土收缩、徐变、温度及地震的影响,往往采用高柔桥墩,高墩的稳定问题特别是悬臂施工过程的稳定性就成为设计时所必须考虑的一个主要控制因素。目前高墩断面常采用两种形式:一种是单肢薄壁墩,另一种是双肢薄壁空心墩。对于等截面单肢薄壁墩的稳定问题可以直接采用压杆的理论公式计算,而对于经常采用的双肢薄壁空心墩的稳定问题,一般采用通用的有限元程序计算。本书给出双肢薄壁高墩实用的简化计算方法。

(1)常截面单墩自重作用下的稳定性

在高墩桥梁初步设计时,常将其简化为下端固结、上端自由的悬臂杆进行稳定计算。近似用能量法来求侧向失稳的临界荷载,由常规求解稳定的方法得屈曲临界力

$$P_{cr}=\frac{\pi^2EI}{(2h)^2}\tag{4.19}$$

墩柱完工后所承受的荷载有一期恒载、纵向风载和横向风载。用能量法求墩的自体稳定性,可将其简化为一根压杆,其刚度为 EI,高度为 h,承受主要荷载自重 q、纵向风载 q 风(其值随墩高变化)。如图4.5所示。

微段 ds 的转角为 $y'(x)$ 时,由此微段部分产生的微段以上部分的竖向 $q_{风}$ 相对自重 q 而言较小,可以略去不计,而因为 a_1、a_2 不为0,因此有

$$\begin{cases}\dfrac{\partial\Pi}{\partial a_1}=\left(\dfrac{\pi^4EI}{32h^3}-\dfrac{\pi^4-4}{16}q\right)a_1-\dfrac{3}{4}qa_2\left(\dfrac{1}{\pi}-\dfrac{1}{2}\right)hq_{风}\\[2ex]\dfrac{\partial\Pi}{\partial a_2}=\left(\dfrac{\pi^4EI}{32h^3}-\dfrac{\pi^4-4}{16}q\right)a_1-\dfrac{3}{4}qa_2\left(\dfrac{1}{\pi}-\dfrac{1}{2}\right)hq_{风}\end{cases}\tag{4.20}$$

$$\begin{vmatrix}\left(\dfrac{\pi^4EI}{32h^3}-\dfrac{\pi^4-4}{16}q\right) & -\dfrac{3}{4}q\\[2ex] -\dfrac{3}{4}q & \left(\dfrac{\pi^4EI}{32h^3}-\dfrac{\pi^4-4}{16}q\right)\end{vmatrix}=0\tag{4.21}$$

将式(4.20)展开,求得方程的最小正根即为临界荷载

$$q_{cr}=\frac{7.83EI}{h^3}\tag{4.22}$$

表达为墩底临界轴力

$$N_{cr} = \frac{\pi^2 EI}{(1.122h)^2} \tag{4.23}$$

且单个压弯构件的屈曲荷载与中心受压构件的临界荷载相同。

理论计算下，结构稳定系数 $\lambda_{理}$ 为

$$\lambda_{理} = \frac{q_{cr}}{9.8\gamma A} \tag{4.24}$$

式中：γ——混凝土重度；

A——桥墩的横截面积（mm^2）。

（2）单薄壁墩悬浇阶段稳定分析

在高墩大跨径连续刚构桥悬臂浇筑施工中，当最末块段施工时，在恒载、施工荷载、块段重量的施工误差、风载、挂篮作用下为最不安全。图 4.6 为该状态下构件的侧向失稳变形情况，包括挂篮正常工作和非正常工作（跌落）。

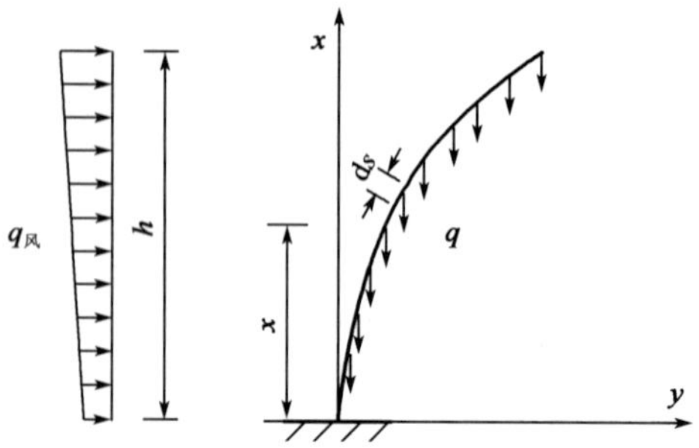

图 4.5　墩自身侧向失稳变形

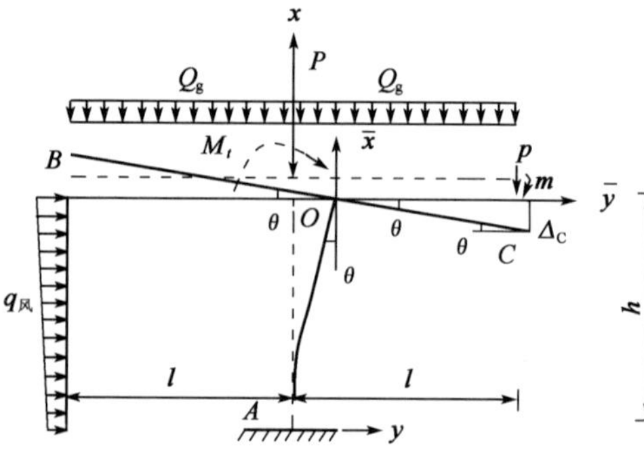

图 4.6　单薄壁墩侧向失稳变形

图 4.6 中 P、M 表示作用在墩顶上所有竖向力之和及不平衡弯矩之和；Q_g 表示梁的自重（N/m）；p、m 表示悬臂端不平衡竖向力及弯矩。

OA 段：侧向弯曲失稳的位移函数为 $y(x) = a\left(1 - \frac{\cos\pi x}{2H}\right)$，满足边界条件：$y(0) = 0$，$y'(0) = 0$，$y'(H) = \theta$，得 $\theta = a\frac{\pi}{2H}$，$y''(H) = 0$。

$$U_{OA} = \frac{1}{2}\int_0^H EI(y'')^2 \mathrm{d}x = \frac{\pi^4 EIa^2}{64H^3} \tag{4.25}$$

$$V_{OA} = -\frac{1}{2}\int_0^H P(y')^2 \mathrm{d}x - \frac{1}{2}\int_0^H qx(y')^2 \mathrm{d}x - \frac{1}{2}\int_0^H q_{风}\, y\mathrm{d}x = -\frac{P\pi^2 a^2}{16H} - \frac{0.149\pi^2 qa^2}{8} - \frac{\mathrm{A}}{2}a \tag{4.26}$$

BC 段：失稳的位移函数为 $\bar{x}(y) = -\theta\bar{y} + b\left(1 - \cos\frac{\pi y}{2l}\right)$，满足边界条件：$\bar{x}(0) = 0$，$\bar{x}'(0) = -\theta$，$\bar{x}''(\pm l) = 0$。

$$U_{BC} = \frac{1}{2}\int_{-l}^{l} E_b I_b (\bar{x}'')^2 \mathrm{d}y = \frac{1}{2}\mathrm{B}b^2 \tag{4.27}$$

$$V_{BC} = -\frac{1}{2}\int_{-l}^{l} Q_g \bar{x}\mathrm{d}y - p\Delta_c - m\theta_c = -\frac{1}{2}\mathrm{C}b - pb - mb\frac{\pi}{2l} - Ma\frac{\pi}{2H} \tag{4.28}$$

式中：A、B、C——常数。

由最小势能原理得屈曲临界力[26]

$$P_{cr} = \frac{\pi^2 EI}{4H^2} - 0.3qH \tag{4.29}$$

理论计算下的稳定系数

$$\lambda_{理论} = \frac{\dfrac{\pi^2 EI}{8h^3} - \dfrac{p}{2h}}{0.148\,7q + \dfrac{Q_g l}{h}} \tag{4.30}$$

由式(4.29)看出，屈曲临界力与施工阶段的不平衡弯矩无关，挂篮正常工作与非正常工作时的屈曲临界力相同，因此按传统的特征值屈曲理论进行分析将产生一个较大的偏差，导致结构处于不安全状态，有必要对结构进行非线性稳定分析。

(3)双肢墩悬浇阶段面内稳定分析[27,28]

双肢薄壁高墩刚构桥平衡悬臂施工过程中稳定性问题可近似的归类于压杆稳定问题(面外)和框架结构的稳定问题(面内)。

框架结构如果只有轴向力(例如承受节点荷载)[图4.7a)]，那么当外力达到临界荷载时，就会发生图4.7b)中曲线 a 那样的平衡分支屈曲。一般的杆件系统，杆内都有弯矩，这时各节点的变形将随荷载的增加而增大，如果杆件是由理想弹性材料做成，那么当荷载接近临界荷载 P_{cr} 时，变形也会迅速增加，结构发生分支屈曲[图4.7b)中曲线 b]。

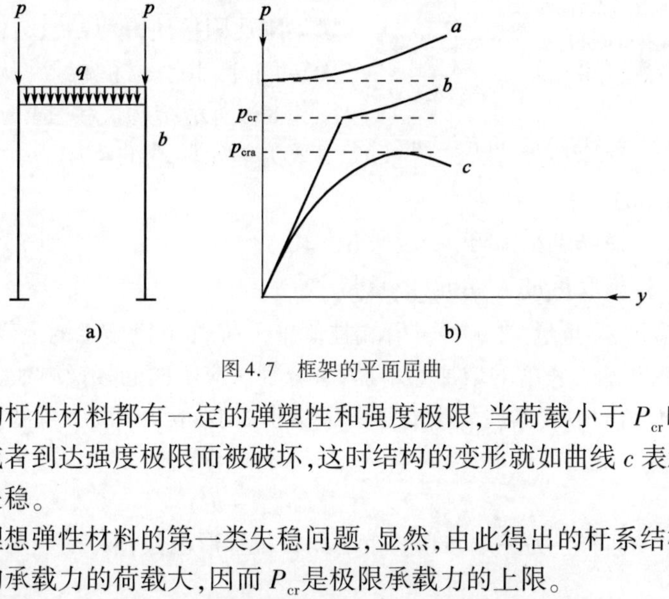

图4.7　框架的平面屈曲

实际上的结构杆件材料都有一定的弹塑性和强度极限，当荷载小于 P_{cr} 时，一部分材料已进入弹塑性状态或者到达强度极限而被破坏，这时结构的变形就如曲线 c 表示的那样发展，这就是所谓第二类失稳。

本章将讨论理想弹性材料的第一类失稳问题，显然，由此得出的杆系结构的临界荷载 P_{cr} 都比实际丧失结构承载力的荷载大，因而 P_{cr} 是极限承载力的上限。

为简化计算，假定：①杆系是由理想弹性材料做成；②屈曲变形很小，不考虑杆系几何尺寸的变化。这是杆件系统在弹性小变形范围内的平衡分支稳定问题。

杆件系统的屈曲计算原理与一般的内力计算大同小异。相同的是，都是利用变形连续条件(力法)或平衡方法(变形法)来建立方程式；不同的是在屈曲计算中，必须考虑杆内轴力 N 对横向变形的影响，而且我们感兴趣的并不是任意荷载作用下结构的变形值，而是当外荷载增

大 λ 倍后，结构达到随遇平衡状态时的荷载 $P_{cr}=\lambda P$ 值。

对面内稳定问题，以具有两个刚性横联的双肢薄壁高墩连续刚构桥在平衡悬臂施工时的状态作为基本结构，如图4.8b）所示。两悬臂梁段的自重及挂篮等施工荷载，可等效为作用在墩梁固接点的两个大小相等的竖向集中力与两个弯矩，如图4.8c）所示。实际上由柱中弯矩引起的刚构侧移不是很大，极限荷载 P_u 与分支荷载 P_{cr} 相差不会过大。

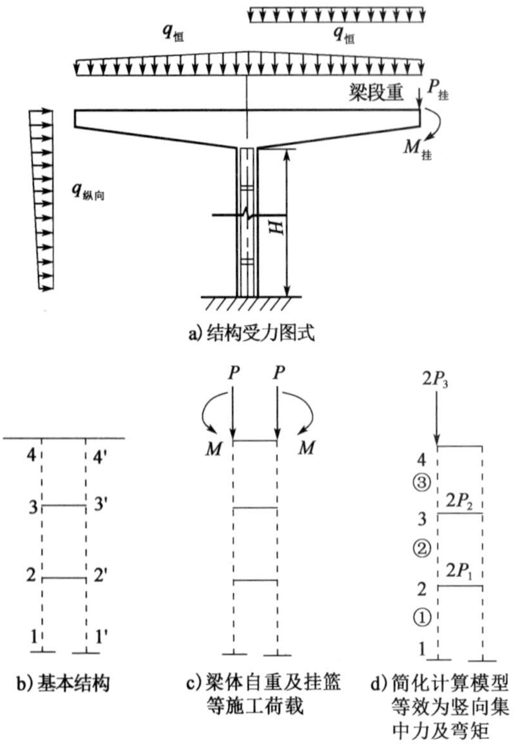

图4.8　悬臂施工时双肢薄壁高墩刚构结构简化图

由于采用对称悬臂施工，挂篮正常工作时，尽管梁段浇筑速度存在施工误差，可近似按对称承载考虑。当结构、荷载对称时，框架屈曲形状不是对称就是反对称。对称屈曲的临界荷载大于反对称屈曲[29]，但是它仅出现在框架顶端有侧向支撑的情况。本书仅计算反对称屈曲情况，按有侧移刚架进行分析。

假定每肢墩的纵桥向宽度、横桥向厚度均不变，横联按等间距设置，于是每段墩身的 EI 与长度 l 均相等，墩底部视为固结。

对薄壁墩的侧向变形而言，两个横联及墩顶0号块在面内的刚度可视为无穷大。同时，墩梁刚性固接使得薄壁墩与横联在两端连接处无转角，且水平位移相等，从而最后简化为如图4.8a）所示结构。各柱单元的重量通过换算等效为单元两端的集中力，大小为各单元重量的一半，于是，图4.8c）中有

$$\begin{cases}2P_1 = 2\text{-}2' \text{横联重量} + \text{单元①重量}/2 \\ 2P_2 = 3\text{-}3' \text{横联重量} + \text{单元②重量}/2 \\ 2P_3 = \text{单元③重量}/2 + \text{两悬臂端挂篮施工荷载} + \text{已施工的上部梁体重量}\end{cases}$$

其中，$2P_3$ 随悬臂施工长度的增加而增加，应分别对应不同的悬臂施工阶段。

与薄壁墩侧向位移相比，其所发生的竖向位移非常小，取第 i 段墩身的侧向弯曲失稳时的位移函数为

$$u_i(x) = f(x)(u_{i+1} - u_i) \tag{4.31}$$

其中，$f(x)$ 为一端固定、另一端转角约束的压杆位移形函数，取

$$f(x) = 1 - \cos\left(\frac{\pi}{l}x\right) \tag{4.32}$$

单元①应变能可表示为

$$U_1 = 2\int_0^l \left[\frac{1}{2}EIu_1''(x)^2\right]\mathrm{d}x = EI(u_2 - u_1)\cdot C \tag{4.33}$$

其中，u_1、u_2 分别为单元①之1、2端的位移，以下同，且

$$C=\int_0^l[f''(x)]^2\mathrm{d}x=\frac{\pi^4}{2l^3} \tag{4.34}$$

同理可得

$$U_2=EI(u_3-u_2)^2\cdot C \tag{4.35}$$

$$U_3=EI(u_4-u_3)^2\cdot C \tag{4.36}$$

体系总应变能为

$$U=U_1+U_2+U_3 \tag{4.37}$$

外力势能等于作用在相应节点上的竖向力与墩身因弯曲而产生的竖向缩短量的乘积的负值。对于单元①,有

$$\begin{aligned}V_1&=-(P_1+P_2+P_3)\cdot\Delta\\&=-(P_1+P_2+P_3)\cdot\int_0^l u_1(x)^2\mathrm{d}x\\&=-(P_1+P_2+P_3)\cdot(u_2-u_1)^2\cdot D\end{aligned} \tag{4.38}$$

其中

$$D=\int_0^l[f'(x)]^2\mathrm{d}x=\frac{\pi^2}{2l} \tag{4.39}$$

同理

$$V_2=-(P_2+P_3)\cdot(u_3-u_2)^2\cdot D \tag{4.40}$$

$$V_3=-P_3\cdot(u_4-u_3)^2\cdot D \tag{4.41}$$

体系总势能

$$V=V_1+V_2+V_3 \tag{4.42}$$

设施工荷载 P_1、P_2、P_3 同时增大 λ 倍时,结构进入临界失稳状态,λ 就是所求的稳定系数,这时总的外力势能 $V=\lambda\cdot(V_1+V_2+V_3)$。根据能量原理,结构在临界失稳时,弯曲应变能的增量应等于外力势能的减少,即

$$\delta U+\delta V=0 \tag{4.43}$$

其中

$$\delta U=2EIC\cdot[(u_1-u_2)\delta u_1+(2u_2-u_1-u_3)\delta u_2+(2u_3-u_1-u_2)\delta u_3+(u_4-u_3)\delta u_4] \tag{4.44}$$

$$\delta V=-2\lambda D\cdot\left\{\begin{aligned}&(P_1+P_2+P_3)(u_1-u_2)\delta u_1+[(P_1+P_2+P_3)(u_2-u_1)+(P_2+P_3)(u_2-u_3)]\delta u_2\\&+[(P_2+P_3)(u_3-u_2)+P_3(u_3-u_4)]\delta u_3+P_3(u_4-u_3)\delta u_4\end{aligned}\right\} \tag{4.45}$$

由 δu_1、δu_2、δu_3 和 δu_4 的任意性可得关于 u_1、u_2、u_3 和 u_4 的方程

$$EIC\begin{bmatrix}1&-1&0&0\\-1&2&-1&0\\0&-1&2&-1\\0&0&-1&1\end{bmatrix}\begin{Bmatrix}u_1\\u_2\\u_3\\u_4\end{Bmatrix}-\lambda D\begin{bmatrix}P_1+P_2+P_3&-(P_1+P_2+P_3)&0&0\\-(P_1+P_2+P_3)&P_1+2P_2+2P_3&-(P_2+P_3)&0\\0&-(P_2+P_3)&P_2+2P_3&-P_3\\0&0&-P_3&P_3\end{bmatrix}\begin{Bmatrix}u_1\\u_2\\u_3\\u_4\end{Bmatrix}=0 \tag{4.46}$$

引入位移约束条件：$u_1=0$，得

$$EIC\begin{bmatrix}2 & -1 & 0\\ -1 & 2 & -1\\ 0 & -1 & 1\end{bmatrix}\begin{Bmatrix}u_2\\ u_3\\ u_4\end{Bmatrix}-\lambda D\begin{bmatrix}P_1+2P_2+2P_3 & -(P_2+P_3) & 0\\ -(P_2+P_3) & P_2+2P_3 & -P_3\\ 0 & -P_3 & P_3\end{bmatrix}\begin{Bmatrix}u_2\\ u_3\\ u_4\end{Bmatrix}=0 \tag{4.47}$$

令

$$\begin{cases}A=EIC\\ B=D(P_1+2P_2+2P_3)\\ G=D(P_2+P_3)\\ H=D(P_2+2P_3)\\ K=DP_3\end{cases}$$

因该问题存在非平凡解，故方程组的系数行列式应等于零，即

$$\begin{vmatrix}2A-\lambda B & -A+\lambda G & 0\\ -A+\lambda G & 2A-\lambda H & -A+\lambda K\\ 0 & -A+\lambda K & A-\lambda K\end{vmatrix}=0 \tag{4.48}$$

上式为所研究系统的稳定性方程，整理得

$$(A-\lambda K)[\lambda^2(BH-BK-G^2)+\lambda(2AK+2AG-2AH-AB)+A^2]=0 \tag{4.49}$$

求解上式关于 λ 的三次方程得

$$\lambda_1=\frac{-b-\sqrt{b^2-4ac}}{2a};\lambda_2=\frac{-b+\sqrt{b^2-4ac}}{2a};\lambda_3=\frac{A}{K}$$

其中，$\lambda_i(i=1\sim3)$即为结构的稳定系数。$a=BH-BK-G^2$；$b=2AK+2AG-2AH-AB$；$c=A^2$。

将 a、b、c 的定义式代入 λ_1 表达式，可得

$$\lambda=\frac{EIC}{D(P_1+P_2+P_3)}=\frac{\pi^2EI}{(P_1+P_2+P^3)l^2} \tag{4.50}$$

这就是具有二个刚性横联的双肢薄壁墩，当主梁平衡悬臂施工时的面内稳定系数简化计算公式。该表达式物理概念清晰，计算过程简单明了。

当双肢薄壁高墩施工完第二横联并形成强度时，此时主梁没有施工，如图 4.9 所示。

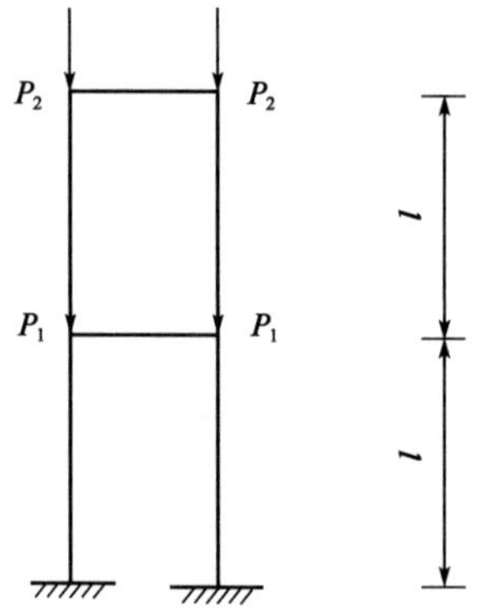

图 4.9　施工梁体以前的双肢薄壁墩

显然，对应的稳定性方程同样可由式(4.48)划去第一行第一列，由于等效集中荷载变化，需令 $P_3=P_2$、$P_2=P_1$ 得到。按照同样的推导过程，可以推得此时的稳定系数为

$$\lambda=\frac{\pi^2EI}{(P_1+P_2)l^2} \tag{4.51}$$

同样,当双肢薄壁高墩施工完第一横联并形成强度时,应将稳定性方程式(4.48)划去第一行第一列和第二行第二列,并令$P_3 = P_1$,此时结构的稳定系数为

$$\lambda = \frac{\pi^2 EI}{P_1 l^2} \tag{4.52}$$

对于只有一个刚性横联的薄壁墩,稳定性方程可由式(4.48)划去第一行第一列导出,这时特征方程降为二次方程,可更容易地求得结构的稳定系数为

$$\lambda = \frac{\pi^2 EI}{(P_2 + P_3) l^2} \tag{4.53}$$

对于没有刚性横联的双肢薄壁墩,从稳定性方程可由式(4.48)划去第一行第一列和第二行第二列导出,这时特征方程降为一次方程,其求解更为简单。

为便于工程应用,将各种情况的稳定系数列于表4.2中。

横联数量及不同施工阶段对应的稳定系数　　表4.2

序　　号	施工状态	图　　示	稳定系数
1	双横联结构梁在平衡悬臂状态	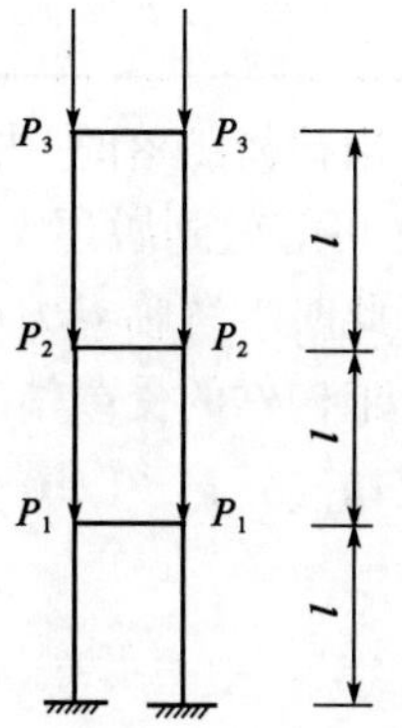	$\lambda = \frac{\pi^2 EI}{(P_1 + P_2 + P_3) l^2}$
2	单横联结构梁在平衡悬臂状态	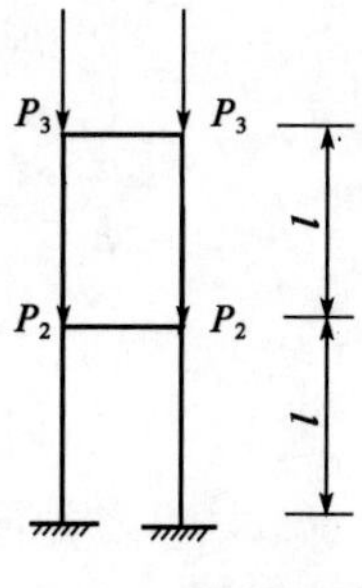	$\lambda = \frac{\pi^2 EI}{(P_2 + P_3) l^2}$
3	无横联结构梁在平衡悬臂状态	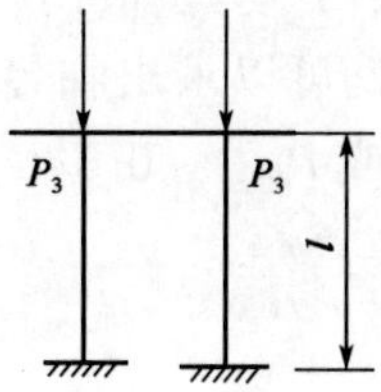	$\lambda = \frac{\pi^2 EI}{P_3 l^2}$

续上表

序　号	施工状态	图　示	稳定系数
4	施工完第二横联并形成强度	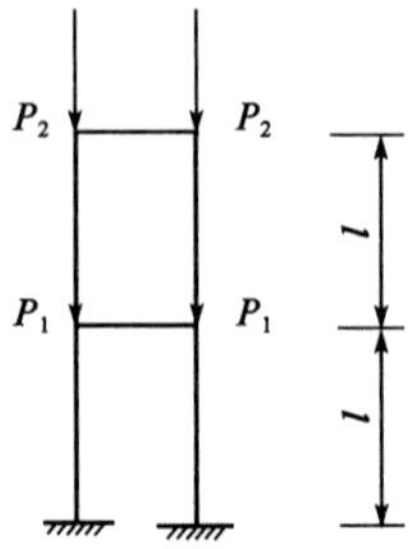	$\lambda=\dfrac{\pi^2 EI}{(P_1+P_2)l^2}$
5	施工到第一横联并形成强度	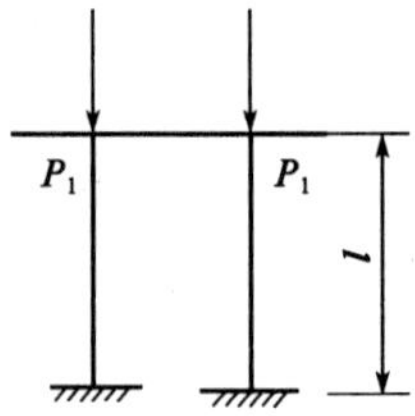	$\lambda=\dfrac{\pi^2 EI}{P_1 l^2}$

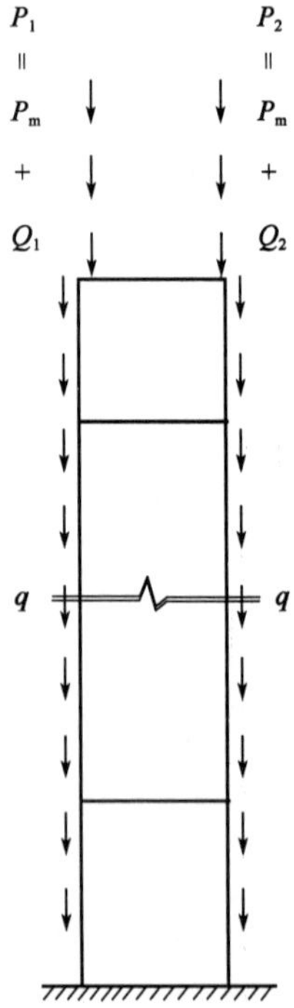

图 4.10　挂篮非正常刚架受力

当挂篮跌落时，失稳模态为刚架非对称加载侧向失稳，墩顶的不平衡 M 可等效到墩顶力偶，按刚架不对称加载考虑(图 4.10)。

此时求解临界力可简单地用有限元法，每个构件视为 1 个单元，根据所求构件的受载情况定出 $P_B = nP_A$，略去中间过程，由修正后的稳定方程 $|\boldsymbol{k}_D^* - \boldsymbol{k}_G^*| = 0$ 来求解，式中

$$\boldsymbol{k}_D^* = \begin{bmatrix} 24\dfrac{i}{H} & -12\dfrac{i}{H} \\ -12\dfrac{i}{H} & 8i+12j \end{bmatrix}$$

$$\boldsymbol{k}_G^* = P_A\begin{bmatrix} \dfrac{6}{5H}+n\dfrac{6}{5H} & -\dfrac{1}{5}-n\dfrac{1}{5} \\ -\dfrac{1}{5}-n\dfrac{1}{5} & \dfrac{5}{12}H-n\dfrac{2}{15} \end{bmatrix} \tag{4.54}$$

$$i=\frac{EI}{H},j=\frac{E_b I_b}{b}$$

当 P_A 为负值(拉力)，则几何刚度矩阵 $\boldsymbol{k}_G^*$ 中的相应位置取负值。这样就可以求出临界力 P_{Acr} 或 P_{Bcr}，当考虑墩自重影响，则临界力为：P_{Acr}(或 P_{Bcr}) $-0.3qH$。

第5章　连续刚构箱梁悬臂施工关键技术

结束基础及墩身施工后,首先完成各中间墩及次边墩墩顶0号块的施工,在0号块顶安装挂篮并开始顺序对称悬臂浇筑各悬浇梁段,适时完成边跨搭架现浇段施工,根据设计要求完成桥梁的合龙及体系转换。

5.1　墩顶0号块施工

1)支架或托架

落地支架宜支撑在承台顶面,对于承台尺寸无法满足的,应支撑在可靠的天然地基上;支撑杆件宜优先采用具有足够刚度和截面的钢管;为消除支架的非弹性变形,应进行支架预压。

墩顶托架应采用型钢、贝雷片或万能杆件等材料拼装而成,墩顶托架顶面高度应与箱梁底面纵向线形的变化一致;墩顶托架根据施工要求,需要进行支架预压;墩顶托架宜采用三角托架形式,为避免托架安装时大量的现场焊接操作,降低安全风险,当条件具备时可优先采用整体安装工艺,预埋件宜采用可拆预应力锚固螺栓,以便于装拆;托架底模承重系统宜采用挂篮底篮系统,以减小反复安拆工作量;托架设计时应考虑挂篮安装的操作空间需要。

2)支架安装与连接、预埋件设置

支架的制作应满足强度和稳定性的要求。箱梁0号块段施工的支架整体、局部均应进行强度和稳定性验算。施工预拱度和落架要求:0号块支架应预留施工预拱度,为便于0号块支架的拆卸,应设置钢楔、砂筒或千斤顶等支架卸落设备。支架制作安装:支架宜采用标准化、系列化、通用化的构件拼装,无论使用何种材料的支架,均应进行施工图设计,并验算其强度和稳定性,支架应保持稳定、坚固,应能抵抗在施工过程中有可能发生的偶然冲撞和振动,支架安装完毕后,应对其平面位置、顶部高程、节点连接及纵、横向稳定性进行全面检查。0号块现浇支架应在体系转换时才可以拆除,如设计上对拆除支架另有规定,应按照设计规定执行,卸落支架时,不允许用猛烈地敲打和强扭等方法进行,支架拆除后,应维修整理并分类妥善存放。

3)施工

钢筋加工、安装,混凝土配合比设计、浇筑,预应力施加、孔道压浆及封锚等工序,除设计中有特殊要求外,其余均按现行《公路桥涵施工技术规范》(JTG/T 3650)要求执行,由于0号块往往较高,混凝土体积较大,应同时注意以下几个问题:

(1)当采用分次浇筑时,尽可能缩短两次浇筑的间隔时间,间隔期不超过7d,并以3~5d

为宜。

(2)加强混凝土终凝到7d龄期时间段内的保湿养护,条件具备时,保湿养护宜持续14d。

(3)严格按设计要求的张拉顺序和张力应力施加预应力,注意张拉龄期应保证不少于7d,同时混凝土强度等级值不小于设计等级值的90%为宜。

5.2 悬浇段施工

1)挂篮的分类

常用的挂篮形式按承重结构形式分为菱形挂篮、梁式挂篮和斜拉挂篮。

2)设计的一般要求

(1)挂篮一般由承重系统、锚固系统、行走系统、平台系统、模板系统以及调节装置和安全装置等部分组成。

(2)挂篮应受力明确、坚固稳定、变形小、结构简单、便于锚固、装拆,并且应尽可能减轻自重。

(3)挂篮设计时宜优先选用挂篮与模板整体前移的方案。挂篮后锚体系建议结合结构竖向预应力筋的布设综合进行考虑。

(4)挂篮主要设计控制参数。

挂篮总重应控制在设计限重之内;挂篮承载结构悬臂端允许最大变形一般不超过$L/250$,模板变形小于$L/500$,且最大变形不宜超过20mm;挂篮行走时的抗倾覆安全系数宜不小于2.0;挂篮浇筑混凝土时抗倾覆的锚固系统的安全系数宜不小于2.0;限位系统安全系数不小于2.0。

3)挂篮的制作

(1)挂篮制作必须采用设计选用的材料并满足相应规范和标准的要求。制作应符合现行《钢结构工程施工质量验收规范》(GB 50205)的相关规定。

(2)挂篮在制作安装之前,应按相关技术规范、设计文件和施工图的要求,编制工艺规程和安装的施工组织方法并严格遵照执行。

(3)挂篮的焊缝质量应达到设计图的要求,承重部位构件的焊缝须进行超声探伤检验。

(4)挂篮各单件的加工重量应根据现场最大吊重能力及运输条件确定。

(5)关联构件制作时应根据结构装配图考虑预留安装工艺余量,以方便安装施工及保证安装精度。

4)挂篮的安装

(1)挂篮宜在制造厂或工地进行预拼装,对预拼装发现的问题应及时解决。预拼装结果应做好记录、标记并绘制编号图,以便现场安装时作为对照和参考。

(2)挂篮各构件最大单件应根据现场最大吊重能力及运输条件确定。

(3)各构件安装精度除施工图中已有明确规定外,还应满足现行规范中有关结构的安装精度要求,安装时应确保各构件定位尺寸的安装精度要求,安装完成后应有相应的检测记录。

(4)高空拼装挂篮时,应设置高空安全作业平台,并尽可能减小挂篮高空拼装作业量,降低安全风险。

5)挂篮行走

(1)挂篮行走可分几种情况:挂篮带着模板整体前移;挂篮整体前移然后模板系统前移;挂篮分离前移然后模板系统前移。宜采用第一种方式,并在挂篮设计时就予以考虑。

(2)挂篮行走一般分为轨道前移和挂篮前移两大施工过程,在各个施工过程当中应注意各受力点位置释放及施加的先后顺序,确保挂篮行走过程的安全。

6) 安全注意事项

(1)根据施工需要可增设操作平台与走道,但应在安全可靠前提下尽量减轻重量。

(2)遇大风或雷雨等恶劣天气时,严禁前移挂篮或提升模板。

(3)挂篮施工预留孔应做到不漏埋,不歪不斜。

(4)挂篮前移时,严禁在挂篮上或桥面施工节段处堆放过多机具、材料及杂物等,禁止不必要的人员停留在工作平台上。

(5)挂篮移动就位调整后,必须保证所有吊杆受力,挂篮锚杆及吊杆使用一定时间后应对其进行疲劳检测。不宜采用精轧螺纹钢筋用于挂篮的后锚,挂篮后锚宜采用低碳钢带制作。

(6)每根挂篮桥面后吊杆、外模板吊杆及底篮后吊杆均应施加一定的预紧力,确保挂篮的安全。

(7)在操作吊带上升或下降时应注意防止误操作使其拉断或脱落。

(8)锚杆卸载时应注意对称卸载,以免偏载或产生过大的附加荷载。

7)施工

钢筋加工、安装,混凝土配合比设计、浇筑,预应力施加、孔道压浆及封锚等工序,除设计特殊要求外,其余均按现行《公路桥涵施工技术规范》(JTG/T 3650)执行,应同时注意以下几个问题:

(1)对悬臂浇筑段前端底板和桥面高程,应根据挂篮前端的垂直变形及预拱度设置,在施工过程中对实际高程进行监测,并按照设计控制值及时调整。

(2)悬臂浇筑箱梁段宜全断面一次浇筑。先底板,后腹板,最后浇筑顶板。浇筑顶板时应控制好高程及平整度,并应进行二次收面,以防止混凝土产生收缩裂纹。

(3)梁段混凝土的拆模时间,应根据混凝土强度及施工安排确定。

(4)悬浇段接缝处理应注意以下几点:

①对混凝土梁段接缝应进行凿毛处理,应将接缝表面浮浆凿除并外露粗骨料,保证新旧混凝土结合紧密;

②混凝土浇筑前应对已浇节段断面进行湿润处理;

③在对接缝处理时应注意对预应力筋及其孔道的保护。

5.3 合龙段施工

1)一般要求

(1)合龙段施工前应做好合龙前的各项准备工作,加强测量的观测工作,在对测量数据进行分析基础上制订相应的合龙方案。

(2)中跨合龙前条件允许,推荐尽量延长T构状态静置时间来消除混凝土收缩徐变因素的影响。

(3)合龙顺序按设计要求进行,设计无要求时,一般先边跨,后次中跨,再中跨。多跨一次合龙时,必须同时均衡对称地合龙。合龙时所有临时荷载均需征得设计、监理和监控单位的同意。

(4)宜在设计确定的合龙温度下合龙。当气温不能满足要求时,应通过内力调整来达到设计合龙温度。

(5)合龙时间应选择在一天当中气温较低时进行。

(6)合龙时梁端相对高差不得超过20mm,相对轴线偏差不得超过10mm。合龙线形应符合设计及监控目标线形。合龙状态时的施工荷载及其他情况应符合设计要求,并保证应力状态与设计相符。

2)边跨合龙段施工

在完成悬浇段及边跨搭架现浇段[边跨现浇段施工各项要求与满堂支架现浇箱梁施工要求相同,具体按现行《公路桥涵施工技术规范》(JTG/T 3650)执行]施工后,开始合龙段的准备工作。

(1)合龙刚性支撑劲性骨架

①在合龙段施工中,为确保施工状态稳定,保证合龙段混凝土施工质量,对合龙段采用劲性骨架临时约束锁定。临时锁定方式可根据悬臂梁长度、合龙时温度等情况选择刚性支撑的设计,一般仅采用外刚性支撑法即可满足合龙需求,必要时可配合内刚性支撑。

②劲性骨架的焊接应符合现行《钢结构设计规范》(GB 50017)的有关规定。同时应采取措施,防止劲性骨架与预埋件焊接时产生的高温对混凝土的不利影响。

③对于有支架现浇段梁体来说,边跨合龙段劲性骨架不仅要满足轴向变形的要求,还应满足边跨剪切变形和弯曲变形的要求。

(2)混凝土浇筑前,应对合龙段支架进行预压,以防止浇筑过程中支架产生沉降变形。

3)中跨合龙段施工

(1)混凝土浇筑前,合龙口两端悬臂预加平衡重应符合设计要求并于混凝土浇筑过程中逐步撤除。在一般情况下,预压重量取合龙段梁体重量的一半施加在两悬臂端两侧,在合龙段浇筑混凝土过程中,按照新浇筑混凝土的重量逐步进行卸载。施加平衡重量的方式可采用水箱或混凝土块。

(2)若采用顶推方法进行合龙时,顶推位置、方式应符合设计要求。

(3)钢筋加工、安装,混凝土配合比设计、浇筑,预应力施加、孔道压浆及封锚等工序,除设计特殊要求外,其余均按现行《公路桥涵施工技术规范》(JTG/T 3650)执行,应同时注意以下几个问题:

①钢筋安装严格按设计图纸要求施工,尤其相关防底板崩裂、钢束曲线段定位加强钢筋的布设必须定位准确,安装相互关系正确。

②合龙钢束张拉顺序严格按设计要求执行,无明确要求时,按先长束后短束的顺序张拉。

5.4 施工案例

5.4.1 合龙方案优化案例

(1)案例1

以沙塘坝大桥右幅主桥跨连续刚构为例,进行高墩多跨连续刚构桥合龙顺序的优化研究。右幅主桥跨径组合为(66+3×120+66)m,设计荷载为公路—I级。主桥采用三向预应力混凝土箱梁,单箱单室结构,箱室顶宽12.0m,箱室底宽6.0m,单侧悬臂长3.0m。箱梁跨中梁高2.7m,墩顶根部梁高6.8m,按二次抛物线变化。主桥墩采用箱形墩,墩高分别为94m、82m、85m、58m。采用对称悬臂施工。桥型布置如图5.1所示。

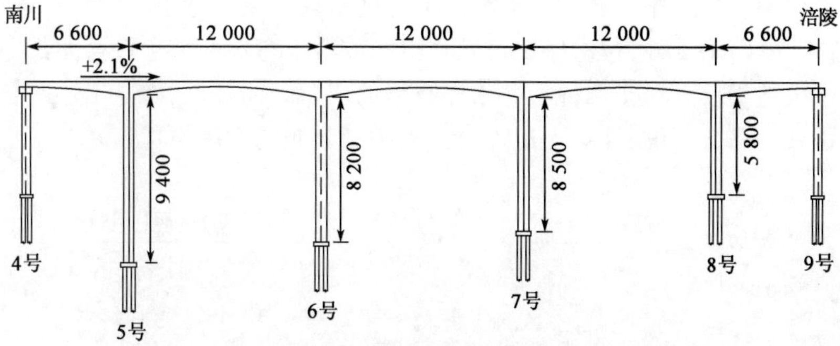

图5.1　沙塘坝大桥右幅主桥布置示意图(尺寸单位:cm)

提出两种合龙方案进行优化比选。方案I的合龙顺序为:先边跨合龙,后中跨合龙,最后次边跨合龙。方案Ⅱ的合龙顺序为:先边跨合龙,后次边跨合龙,最后完成中跨合龙。

从施工质量、安全、进度和经济等方面对两方案进行综合比较。

方案I:边跨合龙后,进行中跨合龙施工,中跨跨中产生的上挠量较大,增加了挠度的控制难度,需要的配重也难控制;最后进行次边跨合龙,合龙顶推时需要同时顶推6号、7号墩,此时中跨顶推合龙已完成,6号、7号墩成为整体结构。结构刚度的增加,则需要的顶推力较大。最终增加了顶推位移和顶推力的控制难度,造成施工比较困难,因此,较难达到设计要求。

方案Ⅱ:边跨合龙后,进行次边跨、中跨合龙施工,其水平顶推力比方案I的小,容易控制各截面的水平顶推位移,但此时各次边跨跨中截面的上挠量比方案I的大;最后进行中跨合龙施工,其水平顶推力比方案I的大,水平顶推位移较难控制,但此时中跨跨中截面的上挠量比方案I的小。

从结构的安全上考虑,根据规范要求,在施工阶段结构内部,应力在短期效应和长期效应作用下不大于其允许应力,方案I和方案Ⅱ都满足规范要求。

从控制截面应力、施工挠度和预拱度的优化原则上考虑,方案I和方案Ⅱ成桥10年后各控制截面的应力相差甚微;而在施工阶段,方案Ⅱ各控制截面的应力分别小于方案I对应的各控制截面的应力,方案Ⅱ较方案I好。

从施工挠度和预拱度的优化原则上考虑。依据施工挠度和预拱度最小的优化原则，方案Ⅰ的全桥最大施工挠度和预拱度的设定较方案Ⅱ的大，从而使得方案Ⅱ预应力束的张拉难度有所提高，在这方面，方案Ⅰ优于方案Ⅱ。

从施工难度上考虑，方案Ⅱ由两边向中间对称合龙推进，降低了施工难度，使施工更加流畅，增强施工的安全性。为此，在经济成本上考虑方案Ⅱ占优。

通过分析可知，两种合龙方案各有所长，但依据以控制墩顶水平位移为主、顶推力作校核的顶推原则，结合实际施工进度，综合分析表明，总体上方案Ⅱ更优。因此，选用边跨→次边跨→中跨的合龙施工顺序。

(2)案例2

某悬臂浇注施工的三跨连续刚构，两种合龙方案为：先边跨合龙后中跨（次序1），先中跨合龙再边跨（次序2）。分别按两种次序合龙算至成桥，对主梁弯矩及主梁竖向位移进行比较分析，如图5.2所示。按次序2合龙在边跨约1/4处出现一段正弯矩，自边跨1/2处至墩身根部主梁为负弯矩、中跨1/2处，按次序2合龙算得的成桥负弯矩要大于按合龙次序1算得的结果，而跨中正弯矩则相反。对于两种合龙次序算得的成桥竖向挠度，次序1边跨合龙算得挠度要相对小，中跨大。综合考虑，选择先边跨合龙后中跨合龙的次序更优。

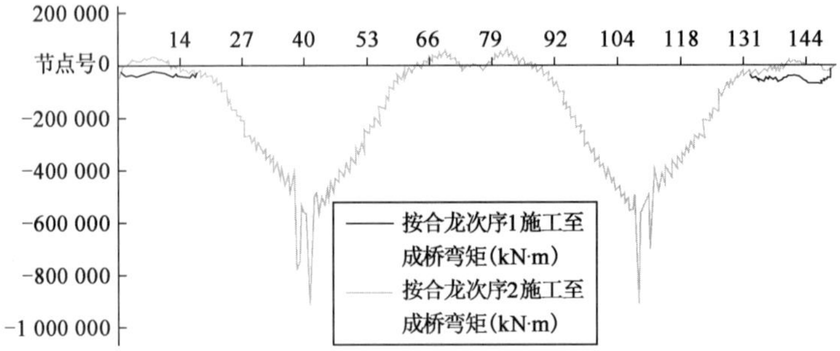

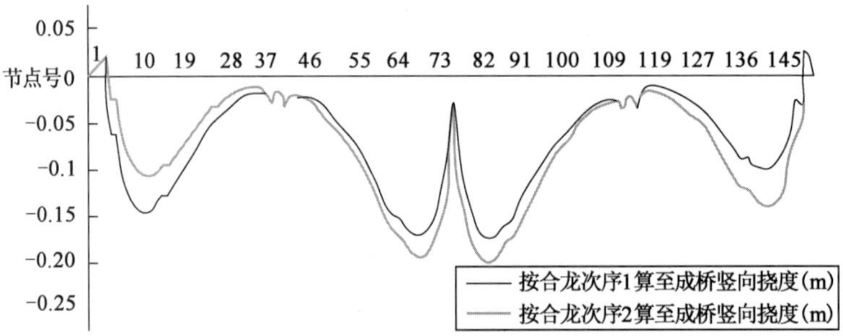

图5.2 按两种次序算至成桥状态主梁弯矩及竖向位移

5.4.2 合龙配重措施

1)配重的作用

(1)合龙段混凝土浇筑过程中应保持合龙段两端不发生相对位移。预先施加与合龙段混凝土等重量的配重，并在浇筑混凝土时等量同步释放该配重，那么合龙段两端就不会因为浇筑混凝土而产生相对变位，从而保证了合龙段混凝土的浇筑质量以及劲性钢骨架的受力安全。

(2)调整合龙段两端的高程。由于多种因素影响，合龙段两端的高程可能与控制的预期高程不完全吻合，造成合龙误差。合龙误差会影响劲性钢骨架焊接困难以及后期预应力束的集中力。因此合龙前应施加一定的配重调整合龙段两端的高程在合理的范围内。

(3)调整不平衡弯矩。边跨合龙段的施工过程可能会使边跨和中跨产生不平衡的荷载，从而使桥墩受到不平衡弯矩，对桥墩不利。因此，可以通过配重抵消掉不平衡荷载。

(4)调整成桥后的收缩徐变。在合龙后卸载合龙前施加的荷载会在结构中产生附加内力和位移。据此，通过在合龙前施加配重，在合龙混凝土达到强度、参与结构受力后拆除配重来调节桥梁内力和收缩徐变。如图5.3所示，分别表示合龙前施加附加配重的弯矩图、合龙后除附加配重的弯矩图以及由它们叠加后的弯矩图。可以看出，叠加后的内力全为负弯矩，即无论对中跨还是边跨，其作用都是使梁体上拱，这对减小成桥后由混凝土徐变引起主梁跨中下挠是很有利的。

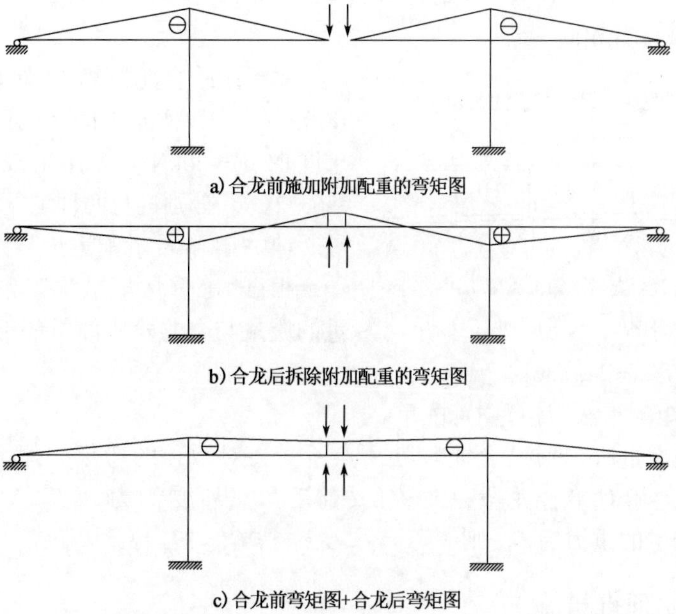

a) 合龙前施加附加配重的弯矩图

b) 合龙后拆除附加配重的弯矩图

c) 合龙前弯矩图+合龙后弯矩图

图5.3　附加配重弯矩图

2)配重方法

等重量配重法：为保证合龙段施工时，使合龙段两端悬臂梁始终处于平衡状态，浇筑之前在各悬臂端部施加与混凝土重量相等的配重(压重)，加卸载对称于梁轴线进行。等重量配重法是最常用的方法。

等弯矩配重法：该法是使悬臂端部吊架所受的力对墩顶的弯矩等于配重对墩顶的弯矩。

施加配重可根据施工条件的便利情况使用块体堆载，沙袋堆载，或水箱等形式，其中水箱加水配重最易控制，而块体或沙袋配载，卸载速度很难控制。

配重可以在箱梁悬臂端自由状态下施加，也可以在合龙段劲性骨架连接后施加。合龙骨架连接后的桥梁已经形成连续结构，在合龙骨架连接后施加合龙配重，将引起骨架内力，但是骨架连接前,结构处于最大悬臂状态,结构稳定性最差,施加配重增加了结构的不稳定性,因此,施加合龙配重的时间应权衡上述因素及附加配重的需求。

3)合龙段配重案例

某大桥全长238m,主桥结构为三跨预应力混凝土连续刚构桥,跨径布置为60.5m+110m+60.5m,箱梁顶板宽12m,底板宽7m。箱梁0号段长9m(包括墩两侧各外伸5.5m),主墩T构纵桥向划分12个节段。梁段及梁段长度分别为5×3.6m、7×4.5m,累计悬臂总长51m。全桥共有2个边跨合龙段及1个中跨合龙段,共计3个合龙段,每个合龙段长2m。采用先支架现浇合龙边跨,然后吊架合龙中跨的施工方案。

在采用吊架进行中跨合龙段的施工时,合龙段两端采取配重,配重采用水箱压重的方式。在中跨合龙段施工时,预留合龙段施工及合龙吊架的操作平台,实际施工中T构双悬臂上水箱横桥方向长 $a=8$m,纵桥方向宽 $b=5$m,水箱边缘到悬臂端部最近距离 $l_1=4.5$m,水箱中心到墩顶距离 $l_2=47$m,水箱横桥方向对称布置。吊架前吊点和后吊点到悬臂端的距离都为0.5m,吊架前吊点和后吊点到墩顶中心距离 $l_3=53.5$m,具体尺寸如图5.4所示。假设两种配重方法水箱的加载位置相同。

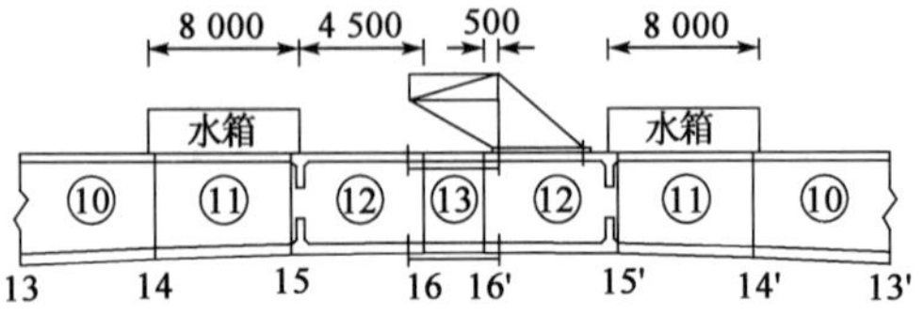

图5.4　中跨合龙段水箱配重施工示意图(尺寸单位:mm)

本桥中跨合龙段第13块混凝土体积为 $V=18.72\text{m}^3$,考虑钢筋对混凝土重量的影响,合龙段重度取 $\rho=26\text{kN/m}^3$,合龙段重量为 $G=\rho V=486.72$kN。分别进行两种配重计算示例如下:

(1)按"等重量配重法"计算中跨配重

根据"等重量配重法"理论,合龙段两端配重的质量与合龙段块件质量相同,则一个水箱产生的重力为 $G_1=G/2=243.36$kN。

(2)按"等弯矩配重法"计算中跨配重

根据"等弯矩配重法"理论,合龙段处吊点所受力对墩顶的弯矩与配重对墩顶的弯矩相等。吊架布置位置相对于合龙段是对称的,前后吊点所受的力为 $F_{前吊点}=F_{后吊点}=G/2=243.36$kN,水箱产生的重力为 G_2,则 $F_{前吊点}l_3=G_2l_2$,得 $G_2=F_{前吊点}l_3/l_2=277.02$kN。

5.4.3　合龙顶推措施

1)施加顶推力的作用

顶推施工是指在劲性骨架锁定前,利用顶推设备使合龙口张开一段距离,然后连接劲性骨架以储存一定的压力。施加顶推力的作用包括:

(1)顶推力使合龙口张开的位移量可以抵消因合龙骨架锁定时施加的临时预应力引起合龙口劲性骨架紧缩的位移。

(2)在桥墩柔性较大的情况下,中跨箱梁在混凝土收缩、徐变及预应力损失等作用的交互影响下产生下挠,导致墩顶向中间跨方向偏斜,这种偏斜伴随着关键截面不利的附加内力。预加在中间跨合龙口的顶推力使柔性墩墩顶预先发生向边跨方向的倾斜,可以调整这种后期变形对结构的不利影响。

(3)顶推力可以补偿一部分合龙口混凝土的收缩变形,防止合龙段混凝土开裂。

2)顶推承力构件

传递顶推力的构件应具有足够的强度和刚度。一般选择合龙口劲性骨架作为顶推承力构件。分内刚性支撑和外刚性支撑,为保证混凝土浇筑质量,一般只采用外刚性支撑设计。

3)顶推时机

合龙口一般在顶推施工完成后随即进行劲性骨架的锁定,顶推时机即劲性骨架一端已固定,合龙口待完全锁定时,为了使合龙锁定到浇筑的时间尽量短,一般在实施顶推时,合龙段的模板已行走到位,只待锁定后将模板固定在悬臂梁上,对不影响顶推及劲性骨架固定的钢筋应绑扎完毕。

顶推一般选在气温较低时进行,以减少施加的顶推力。考虑到合龙口混凝土浇筑之后,在白天气温升高时混凝土应具有足够的强度,以防止混凝土开裂,合龙口锁定时间不一定是箱梁混凝土平均温度最低时刻,因此,应合理兼顾这两方面,如果现场没有箱梁温度场连续观测数据,一般可取全天最低气温前后的 2 个小时内进行顶推及合龙锁定施工。

4)顶推量、顶推力

顶推量是依据长期荷载作用和温度差作用下混凝土产生的收缩、徐变以及实际合龙温度与设计合龙温度的差引起的各桥墩墩顶水平位移来确定的,且应遵循墩底不能出现拉应力及双薄壁墩反力值不要相差太大的原则。

为了保证合龙顶推时的桥梁安全,合龙顶推采用力和位移值双控,顶推力和位移应以监控数据为依据,重新计算分析后确定。

5)顶推案例分析

以我国怒江大桥为例。怒江大桥主桥跨中合龙时温度为 9 ~ 12℃,低于设计合龙温度,且该温度为云南怒江地区年平均最低温度,属于低温合龙,墩顶产生向中跨方向不利位移。怒江地区最高温度可达 42℃,整体升温效应的有利位移导致墩顶产生向两边跨对结构有利的位移。有限元分析结果见表 5.1。

怒江大桥两肢墩顶平均位移量(mm)　　　　表 5.1

计算工况		5 号墩	6 号墩	说明
(1)施工阶段底板预应力束张拉		6.828 5	-10.114 5	施工时底板预应力束张拉导致墩顶产生向中跨方向对结构不利的位移
成桥后 1 200d	(2)钢束	5.656	-8.272	运营期混凝土收缩徐变导致墩顶产生向中跨方向对结构不利的位移
	(3)徐变	12.891 5	-18.274 5	
	(4)收缩	15.3	-16.043	
	(2)+(3)+(4)	28.489	-39.696 5	
(5)成桥后整体升温 15℃		-12.335	17.434 5	整体升温效应导致墩顶产生向两边跨对结构有利的位移
(1)+(2)+(3)		35.317 5	-49.811	—
(1)+(2)+(3)+(4)		22.982 5	-32.376 5	由跨中预应力束张拉、混凝土收缩徐变、升温效应造成的位移叠加后的墩顶位移量。
顶推力作用下	3 000kN	-26.334 5	38.028 5	最优
	2 000kN	-16.666	24.260 5	—
	1 000kN	-6.997	10.493 5	—

注:位移方向以 5 号墩→6 号墩方向的位移为正。

由跨中预应力束张拉、混凝土收缩徐变、升温效应造成的位移叠加可得 5 号墩、6 号墩剩余位移量分别为 22mm、-32mm。3 000kN 顶推力作用下两墩顶位移量分别为 -26mm、38mm，为最优顶推力值。

施加顶推力过程如下：

在对怒江大桥顶推过程中，采用了 4 个千斤顶施加顶推力，为避免顶推力施加过程中对顶推截面产生偏心距，需要对各千斤顶的顶推力进行分配。通过有限元软件截面特性计算器计算出顶推截面的中性轴位置，然后对顶推力进行等效力矩分配，求解出各千斤顶所施加的顶推力数值。怒江大桥顶板千斤顶推力值为 795.6kN，底板千斤顶顶推力值为 704.8kN。

施加顶推力时按照 0→25%→50%→75%→100% 的顺序分四级加载，分级加载时应保证箱梁位移的足够时间。测量两墩墩顶的水平位移和高程变化情况，同时量测千斤顶活塞行程，以便与位移观测值相校核。在顶推的同时，应注意观察墩梁结合部，以防止出现异常情况。当加载至 3 000kN 时，两墩墩顶相对位移若尚未达到计算位移值，经监理、设计和监控三方人员商议后确定是否继续加载。当两墩墩顶相对位移达到计算位移值时即使顶推力未达到 3 000kN 后停止加载，顶推完成。

5.4.4 凯峡河大桥主桥上部结构悬臂施工方案案例

凯峡河大桥是我国贵州省江口至瓮安高速公路的控制性工程，拟建桥址两侧为丘陵低山，山体高大、山坡较陡，其主桥跨径组合为 118m + 220m + 160m + 58m，采用变截面预应力混凝土连续刚构箱梁，两岸引桥采用预应力混凝土 T 梁，该桥计划于 2016 年建成通车。

1)施工要点

箱梁 0 号节段施工完成后，在其上面拼装悬浇挂篮。设计时采用的挂篮技术参数为：3 号、4 号主墩 T 构空挂篮质量 115t（包括模板及机具设备），5 号主墩 T 构空挂篮质量 80t（包括模板及机具设备），前支点与后锚点距离 4.7m。施工单位挂篮的技术参数与上述大体相当时，可不必验算；若两者间相差较大，则应根据实际挂篮参数进行详细计算，重点验算箱梁悬浇阶段的预拱度。挂篮重量宜控制在节段混凝土自重的 0.3 ~ 0.5 之间，挂篮要有足够的刚度，以免因挂篮变形较大而导致块件结合面的开裂。挂篮拼装完毕后，应进行预压测试，尽可能消除非弹性变形，并记录预压时的弹性变形曲线，以获得高程控制依据。

张拉钢束采用张拉力和伸长量双控。箱梁纵向预应力钢束在箱梁横截面应保持对称张拉，同一根纵向钢束张拉时两端应保持同步。每一截面的钢束按先 T 束、后 W 束的顺序对称张拉。

边跨现浇段在支架上一次浇筑完成，支架应按 100% 的恒载进行预压以确保安全和消除非弹性变形，并按实测的弹性变形量和施工控制要求，确定立模高程和预拱度。

主桥箱梁采用先边跨后中跨的合龙顺序，边、中跨合龙段采用吊架施工，设计采用的吊架质量为 32t。施工时首先安装平衡现浇段混凝土重量的压重（如水箱），安装刚性支承，浇筑合龙段混凝土并同步卸除压重重量，待混凝土强度达设计强度的 90% 且混凝土龄期不少于 7d 后张拉合龙钢束。合龙钢束的张拉应按先长束、后短束的顺序对称张拉。合龙段混凝土浇筑后永久钢束张拉前，应尽量减少箱梁悬臂的日照温差，为此可采取覆盖整跨箱梁或加强整跨箱梁顶部的浇水降温等减少温差的措施。混凝土达到要求的强度和龄期后，应尽快张拉预应力钢束。合龙温度应控制在15℃±5℃。

主桥横、竖向预应力滞后二个节段张拉,即:张拉 n 节段纵向钢束后,张拉 $n-2$ 节段的横、竖向预应力钢束。全桥合龙后,张拉剩余节段的所有钢束。

2)施工流程

主桥上部构造采用挂篮悬浇逐段施工。施工程序如表5.2所示。

(1)施工步骤1

①主桥各基桩、承台、墩柱施工,注意墩柱施工时顺桥向双肢间在高度方向每20m左右设置一道临时撑,墩柱施工完成后,搭设A(B)0号梁段托架,并对托架进行预压,预压荷载为其承受重量5.2倍。

②双肢薄壁墩顶两肢间临时固结锁死,立模、绑扎钢筋、仔细调整A(B)0号梁段控制点高程、浇筑A(B)0号梁段混凝土并养生,待混凝土达到设计强度等级值后拆模,拆除墩柱双肢间临时撑。

(2)施工步骤2

①在A(B)0号节段上安装挂篮,前支点距A(B)0号梁端0.5m,后支点距A(B)0号梁端5.5m,对挂篮进行预压重,以消除挂篮塑性变形,初步调整挂篮高程。

②A(B)1、A(B)1′号梁段立模、绑扎钢筋、再次仔细调整挂篮高程、浇筑混凝土并养生。

③待混凝土强度达设计强度等级的90%且混凝土龄期不小于7d后,张拉T1和W1钢束并锚固、真空辅助压浆。

④挂篮前移就位,并初步调整挂篮高程。

(3)施工步骤3

①A(B)2、A(B)2′,号梁段立模、绑扎钢筋、再次仔细调整挂篮高程、浇筑混凝土并养生。

②待混凝土强度达设计强度等级的90%且混凝土龄期不小于7d后,张拉T2和W2钢束并锚固、真空辅助压浆。

③挂篮前移就位,并初步调整挂篮高程,张拉A(B)0号梁段横向及竖向预应力并锚固灌浆。

(4)施工步骤4

①A(B)3、A(B)3′号梁段立模、绑扎钢筋、再次仔细调整挂篮高程、浇筑混凝土并养生。

②待混凝土强度达设计强度等级的90%且混凝土龄期不小于7d后,张拉T3和W3钢束并锚固、真空辅助压浆。

③挂篮前移就位,并初步调整挂篮高程,张拉A(B)1、A(B)1′号梁段横向及竖向预应力并锚固灌浆。

(5)施工步骤5

①A(B)4、A(B)4′号梁段立模、绑扎钢筋、再次仔细调整挂篮高程、浇筑混凝土并养生。

②待混凝土强度达设计强度等级的90%且混凝土龄期不小于7d后,张拉T4和W4钢束并锚固、真空辅助压浆。

③挂篮前移就位,并初步调整挂篮高程;张拉A(B)2、A(B)2′号梁段横向及竖向预应力并锚固灌浆。

表 5.2

凯峡河大桥施工程序

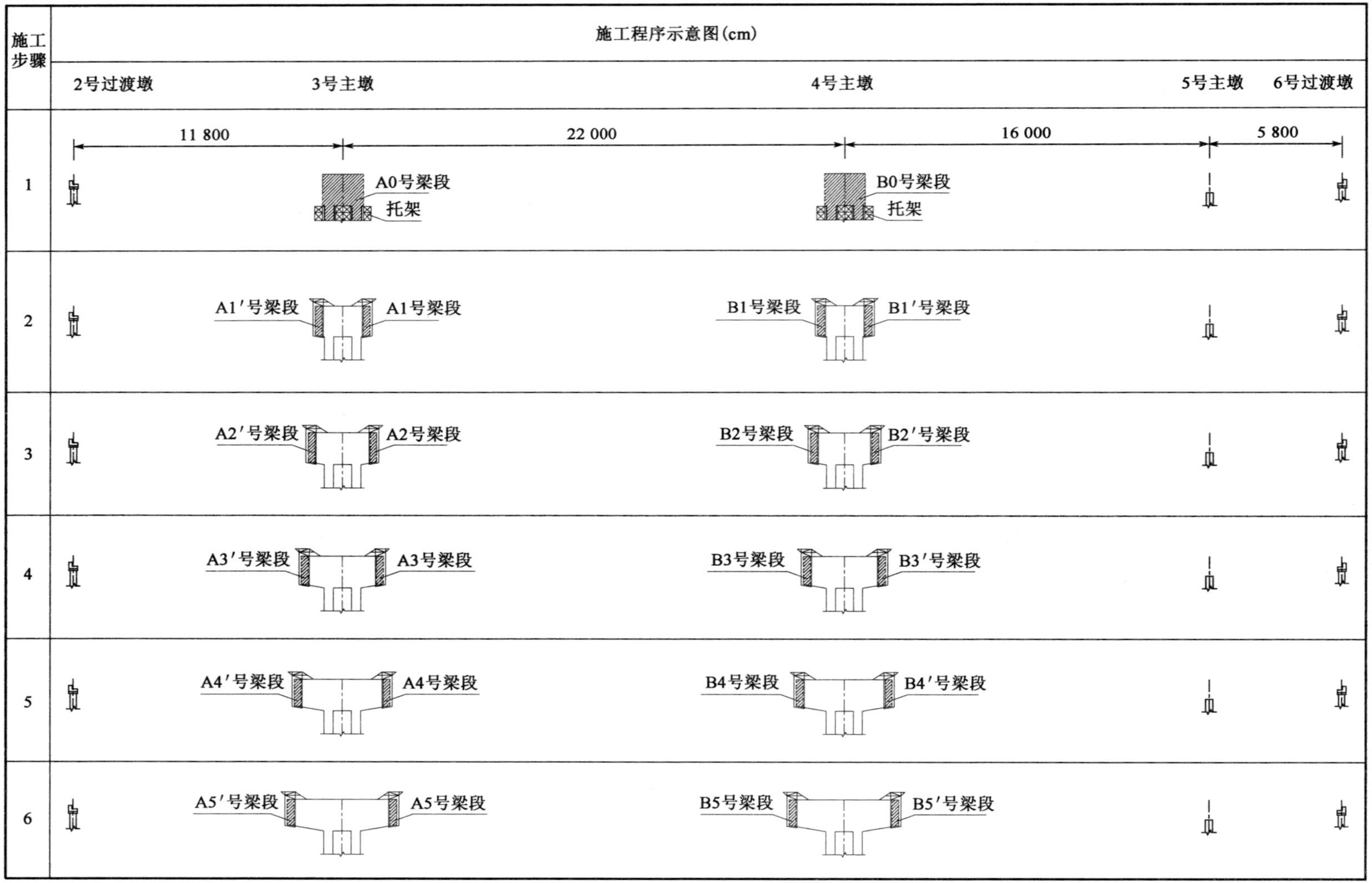

续上表

施工步骤	施工程序示意图(cm)：2号过渡墩　3号主墩　4号主墩　5号主墩　6号过渡墩
7	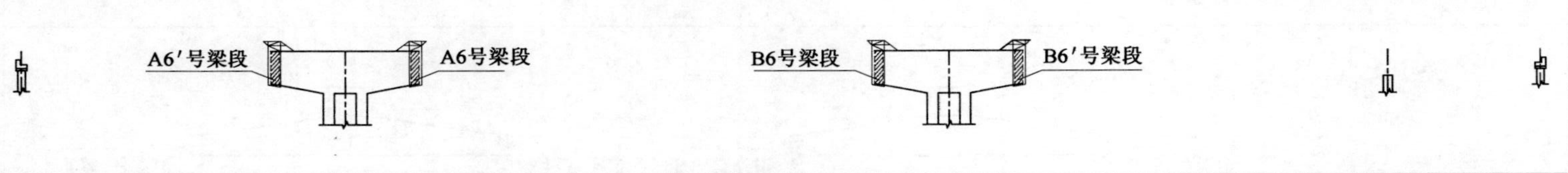 A6′号梁段　A6号梁段　B6号梁段　B6′号梁段
8	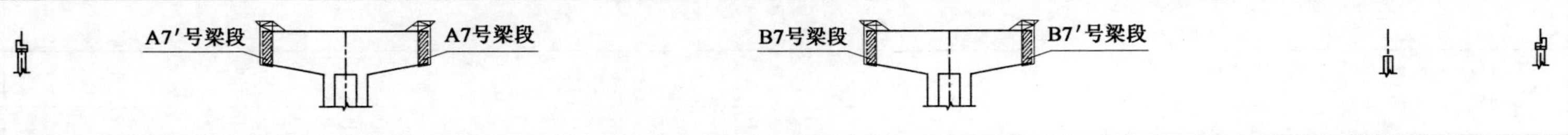 A7′号梁段　A7号梁段　B7号梁段　B7′号梁段
9	 A8′号梁段　A8号梁段　B8号梁段　B8′号梁段
10	 A9′号梁段　A9号梁段　B9号梁段　B9′号梁段
11	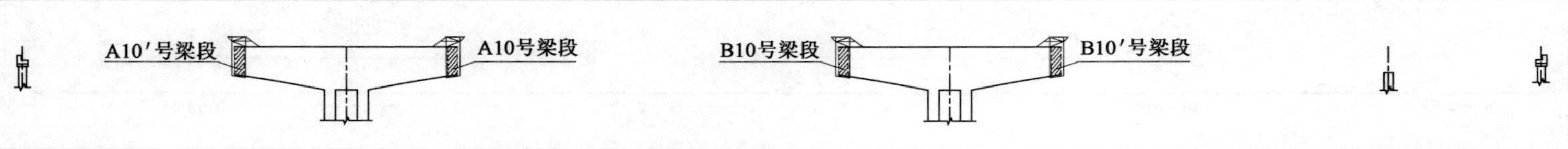 A10′号梁段　A10号梁段　B10号梁段　B10′号梁段
12	 A11′号梁段　A11号梁段　B11号梁段　B11′号梁段

续上表

施工步骤	施工程序示意图(cm)
	2号过渡墩　3号主墩　4号主墩　5号主墩　6号过渡墩
13	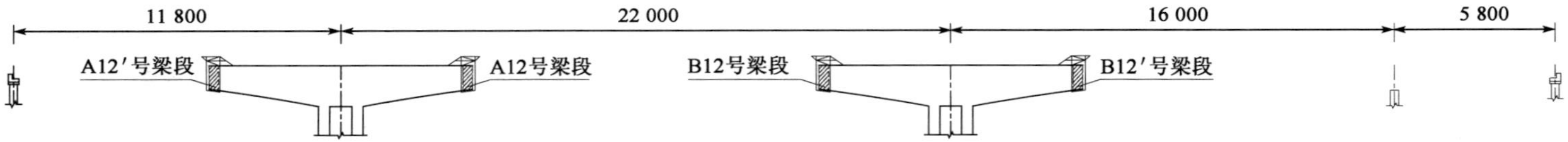
14	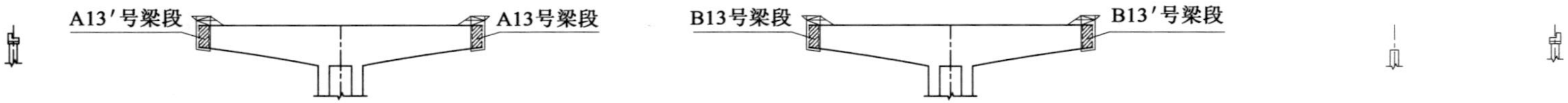
15	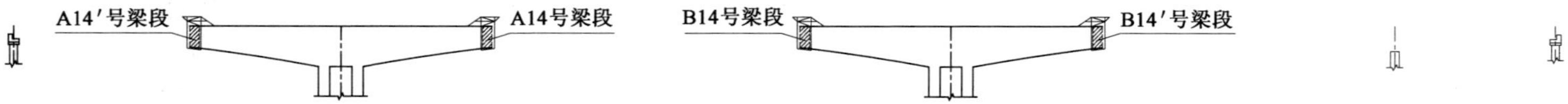
16	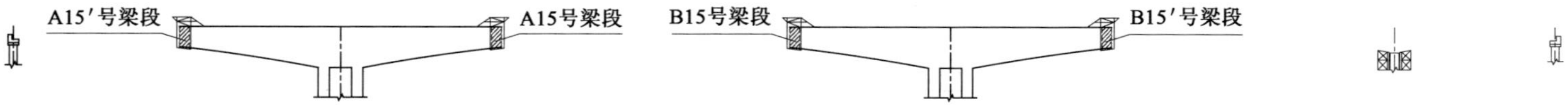
17	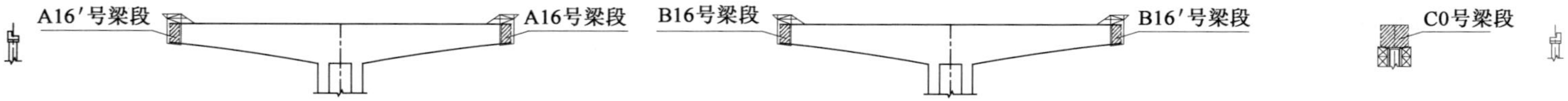

续上表

施工步骤	施工程序示意图(cm)
	2号过渡墩　3号主墩　4号主墩　5号主墩　6号过渡墩
18	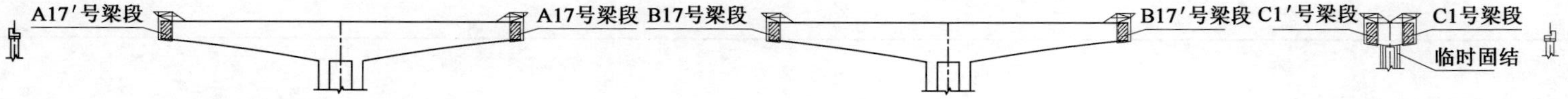
19	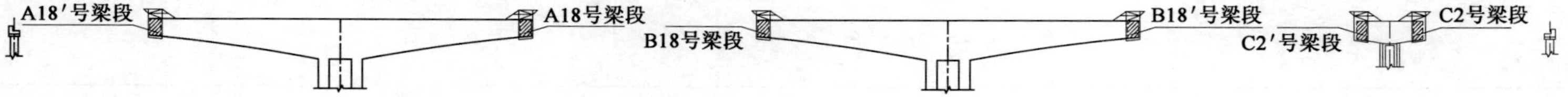
20	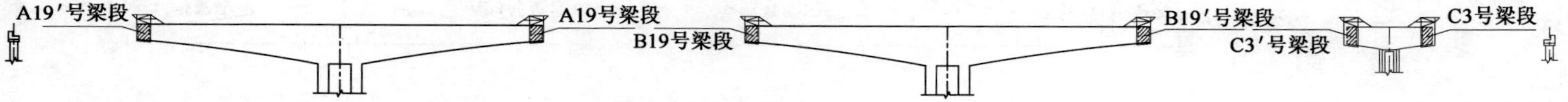
21	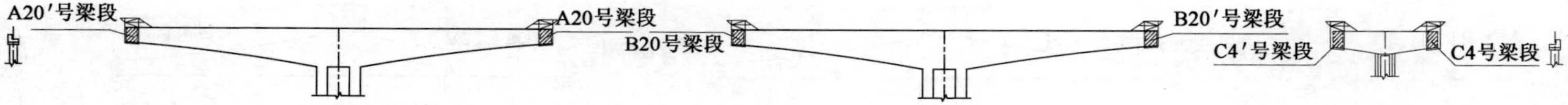
22	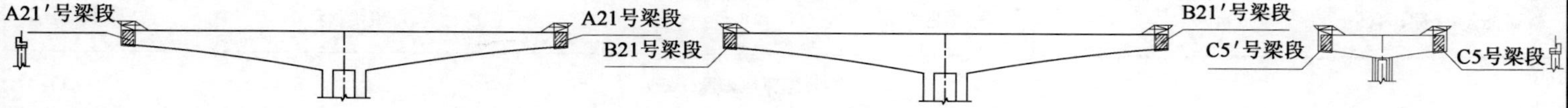

续上表

施工步骤	施工程序示意图(cm) 2号过渡墩　3号主墩　4号主墩　5号主墩　6号过渡墩
23	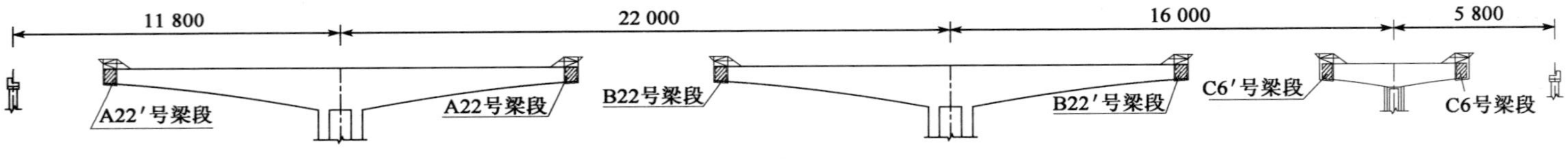
24	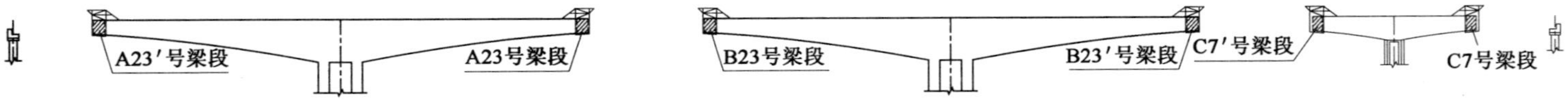
25	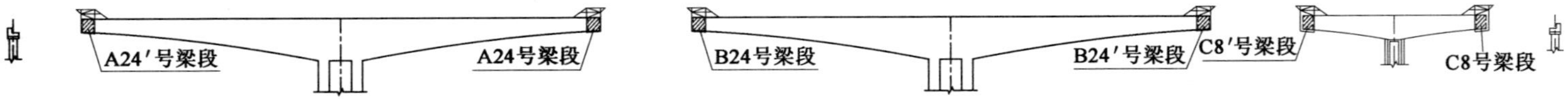
26	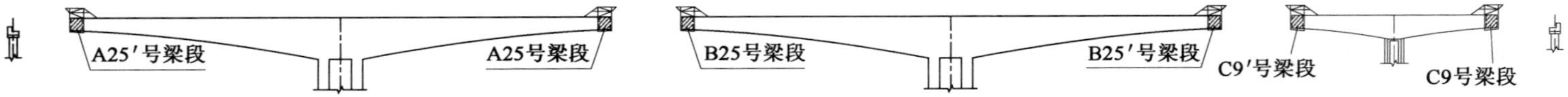

续上表

施工步骤	施工程序示意图(cm) 2号过渡墩　3号主墩　4号主墩　5号主墩　6号过渡墩
27	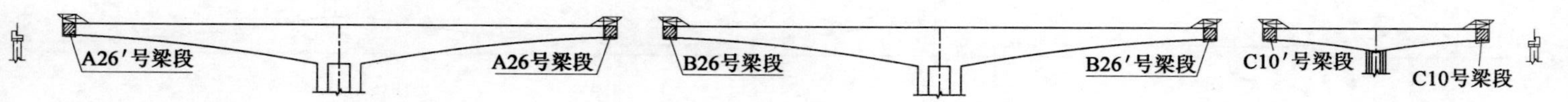
28	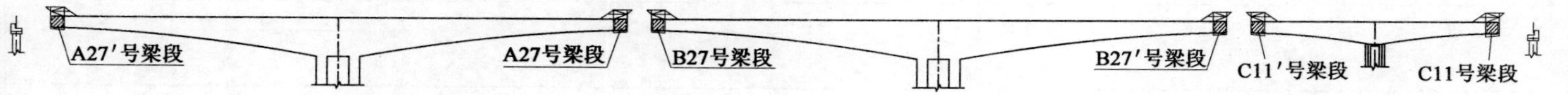
29	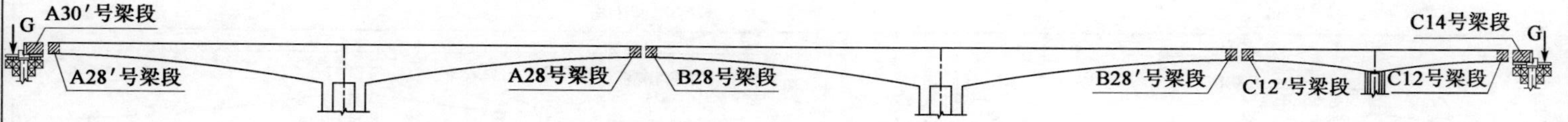
30	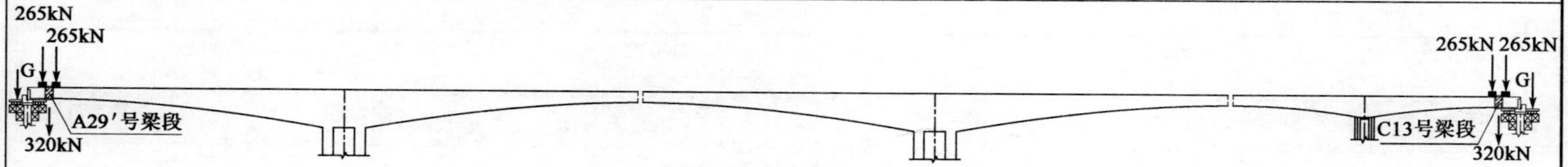

续上表

施工步骤	施工程序示意图(cm)
	2号过渡墩　3号主墩　4号主墩　5号主墩　6号过渡墩
31-1	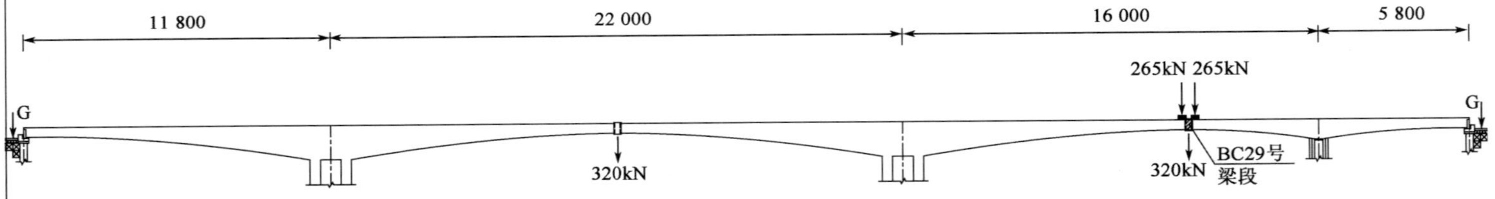
31-2	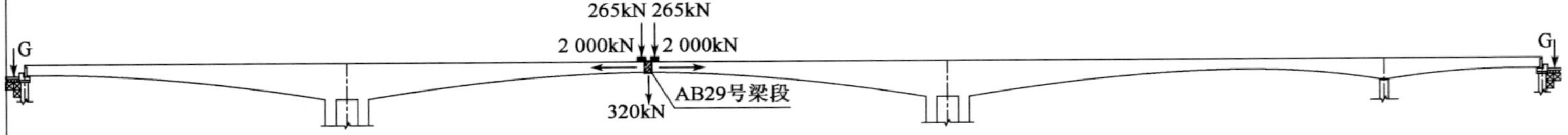
32-1	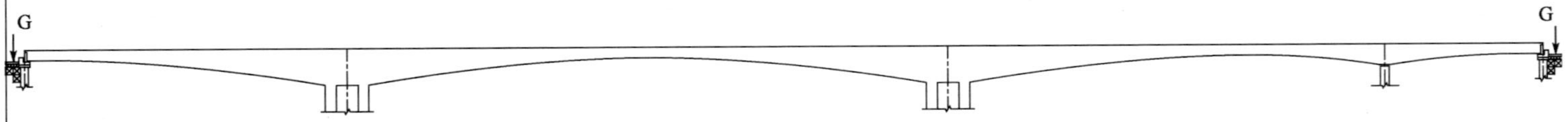
32-2	
33	

(6)施工步骤6

①A(B)5、A(B)5′号梁段立模、绑扎钢筋、再次仔细调整挂篮高程、浇筑混凝土并养生。

②待混凝土强度达设计强度等级的90%且混凝土龄期不小于7d后,张拉T5和W5钢束并锚固、真空辅助压浆。

③挂篮前移就位,并初步调整挂篮高程;张拉A(B)3、A(B)3′号梁段横向及竖向预应力并锚固灌浆。

(7)施工步骤7

①A(B)6、A(B)6′号梁段立模、绑扎钢筋、再次仔细调整挂篮高程、浇筑混凝土并养生。

②待混凝土强度达设计强度等级的90%且混凝土龄期不小于7d后,张拉T6和W6钢束并锚固、真空辅助压浆。

③挂篮前移就位,并初步调整挂篮高程;张拉A(B)4、A(B)4′号梁段横向及竖向预应力并锚固灌浆。

(8)施工步骤8

①A(B)7、A(B)7′号梁段立模、绑扎钢筋、再次仔细调整挂篮高程、浇筑混凝土并养生。

②待混凝土强度达设计强度等级的90%且混凝土龄期不小于7d后,张拉T7和W7钢束并锚固、真空辅助压浆。

③挂篮前移就位,并初步调整挂篮高程;张拉A(B)5、A(B)5′号梁段横向及竖向预应力并锚固灌浆。

(9)施工步骤9

①A(B)8、A(B)8′号梁段立模、绑扎钢筋、再次仔细调整挂篮高程、浇筑混凝土并养生。

②待混凝土强度达设计强度等级的90%且混凝土龄期不小于7d后,张拉T8和W8钢束并锚固、真空辅助压浆。

③挂篮前移就位,并初步调整挂篮高程;张拉A(B)6、A(B)6′号梁段横向及竖向预应力并锚固灌浆。

(10)施工步骤10

①A(B)9、A(B)9′号梁段立模、绑扎钢筋、再次仔细调整挂篮高程、浇筑混凝土并养生。

②待混凝土强度达设计强度等级的90%且混凝土龄期不小于7d后,张拉T9和W9钢束并锚固、真空辅助压浆。

③挂篮前移就位,并初步调整挂篮高程;张拉A(B)7、A(B)7′号梁段横向及竖向预应力并锚固灌浆。

(11)施工步骤11

①A(B)10、A(B)10′号梁段立模、绑扎钢筋、再次仔细调整挂篮高程、浇筑混凝土并养生。

②待混凝土强度达设计强度等级的90%且混凝土龄期不小于7d后,张拉T10和W10钢束并锚固、真空辅助压浆。

③挂篮前移就位,并初步调整挂篮高程;张拉A(B)8、A(B)8′号梁段横向及竖向预应力并锚固灌浆。

(12)施工步骤12

①A(B)11、A(B)11′号梁段立模、绑扎钢筋、再次仔细调整挂篮高程、浇筑混凝土并养生。

②待混凝土强度达设计强度等级的90%且混凝土龄期不小于7d后，张拉T11和W11钢束并锚固、真空辅助压浆。

③挂篮前移就位，并初步调整挂篮高程；张拉A(B)9、A(B)9′号梁段横向及竖向预应力并锚固灌浆。

(13)施工步骤13

①A(B)12、A(B)12′号梁段立模、绑扎钢筋、再次仔细调整挂篮高程、浇筑混凝土并养生。

②待混凝土强度达设计强度等级的90%且混凝土龄期不小于7d后，张拉T12和W12钢束并锚固、真空辅助压浆。

③挂篮前移就位，并初步调整挂篮高程；张拉A(B)10、A(B)10′号梁段横向及竖向预应力并锚固灌浆。

(14)施工步骤14

①A(B)13、A(B)13′号梁段立模、绑扎钢筋、再次仔细调整挂篮高程、浇筑混凝土并养生。

②待混凝土强度达设计强度等级的90%且混凝土龄期不小于7d后，张拉T13和W13钢束并锚固、真空辅助压浆。

③挂篮前移就位，并初步调整挂篮高程；张拉A(B)11、A(B)11′号梁段横向及竖向预应力并锚固灌浆。

(15)施工步骤15

①A(B)14、A(B)14′号梁段立模、绑扎钢筋、再次仔细调整挂篮高程、浇筑混凝土并养生。

②待混凝土强度达设计强度等级的90%且混凝土龄期不小于7d后，张拉T14和W14钢束并锚固、真空辅助压浆。

③挂篮前移就位，并初步调整挂篮高程；张拉A(B)12、A(B)12′号梁段横向及竖向预应力并锚固灌浆。

(16)施工步骤16

①A(B)15、A(B)15′号梁段立模、绑扎钢筋、再次仔细调整挂篮高程、浇筑混凝土并养生。

②待混凝土强度达设计强度等级的90%且混凝土龄期不小于7d后，张拉T15和W15钢束并锚固、真空辅助压浆。

③挂篮前移就位，并初步调整挂篮高程；张拉A(B)13、A(B)13′号梁段横向及竖向预应力并锚固灌浆。

④搭设C0号梁段托架，并对托架进行预压，预压荷载为其承受重量5.2倍，预压卸载后测量并调整支架顶面高程。

(17)施工步骤17

①A(B)16、A(B)16′、C0号梁段立模、绑扎钢筋、再次仔细调整挂篮高程、浇筑混凝土并养生。

②待混凝土强度达设计强度等级的90%且混凝土龄期不小于7d后，张拉T16和W16钢束并锚固、真空辅助压浆。

③挂篮前移就位，并初步调整挂篮高程；张拉A(B)14、A(B)14′号梁段横向及竖向预应力并锚固灌浆。

④在C0号梁段上安装墩梁临时固结构件及挂篮，对挂篮进行预压，消除非弹性变形，设

置挂篮预拱度并调整挂篮高程。

(18)施工步骤18

①A(B)17、A(B)17′、C1、C1′号梁段立模、绑扎钢筋、再次仔细调整挂篮高程、浇筑混凝土并养生。

②待混凝土强度达设计强度等级的90%且混凝土龄期不小于7d后，张拉T17、W17、CCT1、CW1钢束并锚固、真空辅助压浆。

③挂篮前移就位，并初步调整挂篮高程；张拉A(B)15、A(B)15′号梁段横向及竖向预应力并锚固灌浆。

(19)施工步骤19

①A(B)18、A(B)18′、C2、C2′号梁段立模、绑扎钢筋、再次仔细调整挂篮高程、浇筑混凝土并养生。

②待混凝土强度达设计强度等级的90%且混凝土龄期不小于7d后，张拉T18、W18、CCT2、CW2钢束并锚固、真空辅助压浆。

③挂篮前移就位，并初步调整挂篮高程；张拉A(B)16、A(B)16′、C0号梁段横向及竖向预应力并锚固灌浆。

(20)施工步骤20

①A(B)19、A(B)19′、C3、C3′号梁段立模、绑扎钢筋、再次仔细调整挂篮高程、浇筑混凝土并养生。

②待混凝土强度达设计强度等级的90%且混凝土龄期不小于7d后，张拉T19、W19、CCT3、CW3钢束并锚固、真空辅助压浆。

③挂篮前移就位，并初步调整挂篮高程；张拉A(B)17、A(B)17′、C1、C1′号梁段横向及竖向预应力并锚固灌浆。

(21)施工步骤21

①A(B)20、A(B)20′、C4、C4′号梁段立模、绑扎钢筋、再次仔细调整挂篮高程、浇筑混凝土并养生。

②待混凝土强度达设计强度等级的90%且混凝土龄期不小于7d后，张拉T20、W20、CCT4、CW4钢束并锚固、真空辅助压浆。

③挂篮前移就位，并初步调整挂篮高程；张拉A(B)18、A(B)18′、C2、C2′号梁段横向及竖向预应力并锚固灌浆。

(22)施工步骤22

①A(B)21、A(B)21′、C5、C5′号梁段立模、绑扎钢筋、再次仔细调整挂篮高程、浇筑混凝土并养生。

②待混凝土强度达设计强度等级的90%且混凝土龄期不小于7d后，张拉T21、W21、CCT5、CW5钢束并锚固、真空辅助压浆。

③挂篮前移就位，并初步调整挂篮高程；张拉A(B)19、A(B)19′、C3、C3′号梁段横向及竖向预应力并锚固灌浆。

(23)施工步骤23

①A(B)22、A(B)22′、C6、C6′号梁段立模、绑扎钢筋、再次仔细调整挂篮高程、浇筑混凝土

并养生。

②待混凝土强度达设计强度等级的90%且混凝土龄期不小于7d后，张拉T22、W22、CCT6、CW6钢束并锚固、真空辅助压浆。

③挂篮前移就位，并初步调整挂篮高程；张拉A(B)20、A(B)20′、C4、C4′号梁段横向及竖向预应力并锚固灌浆。

(24)施工步骤24

①A(B)23、A(B)23′、C7、C7′号梁段立模、绑扎钢筋、再次仔细调整挂篮高程、浇筑混凝土并养生。

②待混凝土强度达设计强度等级的90%且混凝土龄期不小于7d后，张拉T23、W23、CCT7、CW7钢束并锚固、真空辅助压浆。

③挂篮前移就位，并初步调整挂篮高程；张拉A(B)21、A(B)21′、C5、C5′号梁段横向及竖向预应力并锚固灌浆。

(25)施工步骤25

①A(B)24、A(B)24′、C8、C8′号梁段立模、绑扎钢筋、再次仔细调整挂篮高程、浇筑混凝土并养生。

②待混凝土强度达设计强度等级的90%且混凝土龄期不小于7d后，张拉T24、W24、CCT8、CW8钢束并锚固、真空辅助压浆。

③挂篮前移就位，并初步调整挂篮高程；张拉A(B)22、A(B)22′、C6、C6′号梁段横向及竖向预应力并锚固灌浆。

(26)施工步骤26

①A(B)25、A(B)25′、C9、C9′号梁段立模、绑扎钢筋、再次仔细调整挂篮高程、浇筑混凝土并养生。

②待混凝土强度达设计强度等级的90%且混凝土龄期不小于7d后，张拉T25、W25、CCT9、CW9钢束并锚固、真空辅助压浆。

③挂篮前移就位，并初步调整挂篮高程；张拉A(B)23、A(B)23′、C7、C7′号梁段横向及竖向预应力并锚固灌浆。

(27)施工步骤27

①A(B)26、A(B)26′、C10、C10′号梁段立模、绑扎钢筋、再次仔细调整挂篮高程、浇筑混凝土并养生。

②待混凝土强度达设计强度等级的90%且混凝土龄期不小于7d后，张拉T26、CCT10、CW10钢束并锚固、真空辅助压浆。

③挂篮前移就位，并初步调整挂篮高程；张拉A(B)24、A(B)24′、C8、C8′号梁段横向及竖向预应力并锚固灌浆。

(28)施工步骤28

①A(B)27、A(B)27′、C11、C11′号梁段立模、绑扎钢筋、再次仔细调整挂篮高程、浇筑混凝土并养生。

②待混凝土强度达设计强度等级的90%且混凝土龄期不小于7d后，张拉T27、CCT11钢束并锚固、真空辅助压浆。

③挂篮前移就位,并初步调整挂篮高程;张拉A(B)25、A(B)25′、C9、C9′号梁段横向及竖向预应力并锚固灌浆。

(29)施工步骤29

①A(B)28、A(B)28′、C12、C12′号梁段立模、绑扎钢筋、再次仔细调整挂篮高程、浇筑混凝土并养生。

②待混凝土强度达设计强度等级的90%且混凝土龄期不小于7d后,张拉T28、CCT12钢束并锚固、真空辅助压浆。

③对称拆除悬浇挂篮,张拉A(B)26、A(B)26′、C10、C10′号梁段横向及竖向预应力并锚固灌浆。

④在2号、6号过渡墩安装托架,对托架进行5.2倍预压重,以消除挂篮塑性变形,在托架上立模、绑扎钢筋,仔细调整托架高程,浇筑A30、C14号梁段混凝土并养生,注意在过渡墩另一侧施加平衡重G。

(30)施工步骤30(边跨合龙)

①安装边跨合龙段吊架,吊架总重320kN,支点距梁端0.5m;在合龙段两侧各加水箱265kN压重。

②架立边跨合龙段A29、C13号梁段模板,绑扎钢筋,安装内外侧刚性支撑,临时张拉钢束ST1、SB1、CST1、CSB1,每根钢束张拉力500kN,作为临时合龙束并锚固,但不灌浆。

③浇筑边跨合龙段A29、C13号梁段混凝土,边浇混凝土边水箱卸载,混凝土浇完,水箱卸载完,混凝土养生;待混凝土强度达设计强度等级的90%且混凝土龄期不小于7d后,张拉边跨顶底板合龙钢束SB1~SB6、ST1~ST3、CSB1~CSB6、CST1~CST3并锚固、张拉顺序先长束后短束,真空辅助压浆,边跨合龙完成。

(31)施工步骤31-1(次中跨合龙)

①安装两个主跨合龙段吊架,吊架总重320kN,支点距梁端0.5m,在次中跨合龙段两侧各加水箱265kN压重。

②架立次中跨合龙段BC29号梁段模板,绑扎钢筋,安装内外侧刚性支撑。

③浇筑次中跨合龙段BC29号梁段混凝土,边浇混凝土边卸载次中跨合龙段水箱,混凝土浇完,水箱卸载完,混凝土养生,待混凝土强度达设计强度等级的90%且混凝土龄期不小于7d后,张拉边跨顶底板合龙钢束CT1、CCB1~CCB10并锚固,张拉顺序先长束后短束,真空辅助压浆,次中跨合龙完成。

(32)施工步骤31-2(中跨合龙)

①拆除边跨现浇段支架,拆除墩梁临时固结,拆除次中跨合龙段BC29号梁段吊架。

②在主中跨合龙段两侧各加水箱265kN压重。对29号截面指向墩侧施加2 000kN的水平顶推力。

③架立主中跨合龙段AB29号梁段模板,绑扎钢筋,安装内外侧刚性支撑,卸载水平顶推力。

④浇筑主中跨合龙段AB29号梁段混凝土,边浇混凝土边卸载主中跨合龙段水箱,混凝土浇完,水箱卸载完,混凝土养生;待混凝土强度达设计强度等级的90%且混凝土龄期不小于7d后,张拉边跨顶底板合龙钢束CT1、CB1~CB11并锚固,张拉顺序先长束后短束,真空辅助压

浆，主中跨合龙完成。

(33)施工步骤 32-1

①拆除主中跨合龙段 AB29 号梁段吊架，拆除全部合龙段的外刚性支撑。

②张拉尚未张拉的横、竖向预应力钢束。

(34)施工步骤 32-2

①引桥 T 梁架设。

②按先边跨后中跨的顺序施工对桥面系进行施工。

(35)施工步骤 33

通车运营。

第 6 章　连续刚构桥施工监控

6.1　施工监控概述

6.1.1　施工监控的目的

桥梁设计要求与实际施工是矛盾的统一体。由于各种误差(如设计参数误差、施工误差、测量误差、结构分析模型误差等)的存在,如果施工控制不当,可能导致施工中结构的实际状态与设计的理想状态(包括结构内力状态、结构几何线形状态)相差较大,主要表现在:

(1)结构在施工过程中的实际位置(立面高程、平面位置)状态偏离理想状态,使桥梁难以顺利合龙,或成桥线形与设计要求不符;

(2)在施工过程中以及成桥后的结构应力大大超过设计值而偏于不安全,甚至在施工过程中造成结构破坏。

为实现设计要求的结构状态,应针对不同桥型特点、不同施工方案,对桥梁施工过程进行监控,将结构在施工中的实际内力和线形状态与设计计算的理想状态之间的误差控制在容许范围,这就是施工监控的目的。

大跨度连续刚构主要采取悬臂施工法,对于分节段悬臂浇筑施工的预应力混凝土连续刚构桥来说,随着跨径的增加,施工过程中的风险和技术难度随之增大。当跨径大于 100m(含 100m)时,应进行施工监控工作,确保结构的安全和稳定,保证结构的受力合理和线形平顺,避免施工差错,尽可能减少调整工作量,为大桥安全顺利建成提供技术保障。

6.1.2　施工监控的手段和流程

连续刚构桥施工控制的对象是线形和内力。桥梁施工阶段线形和内力控制手段包括施工控制实时计算、施工现场监测、误差分析与状态预测和反馈控制。

(1)施工控制实时计算是对桥梁施工过程进行仿真分析,计算出分段施工过程中结构受力和变形的状态。

(2)由于超静定结构的内力与变形受温度等环境因素影响,因此,施工现场监测除了应力监测、线形监测外,还包括温度监测和必要的环境因素监测。

(3)误差分析与状态预测是对现场监测的数据(荷载、受力、结构高程、变形)与施工控制实时计算预测的结构理想状态进行比较,得到结构实际状态与理想(目标)状态存在的误差。然后对桥梁的施工状态是否处于允许误差范围进行判别,预测目前的误差对下一个施工阶段目标状态的影响以及对最终成桥目标状态的影响,从而为是否对施工参数或施工工艺进行调整提供决策。

(4)反馈控制是通过对施工参数进行调整,使得桥梁结构达到预期目标。根据误差分析与状态预测结果,判断是否需要对施工参数或施工工艺进行调整,如对当前状态进行调整(如调整挂篮的吊带消除挂篮自身变形),或对下一施工阶段施工参数进行调整(如立模高程调整)。

连续刚构桥施工监控是一个施工→量测→识别→修正→预告→施工的过程。通过施工过程模拟分析、现场实测以及误差识别与状态预测,对桥梁施工参数进行调整,使其在施工中的实际状态与理想状态之间的误差在容许范围,使成桥状态符合设计要求。

施工控制系统的具体工作流程如图 6.1 所示。

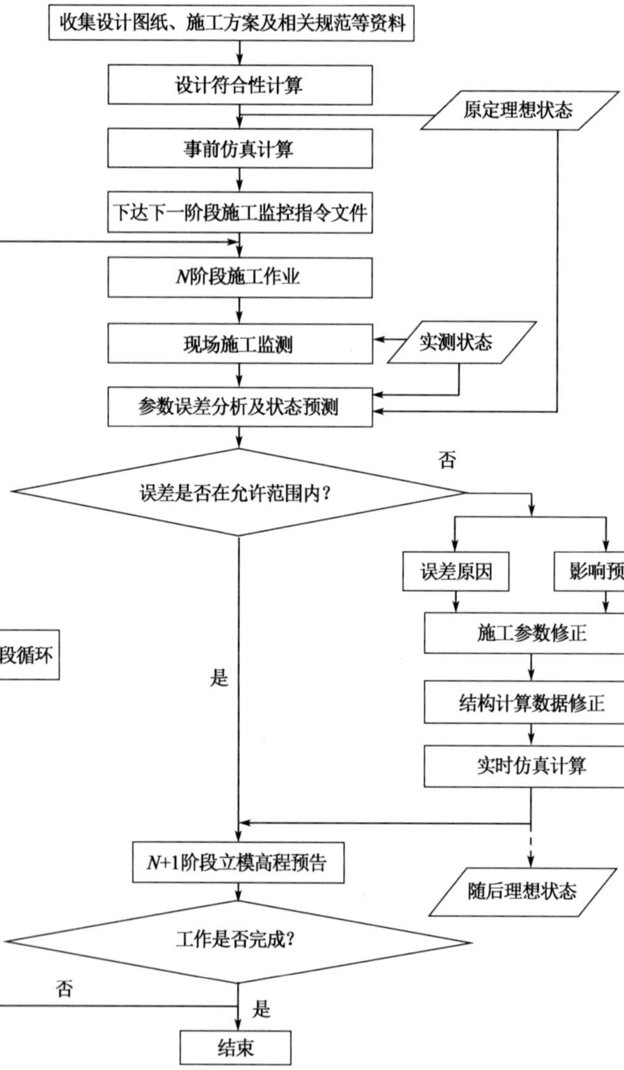

图 6.1　施工控制流程图

连续刚构桥在梁段浇筑完成后出现的误差,除张拉预应力索外,基本没有调整的余地,只能针对已有误差在下一个浇筑梁段的立模高程上做出必要的调整。所以施工控制主要采用预测控制法。

6.2　施工线形现场监测步骤与监测参数

施工监控必须围绕施工进行,根据图纸,进行跟踪计算,并提供相关计算数据。施工监控和监测参数见表6.1。

监控和监测参数表　　表6.1

实际材料物理力学性能参数	实际施工中的荷载参数	实际截面几何参数	预应力实测参数	坐标(高程)测量参数
1.混凝土的重度 2.弹性模量 3.混凝土拉压强度 4.混凝土的徐变系数 5.材料抽检试验值	1.主梁自重 2.二期恒载 3.施工荷载(大小、位置等) 4.临时荷载(大小、位置等)	1.截面几何尺寸 2.几何位置	张拉记录等	各测控断面坐标及高程值(根据施工控制测量要求进行)

现场施工监测以挂篮前移一定位置到预应力张拉完毕为一个周期,每个施工周期可采用以下监测步骤:

①根据施工监控预测的高程前移挂篮并立模;

②浇筑混凝土;

③张拉前测量所有已施工梁段控制点高程;

④预应力筋张拉;

⑤张拉后,再次测量所有已施工梁段控制点高程;

⑥根据检测数据计算后给出下一阶段立模高程。

控制点可在箱梁节段端部梁底和梁顶面左、中、右位置处各布置3点。其中,线形控制宜采用梁底左、中、右3点和梁顶中间点。梁顶左右两点可作为横桥向线形控制。

6.3　预拱度控制

6.3.1　预拱度概念

多跨预应力混凝土连续刚构桥悬臂浇筑施工时的挠度组成部分为:各主墩分段悬臂浇筑时T构体系的挠度;体系转换后各阶段连续体系的挠度和成桥后由二期恒载、活载及后期收缩徐变引起的挠度。

为了抵消主梁在载荷作用下产生的挠度,保证结构合龙精度和成桥运营状况下的线形,可以在施工时预留与位移方向相反的几何量,该几何量称为预拱度。预拱度是保证结构状态符合设计要求、能平顺行车的重要因素。

关于预拱度的设置,现行《公路钢筋混凝土及预应力混凝土桥涵设计规范》(JTG 3362)中关于受弯构件的预拱度是这样规定的:

(1)对钢筋混凝土受弯构件:①当由荷载频遇组合并考虑长期效应影响产生的长期挠度不超过计算跨径的1/1 600时,可不设预拱度;②当不符合上述规定时应设预拱度,且其值应按结构自重和1/2可变荷载频遇值计算的长期挠度值之和采用。

(2)对预应力混凝土受弯构件:一般认为预应力混凝土梁总是向上拱曲,无须设置预拱度。这对全预应力混凝土也许是对的,因为全预应力混凝土梁的预应力度 $\lambda = M_0/M_s \geqslant 1$,消压弯矩 M_0 始终大大超过结构自重引起的弯矩。但对于部分预应力混凝土梁,尤其是允许开裂的预应力混凝土梁,梁的上拱度大为减小,如果桥梁的恒荷载比例较大时,有可能随时间的增长而梁逐渐向下挠曲。因此,预应力混凝土梁在必要时也要设预拱度。

现行《公路钢筋混凝土及预应力混凝土桥涵设计规范》(JTG 3362)考虑两种情况:①当预加应力产生的长期反拱值大于按荷载频遇组合计算的长期挠度值时,可不设预拱度;②当预加力的长期反拱度小于按荷载频遇组合计算的长期挠度时,应设预拱度,其值应按该项荷载的挠度值与预加力长期反拱值之差采用。

连续刚构桥采用悬臂浇注法施工,施工过程中存在由悬臂T构到连续刚构的体系转换,据此连续刚构桥的预拱度可为两部分:施工预拱度和成桥预拱度。施工预拱度是为了消除施工过程中各种荷载对线形的影响,其值取二期铺装完成后结构累积挠度值的反号值;成桥预拱度主要是为了消除成桥运营过程中混凝土的收缩、徐变、预应力钢筋的预应力损失、活载等对桥梁线形的影响。

预拱度的计算公式为

$$f_{yg} = f_{si} + f_c \tag{6.1}$$

式中:f_{si}——施工预拱度(mm);

f_c——成桥预拱度(mm)。

采用挂篮悬臂浇筑的连续刚构桥在设置施工预拱度、成桥预拱度时应考虑表6.2所列因素的影响。

连续刚构桥施工、成桥预拱度的主要影响因素 表6.2

<table>
<tr><th colspan="2">预拱度符号</th><th>影 响 因 素</th><th>预拱度设置方向</th><th>预拱度分配</th></tr>
<tr><td rowspan="11">施工预拱度</td><td>Σf_{1i}</td><td>一期恒载</td><td>+</td><td rowspan="11">通过正装计算,施工阶段模拟,逐段按公式(6.1)叠加计算</td></tr>
<tr><td>Σf_{2i}</td><td>预应力</td><td>-</td></tr>
<tr><td>f_{3i}</td><td>二期恒载</td><td>+</td></tr>
<tr><td>f_{4i}</td><td>结构体系转换</td><td>+或-</td></tr>
<tr><td>f_{5i}</td><td>挂篮自重及变形</td><td>+</td></tr>
<tr><td>f_{6i}</td><td>墩身压缩变形</td><td>+</td></tr>
<tr><td>f_{7i}</td><td>前期收缩、徐变</td><td>+或-</td></tr>
<tr><td>f_{8i}</td><td>温度影响</td><td>+或-</td></tr>
<tr><td>f_{9i}</td><td>墩顶转角影响</td><td>+或-</td></tr>
<tr><td>f_{10i}</td><td>施工临时荷载</td><td>+或-</td></tr>
<tr><td>f_{11i}</td><td>支架弹性,非弹性变形</td><td>-</td></tr>
<tr><td rowspan="2">成桥预拱度</td><td>d_1</td><td>后期收缩、徐变</td><td>+或-</td><td rowspan="2">按余弦曲线分配</td></tr>
<tr><td>d_2</td><td>1/2活载</td><td>+</td></tr>
</table>

注:+表示预拱向上,-表示预拱向下。

一般设置预拱度的曲线和数值,是将施工开始到完工后三年左右时间每一节点的弹性和徐变总挠度曲线及数值反向设置,即为主桥的理论拱度曲线。考虑到各个桥梁工地的温度和湿度环境及桥梁施工方法及时间进度安排的不同,各系数取值不同,并与工地实际情况不完全相符,必须依据各个桥梁施工中的实测值对系数项进行修正,并结合施工实际酌情调整和控制。理论和实践的结合,是设置预拱度抵消挠度的有效方法。

6.3.2 施工预拱度计算

施工预拱度的公式为

$$f_{si} = \sum f_{1i} + \sum f_{2i} + f_{3i} + f_{4i} + f_{5i} + f_{6i} + f_{7i} + f_{8i} + f_{9i} + f_{10i} + f_{11i} \tag{6.2}$$

式中:$\sum f_{1i}$——本阶段块件生成后和以后各阶段挠度累计值(mm);

$\sum f_{2i}$——本次浇筑梁段及后浇梁段纵向预应力钢束张拉对该点挠度影响值(mm);

f_{3i}——二期恒载挠度(mm);

f_{4i}——结构体系转换产生的挠度(mm);

f_{5i}——挂篮自重及变形(mm);

f_{6i}——墩身压缩变形(mm);

f_{7i}——前期收缩、徐变挠度值(mm);

f_{8i}——温度影响(mm);

f_{9i}——墩顶转角影响(mm);

f_{10i}——施工荷载产生挠度(mm);

f_{11i}——支架弹性、非弹性变形(mm)。

(1)结构体系转换的预拱度设置f_{4i}

结构体系转换时,一般采用平衡重、配重、顶推等方式,平衡重与合龙段等量置换的那部分平衡重,随着合龙段混凝土浇筑同步卸除,设置预拱度时应剔除其影响。

但是为了调整合龙段两端高程而设置的附加配重在合龙段混凝土达到规定的强度后才卸除,其作用在合龙前后的不同体系上,卸载前后对桥梁的影响不能抵消,应充分考虑。

为了改善桥墩受力及在合龙时其场地温度高于设计合龙温度时,满足设计合龙温度要求,采取顶推方式,以改善桥墩及上部结构受力性能和应力状态。在顶推时,会使各截面产生挠度,这部分挠度变形在设置预拱度时应考虑。

(2)挂篮自身变形及自重变形f_{5i}

①挂篮自身变形

箱梁节段施工常用菱形挂篮构造(图6.2),挂篮设备上伸出的悬臂,因浇注混凝土时结构重量不断增加而使自身产生挠曲变形,从而导致永久性结构发生同样的变形。在挂篮拆除后,这部分变形却不能得到恢复。在各节点的预拱度值中,均应分别计入这个影响,但可以通过调整挂篮的吊带来解决。

②挂篮自重引起的结构变形

挂篮在施工过程中固定在先完成的悬臂节段上。由于挂篮具有一定的自重,尤其在大跨度桥梁的悬臂施工中,挂篮设备的重心距悬臂梁根部的力臂较大,造成已完成梁段发生变形

(图 6.3 中的 Δ_2G),从而使待浇段模板也下垂(图 6.3 中 Δ_3G)。这种变形将随挂篮的拆除而最后恢复。因此,在设置预拱度时,应该预先从应设置的预拱度中扣除这部分影响。

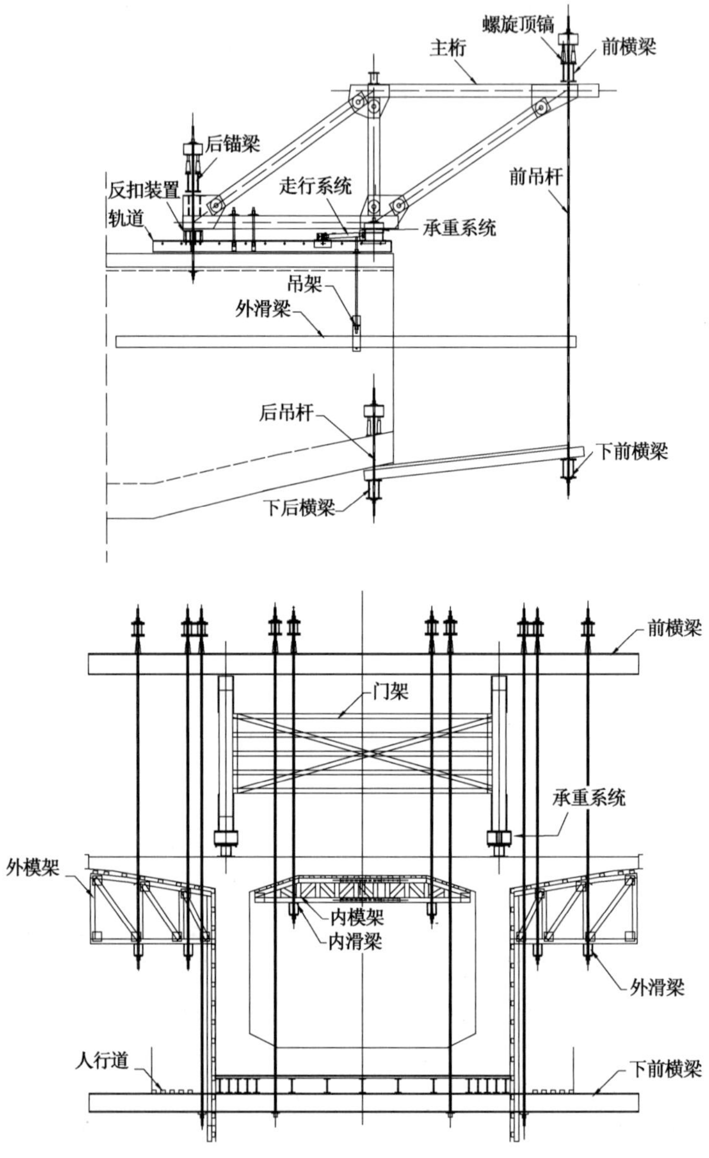

图 6.2　菱形挂篮构造图

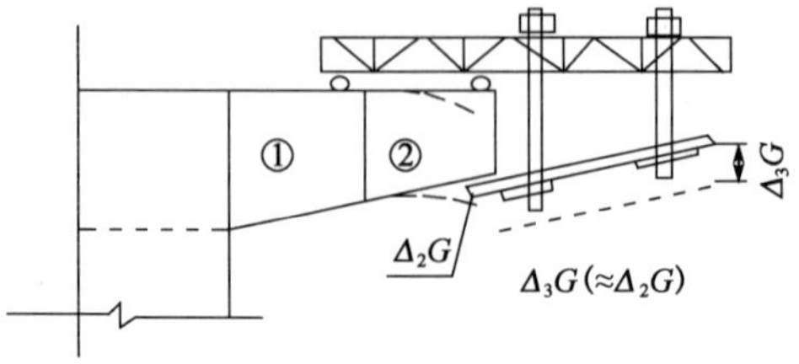

图 6.3　挂篮自重引起的结构变形

挂篮自身变形可通过前后梁段相对高差的变化求得,具体如下:

①在第 i 号梁段立模时,测得第 i 号、$i-1$ 号梁段的高程 $H_i^{立模}$、$H_{i-1}^{立模}$,则挂篮自身变形未发生时,相邻两节段的高差为

$$\Delta h_i^{立模} = H_i^{立模} - H_{i-1}^{立模} \tag{6.3}$$

②在第 i 号梁段混凝土浇筑完毕后，测得第 i 号、$i-1$ 号梁段的高程，此时挂篮 $H_i^{浇筑}$、$H_{i-1}^{浇筑}$ 自身变形已完成，记为 $H_i^{挂篮变形}$，相邻两节段的高差为

$$\Delta h_i^{浇筑} = H_i^{浇筑} - H_{i-1}^{浇筑} \tag{6.4}$$

则第 i 号梁段的挂篮自身变形为

$$\begin{aligned} H_i^{挂篮变形} &= \Delta h_i^{立模} - \Delta h_i^{浇筑} \\ &= (H_i^{立模} - H_{i-1}^{立模}) - (H_i^{浇筑} - H_{i-1}^{浇筑}) \end{aligned} \tag{6.5}$$

挂篮自身变形的分离示意如图6.4所示。

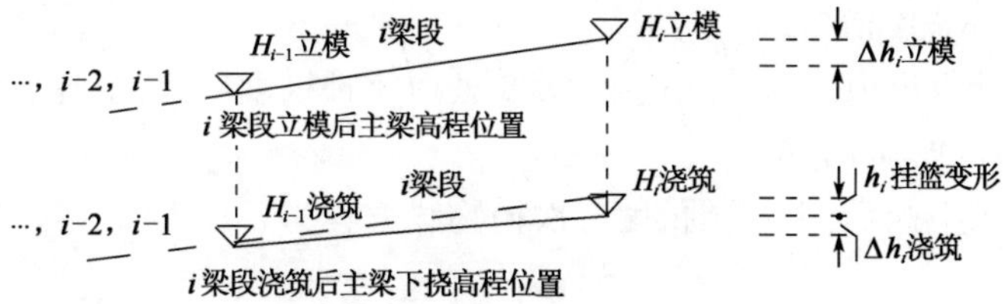

图6.4　挂篮变形分离示意图

(3)墩身压缩变形 f_{6i}

大跨度连续刚构桥悬臂较长，施工荷载大，如果墩高较高，墩身会产生较大压缩量，在挠度计算时应计入墩身弹性压缩的影响。

(4)前期收缩、徐变影响 f_{7i}

现行《公路钢筋混凝土及预应力混凝土桥涵设计规范》(JTG 3362)规定：预应力混凝土受弯构件需计算施工阶段变形时，宜采用有限元方法计算，应根据各施工阶段结构各单元加载龄期和计算龄期，计算各阶段结构收缩、徐变变形增量并累加得到各个阶段结构各个部位的变形值。

(5)温度影响 f_{8i}

在连续刚构桥分段施工过程中，其几何线形的实测值中都包含温度作用的影响，尽管测量时间选择在温度较稳定的时段，如深夜或凌晨，但是，很难避免日照温差的复杂影响。为了进一步摸清箱梁截面温度及温度在截面上的分布规律，有必要每月选择有代表性的天气(晴、雨、阴、寒流)进行24h连续观测，以准确掌握温度变化规律，然后根据测量结果进行温度修正。

均匀温度作用对挠度的影响，主要取决于梁体温度与设计合龙温度是否相符合。悬臂施工阶段，结构为静定体系，而合龙后为超静定体系，连续刚构桥以柔性薄壁墩适应温度纵向变化，若梁体温度与设计合龙温度不相符合，即产生温度的变形，因此，计算年温差引起的变形，应以边跨合龙时计入其影响。

(6)墩顶转角影响 f_{9i}

高墩大跨连续刚构桥在悬臂施工过程中，特别是长悬臂时，荷载不可能严格对称，由此引起的墩顶水平位移、转角，对挠度影响不容忽视。

(7)施工荷载的影响 f_{10i}

施工荷载属临时荷载，在后续阶段会卸除，因此，临时荷载引起的变形属加卸载过程，都应

在立模高程中剔除其影响。但配重由于作用在不同的结构体系上,其影响不能剔除。

(8)支架弹性、非弹性变形 f_{11i}

边跨支架在施工时应严格要求用同等边跨现浇段及施工荷载重量预压,以消除地基不均匀沉降,测定支架弹性、非弹性变形,并在边跨现浇段中预留其变形。

6.3.3 成桥预拱度的计算与分配

成桥预拱度按式(6.6)计算

$$f_c = d_1 + \frac{1}{2}d_2 \tag{6.6}$$

式中:d_1——成桥后至少3年的收缩徐变挠度值(mm);

d_2——1/2活载挠度值(mm)。

连续刚构桥在计算出中跨跨中或边跨 $3L/8$ 处成桥预拱度后,其余各点按二次抛物线和余弦曲线两种光滑的曲线进行分配。

根据图6.5所示坐标系,中跨预拱度二次抛物线方程为

$$y = -\frac{4f_{中}}{L^2}x^2 + \frac{4f_{中}}{L}x \tag{6.7}$$

中跨预拱度余弦曲线方程为

$$y = \frac{f_{中}}{2}\left(1 - \cos\frac{2\pi x}{L}\right) \tag{6.8}$$

式中:$f_{中}$——中跨跨中预拱度(mm);

L——中跨跨径(mm)。

因为主梁的底板厚和梁高一般也是二次抛物线,因此采用二次抛物线分配预拱度能与主梁线形吻合的很好,但二次抛物线的分配方式将导致成桥后桥梁线形在各墩顶处出现尖点,引起行车不顺畅(图6.5)。而余弦曲线与主梁线形不太吻合。

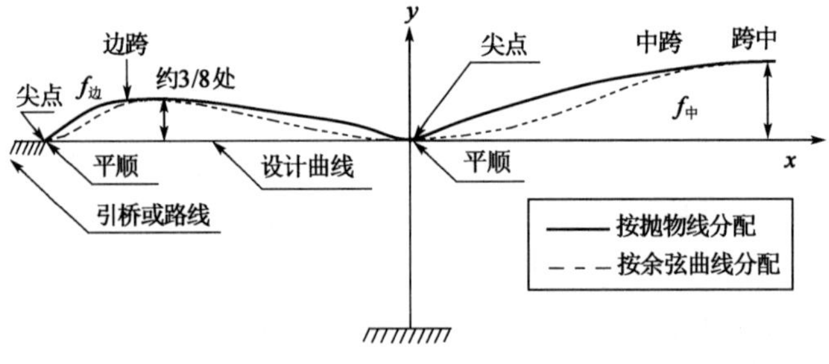

图6.5 预拱度分配曲线的对比

连续刚构桥预拱度分配方法:

(1)中跨预拱度分配

根据近几年的实践,中跨跨中最大预拱度一般取 $L/2\,000 \sim L/1\,000$。根据有限元计算结果,弹性应变在中跨 $L/4$ 处产生的变形约为跨中的1/2。因此,徐变变形亦应符合相类似的规律。

如果按二次抛物线分配预拱度，跨中与 $L/4$ 处的预拱度比为 3/4，与简支梁计算结果吻合较好，但偏离连续刚构桥理论计算值。如果按余弦曲线分配预拱度（图 6.6），余弦曲线在 $L/4$ 处预拱度为跨中预拱度的 1/2，与连续刚构桥有限元计算吻合，且余弦曲线在墩顶两曲线连接处切线斜率为零，满足平顺要求。因此，对于连续刚构桥中跨，按余弦曲线分配预拱度更合理。

(2)边跨预拱度分配

理论计算结果表明，边跨最大挠度一般发生在 $3L/8$ 处，大小约为中跨最大挠度的 1/4，况且，由于大跨径连续刚构桥边中跨比一般在 0.52 ~ 0.6 左右，桥墩采用柔性墩，在后期运营过程中墩顶将向中跨发生一定的位移。刚构桥墩梁固结，由变形协调可知，转角位移使跨中下挠，边跨上挠。因此，边跨成桥预拱度一般设置较小。

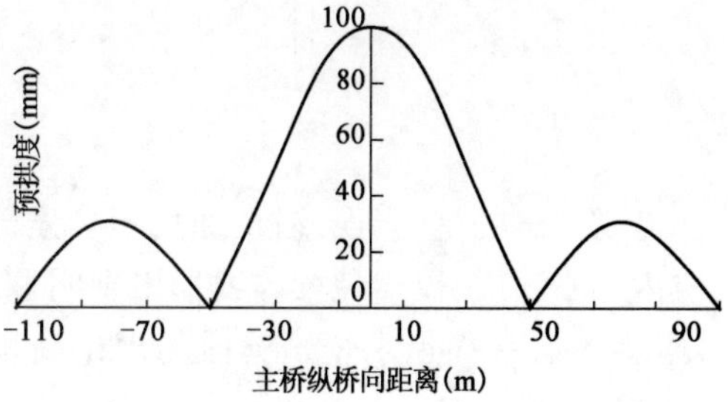

图 6.6　王家坝主桥各梁段成桥预拱度余弦曲线[30]

但是，由于现阶段常采取中跨合龙前压重或顶推的方法，使墩顶在成桥时就有一定的向边跨的预偏量。因此，边跨可按理论计算的方法或按照经验设置，在大约边跨 $3L/8$ 处设置大小为 $f_{中}/4$ 左右的预拱度，分配同样采用余弦曲线变化便可。

6.3.4　预拱度的控制

连续刚构桥预拱度的控制是通过每个阶段的节段立模高程来实现的。

在讨论立模高程之前，先简要介绍设计高程和竣工高程。

(1)设计高程 H_i^{sj}

设计高程是桥梁在正常使用情况下的高程，即桥梁竣工多年后，在承受 1/2 静活载情况下的高程。竣工多年是为保证混凝土的后期收缩徐变基本完成，桥梁不再发生明显的挠度变形；承受 1/2 静活载则近似模拟桥梁在正常使用情况下的活载工况。

设计高程由设计方给定，它一般由道路的线形、水文情况、通航要求等多种因素确定，与结构受力无关，是桥梁施工控制中立模高程的依据。

(2)主梁 i 梁段的竣工高程

为桥梁竣工时的 i 梁段高程

$$H_i^{\mathrm{jg}} = H_i^{\mathrm{sj}} + f_{si} \tag{6.9}$$

(3)立模高程

采用预拱度总量控制，那么梁段浇筑时各节段立模高程为

$$H_i^{立模} = H_i^{\mathrm{sj}} + f_{\mathrm{yg}} \tag{6.10}$$

式中：$H_i^{立模}$——待浇筑箱梁底板前端立模高程(m)；

H_i^{sj}——待浇筑箱梁底板前端设计高程(m)；

f_{yg}——预拱度值(m)。

各高程间的关系，如图 6.7 所示，通常以竣工高程作为评价成桥高程监控成果优劣的直接依据。而设计高程则不便于直接进行及时准确的评价。

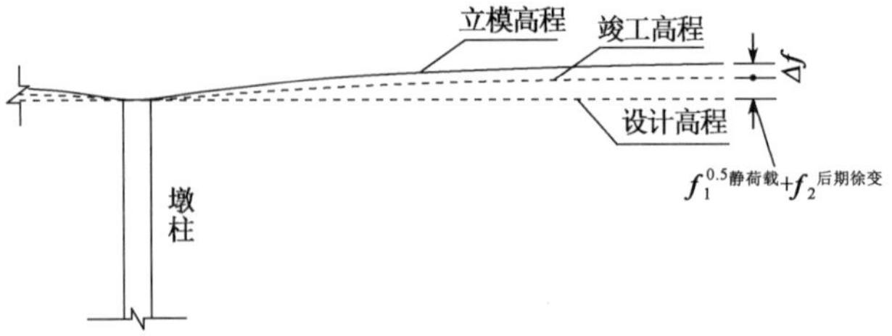

图 6.7　各高程间的关系

需要指出的是，当误差较大时，不必强行在其下一梁段中立即调整过来，而应在后续多个梁段内逐步完成，以避免梁体线形出现明显的波形转折。即在高程控制中，应主要考虑线形的平顺，而不必片面追求个别梁段的理论高程。所以这种调整较小，一般以不超过梁段长度的1% 为宜。

6.3.5　挂篮拼装与分级预压

为了消除施工过程中挂篮的弹性变形及非弹性变形，为设置立模高程提供依据，需要对挂篮进行分级预压（图 6.8），记录挂篮预压荷载与对应的变形量，采用最小二乘法拟合挂篮预压荷载与弹性变形之间的线性关系，由此可计算得到桥梁在每一个悬臂施工阶段挂篮的弹性变形值，为在桥梁施工过程中设置立模高程提供依据。

预压方案主要有以下几种：

(1)预应力反力架预压：操作容易，容易模拟真正受力状态。

(2)底模下挂水箱预压：不太容易操作，并难于模拟真实受力状态。

(3)堆载预压：常规预压方案，但难于模拟真实受力状态，容易压坏底模。

(4)仅预压主桁，吊带变形通过计算确定，操作更容易，可在地面上操作，或在梁顶面上操作。

应注意预压荷载与使用过程中的荷载实际分布的差异性。

a) 袋装黄砂进行挂篮加载试验　　b) 反力架预压

图 6.8　挂篮预压

郑少高速公路航海路连接线南水北调大桥主线桥的挂篮采用千斤顶预压方式进行分级预压试验[31]。预压荷载采用箱梁梁段悬臂浇筑施工中的单个梁段最大重量。箱梁悬臂施工最大重量梁块为 3 号块，质量 188.86t。根据《公路桥涵施工技术规范》(JTG/T F50—

2011）及《公路工程施工安全技术规范》（JTG F90—2015）中的规定，预压荷载为最大梁重的1.2倍，即$1.2\times188.86=226.632t$。采用分级加载的方式进行挂篮分级预压试验，其加载顺序是：0%→20%→50%→120%→卸载。在对挂篮施加每一级荷载时，要测量挂篮的变形量，加载至120%时，要停留24h及48h后再分别进行测量，两次测量误差不应超过2mm。

挂篮的最大弹性变形限值为20mm，由挂篮预压试验得，挂篮的非弹性变形值为3.6mm，挂篮的弹性变形值为12.4mm。采用最小二乘法拟合得出荷载与挂篮弹性变形量之间的线性关系式为

$$y=0.092x-2.555 \tag{6.11}$$

式中：y——箱梁各梁段质量对应的挂篮弹性变形量（mm）；

x——各梁段的质量（t）。

利用式（6.11）可以求出箱梁每块梁段对应的挂篮弹性变形量值。

6.4　施工控制实时计算

刚构桥分节段施工方法和施工工序直接影响到施工阶段以及成桥的结构状态，包括结构内力状况和结构几何状态。

分段施工控制实时计算必须满足以下要求：

（1）严格按照各个施工阶段的实际结构形式和相应施工荷载进行结构计算，确定各个施工阶段和成桥状态的理想结构状态；

（2）按照各个施工阶段的实际结构形式和最大施工荷载进行结构计算，验算各个施工阶段和成桥状态的实际结构强度、刚度和稳定性要求。

由于分节段施工阶段结构体系荷载形态不断变化，引起结构内力和变形不断变化，所以，必须按照设计要求首先确定成桥状态的理想几何线形，然后采用倒退分析或前进分析方法计算出各个施工阶段的结构变形，从而确定各个施工状态的结构几何线性。

6.4.1　施工控制实时计算方法

桥梁施工控制实时计算宜采用按杆系有限元方法。绝大多数桥梁可按平面杆系进行总体计算，对于曲线桥梁等空间效应明显的桥梁则应按空间杆系进行总体计算。

总体计算应根据桥梁施工流程划分结构计算阶段。设计参数取用原则是尽量和实际相吻合，对于主要的可以测定的设计参数，采用试验数值，难以测定的则依照设计规范，根据以往的工程经验进行修正。

施工控制实时计算一般不考虑材料的非线性，但应计入混凝土收缩徐变的影响；应考虑施工过程边界条件、构件数量、作用荷载等变化；应根据桥型和跨度大小确定是否计入几何非线性影响。

结构几何状态的状态仿真计算结果应包括：混凝土收缩徐变影响结束时的桥面高程；成桥时的桥面高程；主梁施工过程的各阶段高程。

对于分节段悬臂施工的预应力混凝土连续刚构桥，施工控制实时计算主要采用前进分析

法和倒退分析法。

1)前进分析法

前进分析计算方法的特点是:随着施工阶段的推进,结构形式、边界约束、荷载形式在不断地改变,前期结构将发生徐变,其几何位置也在发生改变,因此前一阶段的结构状态将是本次施工阶段结构分析的基础。

前进分析法以确定各个施工阶段的内力和位移为任务,以确定的施工方案为参考,模拟每个阶段的施工步骤,逐阶段从施工初态分析,直至竣工后徐变完成为止。主要分析7项因素产生的内力和位移:①挂篮(支架)行走;②节段重量;③预应力张拉;④预应力损失;⑤损失卸载效应;⑥混凝土收缩;⑦混凝土徐变。计算流程如图6.9所示。

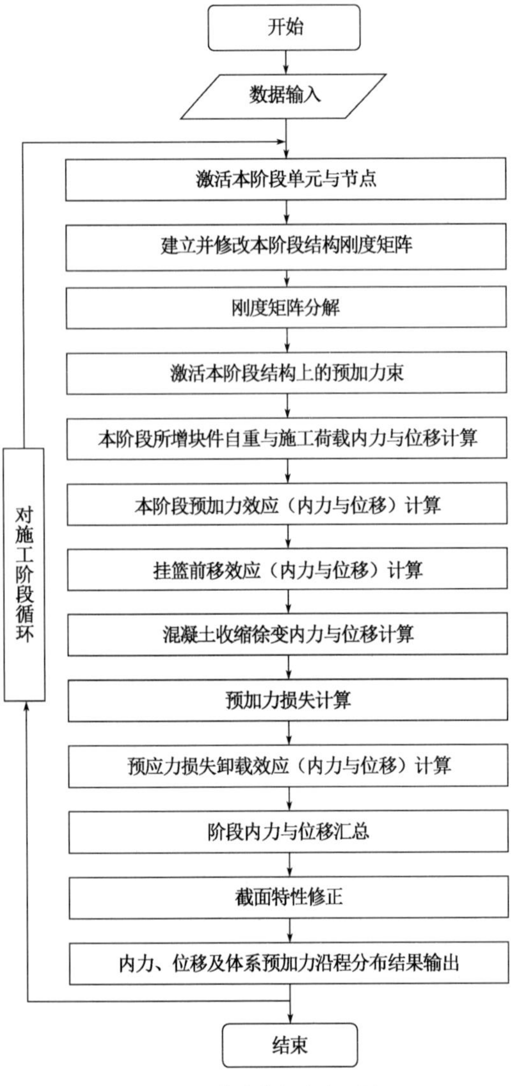

图6.9 前进分析法流程图

前进分析法的应力和挠度计算模型是由设计高程出发的,但为了保证成桥线形能达到设计高程,实际结构是按施工立模高程而不是按设计高程进行施工的,因此实际结构的应力和挠度与设计分析模型的计算值就会略有差别,这种设计分析模型与实际结构不一致是前进分析计算法的最突出缺点。

可以用迭代法解决前进分析中理论计算模型与实际结构不符的问题,具体方法如下:

(1)先以设计高程建立模型,计算理论挠度 $F_i^{nd(1)}$ 和竣工高程 $H_i^{jg(1)}$,此时竣工高程为

$$H_i^{jg(1)} = H_i^{sj} - F_i^{nd(1)} \tag{6.12}$$

(2)以施工高程 $H_i^{jg(1)} = H_i^{sj} + H_i^{yg(1)}$ 作为初始高程重新建立计算模型,并在此计算理论挠度 $F_i^{nd(2)}$ 和竣工高程 $H_i^{jg(2)}$。此时竣工高程为 $H_i^{jg(2)} = H_i^{sg(1)} - F_i^{nd(2)}$

(3)比较此时的竣工高程和设计高程有

$$\Delta H_i^{(2)} = H_i^{jg(2)} - H_i^{sj} \tag{6.13}$$

如果 $\Delta H = \| \Delta H_i^{(2)} = H_i^{jg(2)} - H_i^{sj}, (i=1,2,3\cdots) \| \leqslant [\Delta]$,则步骤(2)中的 $H_i^{sg(1)}$ 即可作为实际施工立模高程。

如果 $\Delta H = \| \Delta H_i^{(2)} = H_i^{jg(2)} - H_i^{sj}, (i=1,2,3\cdots) \| \geqslant [\Delta]$,则步骤(2)中的 $H_i^{sg(1)}$ 不能直接作为实际施工立模高程而应以 $H_i^{sg(2)} = H_i^{sg(1)} - (H_i^{jg(2)} - H_i^{sj})$ 作为新的高程和初始高程重新建立理论计算模型,重复操作步骤(2)直到误差满足规范规定为止。

初始高程重新建立理论计算模型,重复操作步骤(2)直到误差满足规范规定为止。

用上面的迭代处理方法 2~3 次即可,操作并不复杂而且整个建模只需此一次迭代,与倒退分析相比,无论在迭代次数还是收敛速度上要明显优越得多。

前进分析法不仅可以为成桥结构的受力提供较为精确的结果,还为结构刚度、强度验算提供依据,而且可以为施工阶段理想状态的确定、完成桥梁结构施工控制奠定基础。

前进分析法可以计算出施工各阶段的内力和位移,并将内力累计起来得到最终成桥后的受力状态。考虑到需要 3 年左右才能完成混凝土的收缩徐变,因此,前进分析法需要计算出从施工初态开始分阶段直到成桥后 3 年左右的各个相关参数值。

2)倒退分析法

为了使竣工后的结构保持设计线形,施工过程中用设置预拱度的方法实现。对于分阶段施工的连续刚构桥,一般要求给出各个施工阶段主梁控制点的高程,以便最终使主梁满足设计要求,这个问题用前进分析法是难以解决的。倒退分析法可以解决这个问题,它的基本思想是:假设 t_0 时刻结构内力满足前进分析法 t_0 时刻的结果,轴线满足设计线形要求。在此初始状态下,按照前进分析法的逆过程,对结构进行倒拆,分析每次拆除一个施工节段对剩余结构的影响,在一个阶段内分析得到的结构位移、内力状态便是该阶段结构理想的施工状态。

倒退分析法具有以下几点特点:

(1)倒退分析法的初始状态必须是由前进分析法来确定,但结构初始状态中各杆件的轴线位置可以取设计轴线位置。

(2)拆除单元的等效荷载,用被拆除单元接缝的内力反向作用在剩余结构主体接缝处加以模拟,这些内力值可以由前进分析法得到。

(3)拆除杆件后的结构状态为拆除杆件前的结构状态与被拆除杆件的等效荷载作用状态的叠加。换言之,本阶段结束时,结构的受力状态是由本阶段荷载作用下结构受力与前一阶段结构受力状态相叠加而得。

(4)被拆构件满足零应力条件,剩余主体结构新出现接缝面应力等于此阶段对该接缝面施加的预加应力,这是正确进行桥梁结构倒退分析法的必要条件。

(5)倒退分析法中对混凝土收缩徐变的考虑通常采用如下的方法:在进行前进分析时,先不考虑收缩徐变影响计算出结构的内力和变形值,然后再计算出考虑收缩徐变影响结构的内力与变形值,两者相减得到每一施工阶段混凝土收缩徐变产生的内力与位移值,在倒退分析时,作为混凝土收缩徐变值相应扣除即可。

倒退分析法是前进分析法的逆过程。既然可以忽略中等跨径连续梁桥结构的非线性效应这一影响,那么倒退分析法就可以通过前进分析法计算的各施工阶段的内力值倒退计算出各阶段的状态过程曲线及预留拱度曲线,其计算流程如图 6.10 所示。

为了确定施工各阶段的预留拱度和桥面高程状态过程曲线,需要根据桥面的设计曲线从成桥后某一时刻(3 年左右)按照与前进分析法相反的过程进行倒退分析。完成这些流程后,对原定理想状态进行修正得到新的理想状态(随后理想状态),预告下阶段挠度控制值和立模高程。

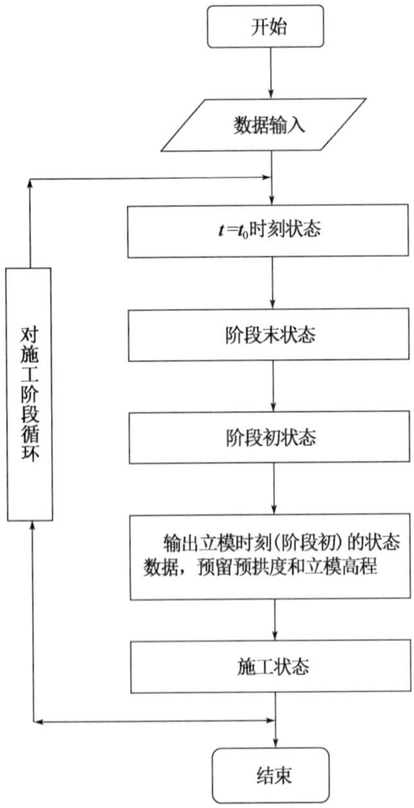

图6.10 倒退分析法计算流程图

6.4.2 施工控制实时计算内容

施工控制实时计算应包括设计符合性计算、事前仿真计算和实时仿真计算。

(1)设计符合性计算

设计总体符合性计算的目的是校核设计,进一步把握和理解设计意图,并为后续修正计算提供有限元基础模型。即在桥梁施工监控实施前期,根据桥梁施工图对其主体结构施工过程及成桥状态强度、刚度和稳定性计算,并与设计文件进行比较分析。

设计符合性计算应按设计图纸提供的施工工序和结构尺寸、设计图纸和设计规范给出的材料参数值进行桥梁考虑施工过程的总体计算,并与设计方校对参数取值、边界条件与计算结果。

设计符合性计算可根据需要进行桥梁稳定性验算。

(2)事前仿真计算

事前仿真计算一般是指在施工控制初期,根据所能确定参数最新取值进行的考虑施工过程的总体计算。

事前仿真计算应该按批准的施工组织设计确定施工工序,根据设计图纸、规范、相关试验,选取合理的结构参数,进行考虑施工过程的总体计算,以确定合理施工状态,并得到各施工阶段及成桥状态的结构受力和变形等控制计算目标数据。

(3)实时仿真分析

实时仿真计算,又称跟踪仿真计算,它是在施工监控过程中不断根据更新的参数进行考虑施工过程的总体计算。

实时仿真计算应根据实测数据、数据分析、反馈控制等得到的更新的参数值和施工流程,进行考虑施工过程的总体计算,以确定后续的合理施工状态,并得到后续各施工阶段及成桥状态的结构受力和变形等控制计算目标数据。

施工控制事前仿真计算与施工控制实时计算统称为施工控制仿真计算。两者目的都是从永久结构施工过程受力安全和目标成桥状态实现的角度论证施工方案可行性;并进行修正有限元基础模型后的计算,为拟定施工监控指令的施调参数值和受调参数值提供依据;为参数识别或者后续施工方案变更的结构分析提供更准确的模型;确定受调向量的可变范围。

换句话说,施工控制仿真计算的目的是确定施调参数,从荷载效应角度确保桥梁施工过程安全和目标成桥状态的实现。

在桥梁的施工控制计算中必须采用实际施工参数用于计算,以尽可能真实地反映结构实际内力变形状态,即施工模拟的结构实时分析。这一计算工作在桥梁整个施工过程中需要实时调整，这些调整既包括各个直接的实时测量参数，也包括根据实测数据通过误差分析等而得的辨识参数，还要视实际施工情况对计算模型、计算方法及计算内容等做出调整。

施工控制实时计算与设计计算的区别和联系，以及施工控制的基本流程和控制目标如图6.11所示。

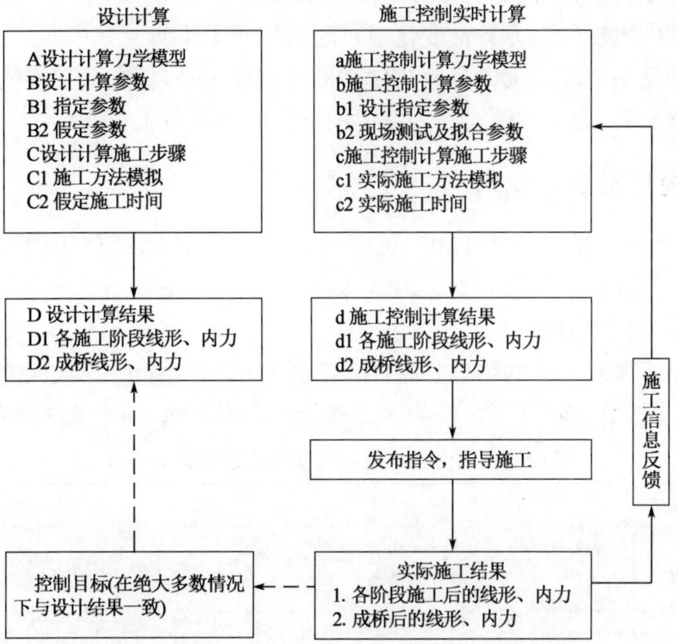

图6.11　设计计算与施工监控、监测计算的区别和联系

6.5　误差分析与状态预测

6.5.1　施工过程结构状态误差控制要求

仿真计算得到的桥梁施工中的结构状态(应力、高程、变形)预控数据与现场监测得到的结构状态实际值不可能完全吻合。

根据已有桥梁施工监测参数误差取值情况、桥梁结构特点、设计及现行《公路桥涵施工技术规范》(JTG/T 3650)、《公路工程质量检验评定标准　第一册　土建工程》(JTG F80/1)等现行规范，预应力混凝土刚构桥施工过程误差宜控制在以下允许范围内。

(1)混凝土结构应力：±20%。

(2)几何参数：

①桥梁墩顶高程：±5mm。

②悬臂施工节段立模高程：±5mm。

③悬臂施工箱梁节段顶面横坡：±5%。

④主梁合龙段：高程相对误差±15mm；梁端相对高差20mm，相对轴线偏差10mm。

⑤铺装前梁顶面高程对于控制值之间的误差:纵向 ±10mm;横向 ±5mm。

对于主梁的应力指标而言,根据国内目前的使用情况来看,由于采用的测试设备,其应力测试的准确度尚不能令人十分满意。并且设计计算和施工监控、监测计算一般只能给出线性平面应力的大小,而施工中存在箱梁的剪力滞后效应及角域应力的特殊性,因此,应力的测试结果通常不用于直接的误差分析,而是利用应力测试的增量结果作为施工的应力预警参数。监控单位对于测试中出现的应力异常变化应及时做出预警报告。

应该严格控制每一节段箱梁的竖向挠度和横向偏移,若有偏差且偏差较大时,必须进行误差分析并确定调整方案,为下一阶段更为精确的施工做好准备工作。

6.5.2 结构状态误差识别

如果施工中的结构实际状态与理想(目标)状态存在误差,必须全面了解施工过程中可能引起实际状态偏离目标状态的所有误差因素,以便对整个分段施工过程进行有效的控制。

1)结构状态误差因素分类

引起刚构桥分节段施工中的结构状态误差因素可以归纳为6大类,即施工荷载变化、结构性能差异、周围环境影响、施工误差、监测误差和计算模型失真,如表6.3所示。

预应力混凝土刚构桥结构状态误差因素分类表　　表6.3

误差来源	误差判别	误差成因	参数修正方法
施工荷载变化	块件重量	现浇混凝土重度变化、超方、跑模引起构件自重、几何尺寸与设计值偏差	根据施工实测反馈数据估计
	施工活载	忽略施工临时荷载	计算中要考虑临时荷载的影响,特别是在挂篮定位时要将不平衡的临时荷载影响排除
	预应力	张拉千斤顶的油压表读数误差;预应力管道定位偏差;预应力张拉不足或超张拉;管道摩阻系数不准	—
	收缩徐变	徐变系数取值、龄期差异、受力状态	—
结构性能差异	截面特征	几何尺寸与设计值偏差	—
	材料模量	材料离散性;混凝土弹性模量试验难以反映真实弹性模量且随时间变化	—
周围环境影响	温度变化	环境温度、结构温度、热胀系数	施工仿真模型中的温度修正
	风载作用	体形系数、风速、静力等效原理	—
施工误差	挂篮变形	挂篮重量取值不准确或挂篮在梁体上的支点位置不准	—
监测误差	受力监测数据	混凝土水化热对应力监测值的影响	—
		结构体系温差	—
		混凝土收缩、徐变影响	—
	结构高程变形监测数据	体系温度变化	限制监测时间;将非设计监测温度下监测到的数据换算到设计温度时的数据
	其他	湿度、风、日照方向、桥墩压缩变形	—

续上表

误差来源	误差判别	误 差 成 因	参数修正方法
计算模型失真	单元离散	单元类型、单元划分、单元连接	—
	材料本构	线性单元、非线性单元	非线性对中小跨混凝土连续刚构桥的影响可以忽略不计;大跨径混凝土梁须考虑由于初应力、初位移的存在引起的几何非线性的影响
	边界条件	临时约束条件	分节段施工的各阶段,须对各种施工临时约束进行模拟

监测会因为测量方法、仪器本身精度、环境情况等因素存在与实际结构参数的误差。误差可能会导致结构由测量得到的实际状态与目标状态吻合的假象,还有可能导致本身较好的实际状态由于测量误差导致与目标状态相差较大。因此在施工控制过程中,除了从测量仪器、测量方法上进行改进来减小监测误差以外,在控制分析时应考虑由于监测引起的这一部分误差。

桥梁施工过程的检测参数准确性受测试环境、精度等多种因素的影响,其真伪需要结合理论分析与现场实际情况进行分析、修正与识别,以便为桥梁状态识别、反馈控制与施工控制实时计算提供准确、可靠的检测数据。例如,在某一大气温度下测得的相关数据需要将其换算到标准温度下的数据等。

不同的设计参数对桥梁结构的影响程度是不同的。要对设计参数进行辨别,一方面确定设计参数的实际值,另一方面辨别对结构状态影响较大的设计参数,即主要参数。对设计参数的识别,总的来说有两种方法。其一,通过现场观测确定设计参数的取值,主要是指结构几何形态参数、截面特性参数和材料特性参数,它们可以通过现场测量方法或实验量测手段确定参数值。其二,通过结构的计算分析确定主要设计参数,也就是通过结构计算来确定对结构变形和内力有显著影响的设计参数,即设计参数的敏感性分析。

2)现场观测确定设计参数的取值

(1)弹性模量的测量

混凝土的弹性模量 E 是影响结构刚度从而影响结构变形的重要因素。实际的弹性模量随时间变化,在混凝土浇筑龄期一个月内的变化较大。考虑到悬臂施工的周期较短,通常完成一个梁段的时间在 8d 左右,因此需要考虑时间对混凝土弹性模量 E 的影响。

混凝土弹性模量的测量主要是为了测定混凝土弹性模量 E 随时间 t 的变化过程。可以在 0 号节段混凝土浇筑时现场取样,制作成标准试块,然后按照现行规范分别测定在 4d、7d、14d、28d 龄期的弹性模量值,得到完整的弹性模量—龄期(E-t)曲线。主梁结构在进行预应力张拉时该节段及相邻两个节段的混凝土弹性模量可以按照该 E-t 变化曲线取值。

(2)混凝土收缩徐变的测量

混凝土收缩徐变误差分析过程如下:

对某一已浇筑梁段 i,在梁段 $i+n(n>0)$ 浇筑后,测量 i 节段的高程记为 H_1^i;后又在梁段 $i+m(m>n)$ 浇筑后,测量 i 节段的高程记为 H_2^i。则这期间梁段 i 的实际累积误差为

$$\Delta h = H_2^i - H_1^i \tag{6.14}$$

模型中,查看施工阶段梁段 $i+n$ 浇筑后,梁段 i 的挠度变形 D_1^i;再查看施工阶段梁段 $i+m$ 浇筑后,梁段 i 的挠度变形 D_2^i。则梁段 i 的理论累积误差为

$$\Delta h' = D_2^i - D_1^i \tag{6.15}$$

可求得这期间梁段 i 的累积挠度 Δf 误差为

$$\Delta f = \Delta h - \Delta h' \tag{6.16}$$

当此项误差较大时，表明模型中混凝土的收缩徐变系数与实际桥梁结构不相符，应对其进行调整，以消除误差。

(3)施工仿真模型中的温度修正

桥梁设计时，一般取环境温度为定值，并与设计成桥状态相对应。大跨径桥梁需跨年施工，受季节温差、日温差影响很大。目前的通用做法是在温度较为稳定的时段如深夜或凌晨测量，但这仅可以避开复杂的日照温差影响。因此，在施工模拟过程中必须考虑季节温差的影响。

前期施工控制模拟计算中，可按照施工进度安排，以气象部门往年本地季节温差变化规律为依据，在施工模拟计算中加以考虑。施工开始后，每节段立模高程与某一特定温度相对应，施工模拟模型中每个阶段的温度也要随之修正，其结果才能用于指导设置立模高程，实际本阶段采用的温度值可通过近几天相同时间的温度来预测。如果做不到实时修正，至少要在月均温差变化较大时，根据实测资料对施工模拟模型进行一次温度修正。

另外，在建立的有限元模型中，设计温度为 T_0(一般接近本地年平均气温)作为基准温度，某施工阶段采用的温度(主要指立模时的温度)为 T_{1i}，这样就存在温差，$\Delta = T_{1i} - T_0$。此温差的影响必须从悬臂施工开始随时修正，可以通过各施工阶段的敏感性分析得到温度变化与结构变形曲线的对应关系，根据实际温度变化进行插值计算，对结构变形进行修正。那么考虑温度影响的立模高程 H_{Ti} 为

$$H_{Ti} = H_i + f_{ti} \tag{6.17}$$

式中：f_{ti}——温度修正值。

(4)监测数据的温度修正

体系温度一方面难以避免。对于一天来讲，可以通过限制监测时间[如在凌晨1点~6点温度稳定时段进行高程、位移(变形)测量]规避温度变化的影响，但对于一年来讲，难以做到在相同温度下进行测量，所以，需要将在非设计温度(控制标准温度)下监测到的数据换算到设计温度时的数据以控制使用。

3)设计参数敏感性分析

结构设计参数敏感性分析的步骤如下：

(1)将参数的变化幅度控制在10%左右。

(2)选定控制目标，如桥梁结构的跨中挠度，修改设计参数，计算成桥状态跨中挠度的变化幅值，并建立各参数的敏感性方程。

对于预应力混凝土连续刚构桥来说，实际情况中不同参数的变化幅度是不相同的，鉴于这种情况，引入修正系数λ进行敏感性修正

$$\lambda = \frac{|A - B|}{B} \tag{6.18}$$

式中：A——参数实测值；

B——参数理论值。

(3)依据各参数对控制目标的影响程度确定出主要设计参数和次要设计参数。通过对设计参数的敏感性分析,可以确定主要设计参数。在桥梁的施工控制中,只需考虑对主要设计参数的修正,忽略次要设计参数的修正。

算例:

某大桥结构设计参数敏感性分析,判断混凝土重度、预应力、收缩、弹性模量对结构变形影响程度。步骤如下:

①使所有梁段混凝土重度均超出理论值(混凝土的重度为 $26kN/m^3$)的 ±10%,其他参数取理论值,计算得到主梁在最大悬臂状态下的挠度影响;

②使所有梁段预应力均超出理论值 ±10%,其他参数取理论值,计算得到主梁在最大悬臂状态下的挠度影响;

③使所有梁段收缩均超出理论值的 ±10%,其他参数取理论值,计算得到主梁在最大悬臂状态下的挠度影响;

④使所有梁段混凝土弹性模量均超出理论值(混凝土的重度为 $26kN/m^3$)的 ±10%,其他参数取理论值,计算得到主梁在最大悬臂状态下的挠度影响。

由敏感度分析结果可知(图 6.12),梁段的重度对结构的变形影响最大,预应力对结构变形影响程度处于第 2 位,弹性模量对结构的变形影响排在第 3 位。

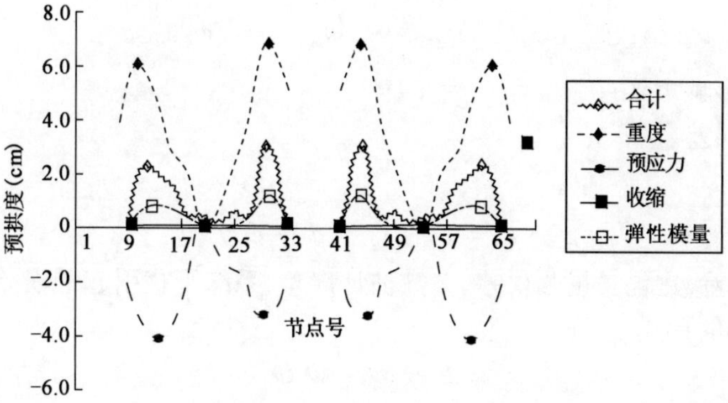

图 6.12 参数敏感度分析结果

4)设计参数的估计与修正(最小二乘法)

在确定了主要设计参数之后,就要对主要设计参数进行正确的估计,根据参数估计的结果,对原假定参数进行修正。参数估计的方法有很多,常用的估计准则有:最小差准则、极大似然准则以及最小二乘法准则。由于最小方差准则和极大似然准则均要求知道被估计参数 X 和观测值 Z 的联合分布密度函数,在一般桥梁工程施工控制中很难满足这个条件,实际的参数识别计算中通常采用最小二乘法。

最小二乘法的基本原理是通过原始数据点进行拟合分析,得到一个函数,使得这个函数的各个数据点与原始数据点之间的误差平方和最小。现以悬臂施工的连续刚构桥为例,说明最小二乘法在修正设计参数误差方面的应用。

设在某一施工阶段实测得主梁悬臂端 m 个节段的第 i 节段关键节点的挠度为 s_i,原定理想状态的理论计算挠度为 u_i,$i=1,2,\cdots,m$,则有误差

$$d_i = u_i - s_i, i = 1,2,\cdots,m \tag{6.19}$$

定义误差 θ 为某个结构控制参数(如混凝土的重度)调整的倍数。若记待识别的结构控制参数误差有 n 个,其中第 j 个参数误差为 $\theta_j(j=1,2,\cdots,n)$。由参数误差引起的第 i 节段挠度误差为 y_i。则有误差

$$y_i = \phi_{ij}\theta_j, i = 1,2,\cdots,m, j = 1,2,\cdots,n \tag{6.20}$$

式中:ϕ_{ij}——当第 j 个结构控制参数发生单位误差后(即 $\theta_j=1$),导致的第 i 节段关键节点挠度误差 y_i 的变化增量。

ϕ_{ij}的具体求法是将第 j 个结构控制参数改变0.1倍,即 $\theta_j=0.1$,然后计算得结构挠度 u_i',$j=1,2,\cdots m$。第 i 节段关键节点挠度的两次计算结果的差值即为 ϕ_{ij},$\phi_{ij}=u_i'-u_i$。

式(6.20)写成矩阵的形式

$$\boldsymbol{Y} = \begin{bmatrix} y_1 \\ y_2 \\ \vdots \\ y_i \\ \vdots \\ y_m \end{bmatrix} = \begin{bmatrix} \phi_{11} & \phi_{12} & \cdots & \phi_{1j} & \cdots & \phi_{1n} \\ \phi_{21} & \phi_{22} & \cdots & \phi_{2j} & \cdots & \phi_{2n} \\ \cdots & & & & & \\ \phi_{i1} & \phi_{i2} & \cdots & \phi_{ij} & \cdots & \phi_{in} \\ \cdots & & & & & \\ \phi_{m1} & \phi_{m2} & \cdots & \phi_{mj} & \cdots & \phi_{mn} \end{bmatrix} \begin{bmatrix} \theta_1 \\ \theta_2 \\ \vdots \\ \theta_j \\ \vdots \\ \theta_n \end{bmatrix} = \boldsymbol{\Phi}\,\boldsymbol{\Theta} \tag{6.21}$$

式中:$\boldsymbol{\Phi}$——结构影响矩阵;

$\boldsymbol{\Theta}$——参数误差。

残差

$$r_i = d_i - y_i = d_j - \phi_{ij}\theta_j \tag{6.22}$$

r_i 称为模型残差,它包含量测误差、参数估计误差、系统干扰引起的误差。

残差写成矩阵的形式

$$\boldsymbol{R} = \boldsymbol{D} - \boldsymbol{\Phi}\,\boldsymbol{\Theta} \tag{6.23}$$

式中:$\boldsymbol{R}$——残差矩阵;

$\boldsymbol{D}$——理论计算挠度与实测挠度的误差矩阵。

残差的平方为

$$\boldsymbol{J} = \boldsymbol{R}^{\mathrm{T}}\boldsymbol{R} = (\boldsymbol{D} - \boldsymbol{\Phi}\,\boldsymbol{\Theta})^{\mathrm{T}}(\boldsymbol{D} - \boldsymbol{\Phi}\,\boldsymbol{\Theta}) \tag{6.24}$$

当$\partial\boldsymbol{J}/\partial\boldsymbol{\Theta}=0$,即 $\boldsymbol{\Theta}-(\boldsymbol{\Phi}^{\mathrm{T}}\boldsymbol{\Phi})^{-1}\boldsymbol{\Phi}^{\mathrm{T}}\boldsymbol{D}=0$ 时,$\boldsymbol{J}$ 达到最小。因此,$\boldsymbol{\Theta}$ 的最小二乘估计为

$$\overline{\boldsymbol{\Theta}} = (\boldsymbol{\Phi}^{\mathrm{T}}\boldsymbol{\Phi})^{-1}\boldsymbol{\Phi}^{\mathrm{T}}\boldsymbol{D} \tag{6.25}$$

引入加权矩阵

$$\boldsymbol{W} = \begin{bmatrix} w_1 & 0 & \cdots & 0 & \cdots & 0 \\ 0 & w_2 & \cdots & 0 & \cdots & 0 \\ \cdots & & & & & \\ 0 & 0 & \cdots & w_j & \cdots & 0 \\ \cdots & & & & & \\ 0 & 0 & \cdots & 0 & \cdots & w_n \end{bmatrix} \tag{6.26}$$

有

$$\hat{\boldsymbol{\Theta}} = (\boldsymbol{\Phi}^{\mathrm{T}}\boldsymbol{W}\boldsymbol{\Phi})^{-1}\boldsymbol{\Phi}^{\mathrm{T}}\boldsymbol{W}\boldsymbol{D} \tag{6.27}$$

加权矩阵 $\boldsymbol{W}$ 根据参数的敏感性以及测量数据自身规律确定。

由计算出的误差 θ，修正原来的参数，用修正后的参数对施工再进行模拟，这样可以得到各节段新的理想状态，即有更好合理性的理想状态。

需要指出的是，对设计参数进行修正方法虽然简便，但线性变换矩阵 $\boldsymbol{\Phi}$ 很难充分合理地给出。这是因为挠度的某些影响因素（如混凝土徐变、预应力损失等）本身又受多种因素影响，这些因素难以合理的参数化，因此矩阵 $\boldsymbol{\Phi}$ 不可避免会含有较大的误差，这些误差必然会影响到最终的参数估计值。另一方面，参数识别修正是基于现场挠度测量值，由于悬臂状态的挠度容易受到环境因素的干扰，而且这种干扰很难滤除，所以会影响到参数估计的结果。鉴于这些因素，由以上方法得到的参数误差估计值必须经过认真判定后才能采用。

算例：

本例主要对梁段的混凝土重度 γ、弹性模量和影响预应力的管道摩擦系数 μ 这4个对结构的挠度影响较大的参数进行调整。初值确定见表6.4。

待估参数表　　表6.4

参数名称	规范取值	实验结果	模型初值	误　差	最小二乘法识别值
混凝土重度(kN/m^3)	—	25.5	26	0.019	26.5
弹性模量(GPa)	35.5	—	35.5	0.168	41.5
管道摩擦系数	0.17	—	0.17	0.237	0.21

$$\hat{\boldsymbol{\Theta}} = \begin{bmatrix}\hat{\theta}_1 \\ \hat{\theta}_2\end{bmatrix} = (\boldsymbol{\Phi}^{\mathrm{T}}\boldsymbol{W}\boldsymbol{\Phi})^{-1}\boldsymbol{\Phi}^{\mathrm{T}}\boldsymbol{W}\boldsymbol{D} = \begin{bmatrix}0.168 \\ 0.237\end{bmatrix}$$

实际测量中确定4个工况：

工况1：挂篮行走定位。

工况2：混凝土浇筑后。

工况3：预应力钢束张拉前。

工况4：预应力钢束张拉后。

工况1~2之间位移预测误差主要是由于材料的比重和挂篮变形曲线失真造成的。工况2~3之间位移预测误差主要是由于混凝土的徐变系数不准确造成的。工况3~4之间的位移预测误差主要是由于预应力控制张拉力不准确造成的。这样把辨识的过程分为3个问题，每个问题只含有一个待辨识的参数，其他参数用上一施工循环中的计算值，这就实现了变量的分离，从而分别辨识出各参数，提高结果的可靠性。

(1)混凝土重度 γ 识别

实测1~4号节段混凝土浇筑前与混凝土浇筑后底模的挠度，记为 s_i。当参数为初值时，计算得到各节段挠度理论值 u_i。将混凝土重度增大10%，重新计算各节段挠度 u_i'，分析处理数据，见表6.5。

结构影响矩阵计算表(mm) 表6.5

参数编号j	内容(符号)	计算式	节段1($i=1$)	节段2($i=2$)	节段3($i=3$)	节段4($i=4$)
$j=1$	s_i	(1)	23.88	23.29	24.76	27.21
	u_i	(2)	27.54	23.92	23.10	22.25
	$d_i=u_i-s_i$	(3)=(2)-(1)	-3.66	-0.63	1.66	4.96
	u_i'	(4)	30.22	26.24	25.30	24.69
	$\phi_{i1}=u_i'-u_i$	(5)=(4)-(2)	2.68	2.32	2.20	2.44

混凝土重度误差产生的结构影响矩阵为

$$\boldsymbol{\Phi}=[\phi_{i1}]=\begin{bmatrix}2.68\\2.32\\2.20\\2.44\end{bmatrix}$$

理论计算挠度与实测挠度的误差矩阵为

$$\boldsymbol{D}=[-3.66\quad -0.63\quad 1.66\quad 4.96]^{\mathrm{T}}$$

该节段的参数识别过程中,取加权矩阵

$$\boldsymbol{W}=\begin{bmatrix}1&&&\\&1&&\\&&1&\\&&&1\end{bmatrix}$$

由公式(6.26)得混凝土重度误差最小二乘估计为

$$\hat{\boldsymbol{\Theta}}=[\hat{\theta}_1]=(\boldsymbol{\Phi}^{\mathrm{T}}\boldsymbol{W}\boldsymbol{\Phi})^{-1}\boldsymbol{\Phi}^{\mathrm{T}}\boldsymbol{W}\boldsymbol{D}=[0.019]$$

混凝土重度初次分析取值为26kN/m^3,最小二乘法识别值比初值增加$26\times\hat{\theta}_1=26\times0.019=0.50$kN/m^3,则混凝土的实际重度为26.5 kN/m^3。

(2)混凝土弹性模量、管道摩阻系数误差识别

在悬臂施工按照步骤进行时,实测2~5号节段在6号节段预应力钢束张拉后其总的变形值s_i。当各参数为初值时,经计算得到该时期内箱梁理论变形变量u_i,在正装计算中将弹性模量和管道摩阻系数分别增大10%,分别计算变参后的理论变形量u_{i1}'、u_{i2}'。分析处理以上数据,见表6.6。

结构影响矩阵计算表(mm) 表6.6

参数编号j	内容(符号)	计算式	节段2($i=1$)	节段3($i=2$)	节段4($i=3$)	节段5($i=4$)
$j=1$	s_i	(1)	0.38	1.65	2.93	3.49
	u_i	(2)	1.06	2.43	3.70	4.78
	$d_i=u_i-s_i$	(3)=(2)-(1)	-0.51	-0.55	-0.48	-0.95
	u_{i1}'	(4)	0.93	2.25	3.46	4.49
	$\phi_{i1}=u_{i1}'-u_i$	(5)=(4)-(2)	-0.13	-0.18	-0.24	-0.29
$j=2$	u_{i2}'	(7)	1.03	2.38	3.59	4.63
	$\phi_{i2}=u_{i2}'-u_i$	(8)=(7)-(2)	-0.03	-0.05	-0.11	-0.15

混凝土弹性模量误差、管道摩阻系数误差产生的结构影响矩阵为

$$\boldsymbol{\Phi} = [\boldsymbol{\phi}_{i1} \quad \boldsymbol{\phi}_{i2}] = \begin{bmatrix} -0.13 & -0.03 \\ -0.18 & -0.05 \\ -0.24 & -0.11 \\ -0.29 & -0.15 \end{bmatrix}$$

理论计算挠度与实测挠度的误差矩阵为

$$\boldsymbol{D} = [-0.51 \quad -0.55 \quad -0.48 \quad -0.95]^{\mathrm{T}}$$

该节段的参数识别过程中，取加权矩阵

$$\boldsymbol{W} = \begin{bmatrix} 0.1 & & & \\ & 1 & & \\ & & 1 & \\ & & & 1 \end{bmatrix}$$

由公式(6.26)得混凝土弹性模量、管道摩阻系数误差矩阵最小二乘估计为

$$\hat{\boldsymbol{\Theta}} = \begin{bmatrix} \hat{\theta}_1 \\ \hat{\theta}_2 \end{bmatrix} = (\boldsymbol{\Phi}^{\mathrm{T}}\boldsymbol{W}\boldsymbol{\Phi})^{-1}\boldsymbol{\Phi}^{\mathrm{T}}\boldsymbol{W}\boldsymbol{D} = \begin{bmatrix} 0.168 \\ 0.237 \end{bmatrix}$$

混凝土弹性模量初次分析取值为35.5GPa，最小二乘法识别值比初值增加$35.5 \times \hat{\theta}_1 = 35.5 \times 0.168 = 6$GPa，则混凝土的实际弹性模量为41.5 GPa。

管道摩阻系数初次分析取值为0.17，最小二乘法识别值比初值增加$0.17 \times \hat{\theta}_2 = 0.17 \times 0.237 = 0.04$，则管道摩阻系数实际值为0.21。

6.5.3　状态预测

状态预测是对超出允许误差范围的桥梁施工误差对后续施工过程结构受力安全与几何状态的影响进行预测，判定是否需要对施工发出预警，使施工沿着预定状态进行的方法。

状态预测是依据施工中的实测值对主要设计参数进行分析，然后将修正后的设计参数反馈到施工控制实时计算中去，进行实时仿真分析，重新给出施工中结构应力、变形、稳定安全系数等的理论期望值。

当结构应力超过安全控制容许值时，应及时预警，并根据风险程度发出整改或暂停施工指令，同时采取应急监测与防范措施。

桥梁施工过程中，当结构监测数据与仿真计算数据之间的误差超过允许范围时，可采用最小二乘法、卡尔曼滤波法、灰色系统理论法、人工神经网络法等进行误差影响及状态预测分析。

1)卡尔曼(Kalman)滤波法

Kalman滤波法是美国学者R. E. Kalman于1960年首先提出的，他将状态空间的概念引入到随机估计理论中来，把信号过程视为在白噪声作用下一个线性系统的输出，这种输入输出关系用状态方程来描述，这样描述的信号过程不仅可以是平稳的标量随机过程，而且可以是非平稳的向量随机过程。

Kalman滤波法主要有离散线性系统的Kalman滤波法和连续线性的Kalman滤波法。由于在桥梁施工控制过程中，结构的状态均是用离散的数据序列表示，因此在桥梁的施工控制中主要用离散线性系统的Kalman滤波法。

2)灰色系统理论法

灰色系统理论是我国的邓聚龙教授在1982年首先提出的,他写的《灰色控制系统》是灰色系统理论的奠基性著作。灰色系统理论是以灰关联空间为基础的分析体系,它以现有的信息和原始数列为基础,通过灰过程及灰生成对原始数列进行数据加工与处理,建立灰微分方程即灰模型(GM模型)为主体的模型体系,来预测系统未来发展变化的一种预测控制方法。这种预测控制法是将灰色理论引入桥梁施工控制技术中,以灰色动态模型GM(1,1)作为预测模型,并及时对模型进行滚动优化和反馈校正。使用时将所有桥梁施工状态影响因素实行灰化处理,将各影响因素集中反映在目标矢量中,从而通过目标矢量来完成预测过程。

(1)灰色系统预测模型

灰色系统的主要模型为GM(1,N)模型。GM(1,N)表示1阶的、N个变量的微分方程模型,适合于各变量动态关联分析,为解决高阶系统建模问题提供了基础,但不适用于预测;适用于状态预测且只有单个变量的模型,即GM(1,N)中的特例$N=1$时的GM(1,1)模型。对于悬臂浇筑的连续刚构大跨度桥,可根据各阶段预拱度理论计算值和实测值之差来建立GM(1,1)模型以获取灰预测值和还原值,通过还原值确定下一阶段调整量,从而得出最优立模高程。

对于悬臂浇筑的大跨度连续刚构桥,每一个阶段的施工都包括浇筑混凝土、张拉预应力和挂篮前移等工况。对每一个工况前、后,预拱度理论计算值序列表示为

$$\boldsymbol{X} = [X(1) \quad X(2) \quad \cdots \quad X(n)] \tag{6.28}$$

对应$\boldsymbol{X}$有实测值序列为

$$\boldsymbol{Y} = [Y(1) \quad Y(2) \quad \cdots \quad Y(n)] \tag{6.29}$$

根据$\boldsymbol{X}$、$\boldsymbol{Y}$建立的灰色系统误差数据系列为

$$\boldsymbol{X}^{(0)} = [X^{(0)}(1) \quad X^{(0)}(2) \quad \cdots \quad X^{(0)}(n)] \tag{6.30}$$

$$X^{(0)}(k) = X(k) - Y(k) + c, k = 1,2,\cdots,n \tag{6.31}$$

式中:c——非负常数,其值等于$X(k)-Y(k)$的绝对值的最大值。

设$\boldsymbol{X}^{(1)}$是$\boldsymbol{X}^{(0)}$的一次累加生成,即

$$X^{(1)}(k) = \sum_{i=1}^{k} X^{(0)}(i) \tag{6.32}$$

$$\boldsymbol{X}^{(1)} = [X^{(1)}(1) \quad X^{(1)}(2) \quad \cdots \quad X^{(1)}(n)] \tag{6.33}$$

其相应的微分方程模型为

$$\frac{\mathrm{d}\boldsymbol{X}^{(1)}}{\mathrm{d}t} + a\boldsymbol{X}^{(1)} = u \tag{6.34}$$

设$\hat{\boldsymbol{a}} = [a \quad u]^{\mathrm{T}}$,$a$、$u$为待识别的参数,按最小二乘法,得

$$\tilde{\boldsymbol{a}} = (\boldsymbol{B}^{\mathrm{T}}\boldsymbol{B})^{-1}\boldsymbol{B}^{\mathrm{T}}\boldsymbol{Y}_{\mathrm{N}} \tag{6.35}$$

其中

$$\boldsymbol{Y}_N = \begin{bmatrix} X^{(0)}(2) \\ X^{(0)}(3) \\ \vdots \\ X^{(0)}(n) \end{bmatrix} \qquad \boldsymbol{B} = \begin{bmatrix} -\frac{1}{2}[X^{(1)}(1) + X^{(1)}(2)] & 1 \\ -\frac{1}{2}[X^{(1)}(2) + X^{(1)}(3)] & 1 \\ \vdots & \vdots \\ -\frac{1}{2}[X^{(1)}(n-1) + X^{(1)}(n)] & 1 \end{bmatrix}$$

将求得的 a、u 代入式(6.34),得灰预测值

$$\hat{X}^{(1)}(k+1)=\left[X^{(0)}(1)-\frac{u}{a}\right]e^{-ak}+\frac{u}{a} \tag{6.36}$$

还原值

$$\hat{X}^{(0)}(k+1)=\hat{X}^{(1)}(k+1)-\hat{X}^{(1)}(k)=\left[X^{(0)}(1)-\frac{u}{a}\right]e^{-a(k-1)}(e^{-a}-1) \tag{6.37}$$

显然,灰色理论建立的模型并不是原始数据 $\boldsymbol{X}^{(0)}$ 的模型,而是生成数 $\boldsymbol{X}^{(1)}$ 的模型,灰色模型的预测值不是直接从模型得到的数据,而是还原后的数据。

(2)立模高程的确定

设第 $k+1$ 阶段的立模高程为 $U(k+1)$,则第 $k+1$ 阶段施工完毕后悬臂端高程模型输出值为

$$H_{\mathrm{M}}(k+1)=U(k+1)-X_1(k+1)+X_2(k+1)-X_3(k+1) \tag{6.38}$$

根据闭环预测,有

$$H_{\mathrm{P}}(k+1)=H_{\mathrm{M}}(k+1)+H(k)-H_{\mathrm{M}}(k) \tag{6.39}$$

式中:$H(k)$,$H_{\mathrm{M}}(k)$——分别为第 k 阶段施工完毕后,悬臂端高程的实测值和模型输出值;

$H_{\mathrm{P}}(k+1)$——理想状态在 $k+1$ 阶段的立模高程;

$X_1(k+1)$——$k+1$ 阶段混凝土浇筑前、后悬臂端竖向位移的预测值;

$X_2(k+1)$——$k+1$ 阶段预应力张拉前、后悬臂端竖向位移的预测值;

$X_3(k+1)$——$k+1$ 阶段混凝土浇筑前、后挂篮变形的预测值。

经过误差调整,由式(6.38),(6.39)得下一阶段最优的立模高程为

$$U(k+1)=H_P(k+1)+X_1(k+1)-X_2(k+1)+X_3(k+1)-H(k)+H_{\mathrm{M}}(k) \tag{6.40}$$

(3)灰色预测方法算例[32]

沩水大桥主桥为(70+130+70)m 的连续刚构桥。主梁按 227 号、228 号主墩 2 个 T 构对称悬臂现浇施工,每个 T 构分为 15 段浇筑,除 0 号段采用搭设托架施工外,其余梁段采用挂篮悬浇。

在初期的悬臂浇筑过程中,由于悬臂部分很短,混凝土浇筑和预应力张拉前、后的变形都很小,其差值也很小。因此可直接采用确定性控制方法按理论值进行计算。但随着悬臂长度的增大,变形加大,理论值与实测值的差值也逐渐增大,此时必需引用灰色系统理论对下一阶段的立模高程进行调整,使桥梁的成桥线形接近设计线形。

以沩水大桥 228 号墩墩号增大方向 9～12 号块梁段的实测和理论数据来预测 13 号块梁段最优立模高程为例,说明灰色预测方法在线形控制中的应用。为了避免温度对挠度的影响,所测数据均为在同一时间段测得,见表 6.7。

13 号块梁段灰色系统预测过程　　表 6.7

内容(符号)	计 算 式	9 号($k=1$)	10 号($k=2$)	11 号($k=3$)	12 号($k=4$)	13 号
悬臂端高程的实测值 $H(k)$					48.812	
悬臂端高程模型输出值 $H_{\mathrm{M}}(k)$					48.810	
理论下沉值 $X(k)$	(1)	30	32	34	34	

续上表

内容(符号)	计算式	9号($k=1$)	10号($k=2$)	11号($k=3$)	12号($k=4$)	13号
实测下沉值$Y(k)$	(2)	29	15	24	21	
差值$X(k)-Y(k)$	(3)=(2)-(1)	1	17	10	13	
$X^{(0)}k\ (c=0)$	(4)=(3)+c	1	17	10	13	
一次累加$X^{(1)}k\ (c=0)$	(5)$X^{(1)}(k)=\sum_{i=1}^{k}X^{(0)}(i)$	1	18	28	41	
理想状态在$k+1$阶段的立模高程						48.967
最优立模高程						48.976

然后由式(6.35),浇筑混凝土前、后

$$\tilde{\boldsymbol{a}}=(\boldsymbol{B}^{\mathrm{T}}\boldsymbol{B})^{-1}\boldsymbol{B}^{\mathrm{T}}\boldsymbol{Y}_N=\begin{bmatrix}a\\u\end{bmatrix}=\begin{bmatrix}0.170\\17.136\end{bmatrix}$$

从而根据式(6.37),得到13号块浇筑混凝土后的变形为24mm。

同理,可以得到在张拉预应力前、后

$$\tilde{\boldsymbol{a}}=(\boldsymbol{B}^{\mathrm{T}}\boldsymbol{B})^{-1}\boldsymbol{B}^{\mathrm{T}}\boldsymbol{Y}_N=\begin{bmatrix}a\\u\end{bmatrix}=\begin{bmatrix}0.169\\10.567\end{bmatrix}$$

根据式(6.37),计算出13号块梁段张拉后变形为13mm。

故由式(6.40),得到13号块梁段的最优立模高程为:

$$\begin{aligned}U(k+1)&=H_{\mathrm{P}}(k+1)+X_1(k+1)-X_2(k+1)+X_3(k+1)-H(k)+H_{\mathrm{M}}(k)\\&=48.967+0.024-0.013+0-48.812+48.810=48.976(\mathrm{m})\end{aligned}$$

6.5.4 反馈控制

反馈控制是指对施工参数或施工工艺实施调整或变更。参数调整的原则如下所述。

(1)对已成梁段各参数的调整原则和标准

在本阶段挠度分析中,一般只需对T构两悬臂端侧的几个梁段进行挠度分析,并使其调整后足够小即可。这是因为主梁下挠在悬臂端侧较为明显,而越靠近T构根部则下挠越小,呈较明显的抛物线形分布。

当刚构桥施工过程中,结构受力状态监测值与理论值相比超过限制时,应在保证结构安全的前提下,采取下列针对性的反馈控制措施:①悬臂施工过程中结构应力,可通过减少或调整临时荷载位置改善应力;②当因施工工序、工艺不当导致结构受力不利时,应通过调整施工工序、工艺,调整施工过程结构受力状态;③当因桥梁结构设计与施工方案匹配性不够导致结构受力不利时,应采取局部加固或增设临时辅助设施等改善后续施工中结构受力状态。

进行施工工序、工艺调整时,可采用以下措施:①在保证主梁上下缘的应力满足要求的前提下,调整预应力张拉批次与时机;②在保证桥墩纵向应力与主梁应力的前提下,调整主梁合龙阶段预应力;③选择稳定的温度环境对连续刚构桥进行合龙。

(2)立模高程调整

立模高程调整的基本原则:若本施工阶段挠度实测值与理论计算值偏差超过2cm或整体挠度实测值与理论计算值偏差超过5cm,则需要根据实测值对计算参数进行参数识别和参数修正,重新进行立模高程计算。若本施工阶段挠度实测值与理论计算值偏差在 2cm 之内,则按以下原则进行调整。

①悬臂施工梁段高程误差在 ±5mm 范围内,在下阶段施工时可以不对原来的立模高程进行调整;如果梁段高程差值大于 5mm,则需要在下一阶段对立模高程进行调整,且调整量为实测误差值的一半,以保证梁段线形平顺。施工线形与计算线形的偏差方式及其处理方法如图 6.13 所示。若本段箱梁梁段(例如 1 号块)梁底实际高程比预测高程低 1cm,则下一个施工阶段(例如 2 号块)立模高程应下调 5mm,换言之下一阶段的箱梁梁段立模高程调整值就为 -5mm,反之亦然。

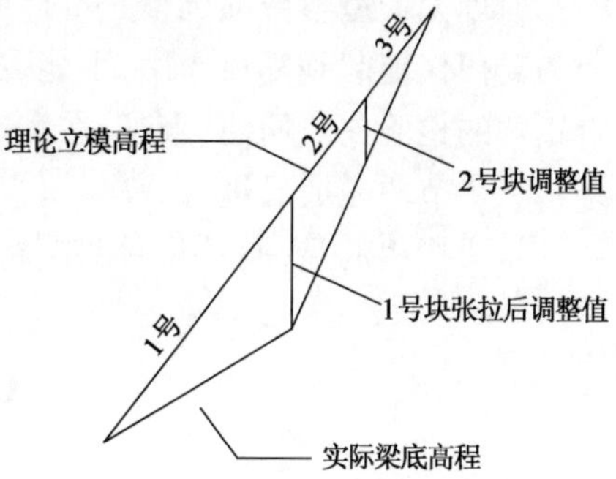

图 6.13　施工线形与计算线形的偏差处理方法

②在立模高程计算中,若实测值和理论数值偏离不大,并且能从数值偏差中找出规律,则立模高程能较准确地给出;若偏差数值较大或无规律,则需要用线性回归理论来分析和预测。

6.5.5　控制高程的复核

(1)设计计算与施工监控、监测校核

桥梁的设计计算和施工控制计算可能采用不同的计算模型,由不同的单位来完成,因此,为使施工监控、监测指导的施工能与设计结果相一致,首先要校核设计计算与施工监控、监测计算的闭合性。其校核过程如图 6.14 所示。

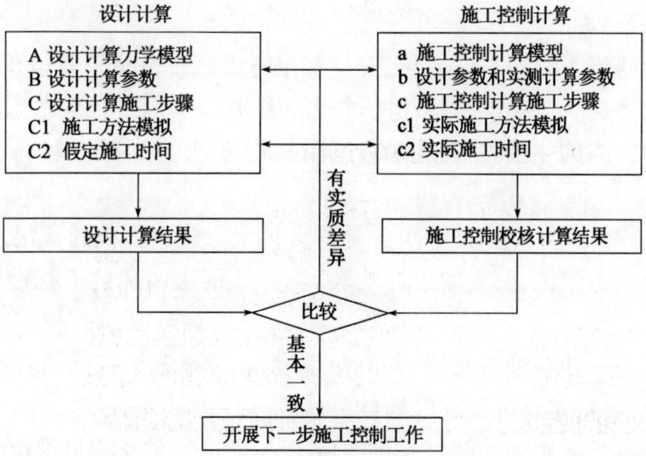

图 6.14　设计计算与施工监控、监测校核

这一校核过程主要是在施工控制计算初期,根据设计图提供的资料,建立施工控制计算模型(a),采用设计计算的主要参数(B)和设计计算中假定的施工时间(C2)进行计算,利用此过程下的施工控制计算结果与设计计算结果相核对,以校核二者是否在计算模型(a ~ A)及施工方法模拟(c1 ~ C1)间存在实质性差异。只有在两者计算结论基本一致的前提下,施工监控、监测的开展才有实际意义。否则,需要与设计人员一起仔细核对两种计算过程,找出并解决存

在的问题。

(2)实测高程的复核

实测高程复核在施工控制中也较为重要,即如果某一施工阶段桥面实测高程与对应阶段的理论计算高程吻合较好,说明施工控制是有效合理的,否则就应该查找和分析原因。

但理论模型参数的调整是以挠度的复核为依据,而不是以高程的复核为依据,因此桥面高程的复核仅能起到复核作用,不能取代挠度分析的作用。由于它对任意施工阶段桥面高程是否正常的检验比较简便、直观,在实际监控中也是必不可少的重要步骤。通常桥面高程的复核是每三个节段完成后进行一次。

需要指出的是,通过前后两次高程复核,可计算出该期间梁体的累计挠度及其误差。

6.6 应力监控

6.6.1 应力监测方法

应力的监测和控制工作贯穿于连续刚构桥梁的整过施工过程,是施工控制的主要内容之一。通过在主梁和墩身的控制截面处布设应变计,以观测在施工过程中这些截面的应力变化和应力分布情况。结合施工控制中的其他监测结果,就能更全面地判断全桥的内力变形状态,了解结构在每一施工阶段的实际受力状况,跟踪观测最不利受力部位,并与施工控制的理论计算结果进行比较分析和优化调整。同时形成一个较好的应力预警机制,以便及时发现问题,并采取相应的补救措施,保证施工安全和施工质量。

(1)仪器的选择

连续刚构桥梁的施工时间一般较长,并且如果考虑到日后运营阶段桥梁的长期健康监测,那么对应力的监测将是一个长期而连续的过程。因此,采用耐久、可靠、方便的传感器显得尤为重要。目前应力监测的主要测试仪器有电阻式应变片传感器、钢弦式传感器和光纤传感器等。

①电阻式应变片传感器是根据电阻丝受荷后长度与截面面积的变化来测试应变。适用于短暂荷载增量下的应力测试,其受温度影响较大,并且耐久性和抗干扰性较差,一般仅用于辅助应力测试和校核。

②光纤传感器是一种新型传感器,其测量精度高、抗电磁干扰强、稳定性和耐久性均较好。适用于远距离传输信号,实现远程在线监测。

③钢弦式传感器是运用振动频率与钢弦应力之间的关系来测量混凝土的应力,根据测得的钢弦振动频率,求出弦内应力值,再将钢弦应力换算为混凝土的应力。钢弦式传感器抗干扰能力较强,具有应变累计功能,并且稳定性良好,数据的采集也较为方便,但其体积较大,由于埋在混凝土结构中,在施工时容易受损。钢弦式传感器适用于中长期的监测。

钢筋和混凝土一般采用钢弦式应变计,在钢筋骨架绑扎成型且混凝土浇筑前埋设。应变计的量程和种类取决于设计图中的钢筋直径及该截面的设计内力,埋设前应在实验室进行标定。

(2)测点布置

主梁的监测截面及测点布置,根据施工各阶段主梁的内力分布特点,通过结构先期计算,以便充分反映主梁应力的纵向分布规律和横向变化情况以及最不利控制断面的应力水平。对某一控制截面,测试元件的布置还应注意考虑以下几点:

①主梁一般采用箱形截面,其顶、底板是受力的关键部位,也是混凝土应力测试的关键部位;

②对混凝土拉应力的监测,应布置相对较多的元件;

③顶板较宽时,应考虑箱梁剪力滞效应,在顶板内沿截面横向布置适量元件;

④为便于误差分析,还可在梁体内沿横向(或竖向)布置个别元件,测量其在假定的无应力状态下的数据,以作对比分析。

(3)监测内容

应力监测的工作主要包括:

①观察施工过程中的箱梁截面混凝土的正应力是否在设计范围内,预应力钢束锚固、恒载、体系转换作用下混凝土正应力的变化;

②监测顶板混凝土的横向正应力;

③预应力束的张拉锚固的有效影响范围;

④箱梁合龙后混凝土的主拉应力是否在设计范围内;

⑤温度应力控制,特别是大体积基础、墩柱、箱梁等的温度应力应重点监控;

⑥其他应力控制,特别是基础变位、风荷载、雪荷载等引起的结构应力应重点监控;

⑦施工中用到的对桥梁施工安全有直接影响的支架、挂篮等的应力必须在安全范围内。

6.6.2　影响应变观测数据的主要因素

在施工控制实际测量中,测量所得的应变值不仅包含了荷载应变,还包含有混凝土的体积变形产生的非应力应变等干扰因素,如混凝土收缩应变、徐变应变以及温差应变等。应尽量剔除干扰,得到较准确的荷载应变,从而换算所得的实测应力与模型计算的理论应力才能较为吻合。并将实测的换算应力值作为监控依据,保证桥梁施工安全、顺利地进行。

影响应变测试结果的因素主要有以下几点:

(1)结构理论模型的简化

理论计算模型与桥梁实际情况存在一定的差异,这主要是由各种计算假定,公式简化,边界条件处理等引起的,导致理论分析值本身就带有一定的误差。

(2)应变计的安装位置及精度

通常在测试截面所在的梁段混凝土浇筑前,将应变计预先绑扎在距箱梁顶底板约有10cm处的纵向钢筋上,这就使得实测应力与理论计算的箱梁顶面应力存有一定的误差。再者,浇筑振捣混凝土时,应变计受挤压可能稍微偏离轴线,也会带来一定的误差。

混凝土浇筑完毕后,由于混凝土浇筑时对应变计的挤压以及初凝时产生的水化热、收缩等因素,会使应变计产生应变,应剔除这部分影响。可采用及时对应变计进行调零来处理。但对应变计调零时间的确定较难把握,一般在该梁段预应力钢束张拉前进行。

(3)温度的影响

由于预应力钢束和混凝土两种材料的力学性能差异较大,温度变化时预应力钢束和混凝土的体积变形不同会引起结构的应力重分布,产生较大的温度次应力和温度自应力。由于施工工期较长,对同一梁体截面在各施工阶段的温差也不尽相同,所以温度应力的计算较为复杂。目前为消除温度对应力的影响,应尽量选择清晨温度相近的时间进行测试。

此外,实践研究表明,在不同温度下测试的数据变化很大,这里固然有温度对真实应变的影响,但也不能排除温度对仪器的影响,即仪器的温度漂移。

温度漂移使得直接收集到的应变观测数据离散性较大,给梁体真实应变分析带来一定的困难和不便。大量实验表明,仪器的温度漂移大约为1℃,漂移3Hz。

(4)剪力滞的影响

在实际施工中,箱形截面梁体还存有剪力滞后效应及角域应力的特殊性,如果按精确的剪力滞计算公式或空间有限元理论来分析结构的截面应力将非常不便。

(5)混凝土的收缩徐变

收缩徐变是混凝土在长期荷载作用下的固有特性,通常在前期变形发展较快,而后期则增长缓慢。影响收缩徐变的因素众多而复杂,包括应力的性质和大小、混凝土的材料及配合比、构件截面形式、环境的温度、湿度及混凝土加载龄期等。目前徐变计算的经验公式尚不够准确,建议尽可能采用对实桥和实验构件的观测数据对计算结果进行修正。

(6)材料特性参数的差异

实际桥梁结构中钢筋、混凝土的弹性模量、强度、重度等具有一定的离散性,不可能与计算分析模型中的材料特性参数完全一致,这也导致实测应力与理论分析值产生一定的偏差。

(7)预应力束张拉的偏差

预应力束的张拉直接影响结构的混凝土应力。在实际施工中,一般采用千斤顶油表和伸长量来控制张拉力,与设计张拉力相比,也存在一定的偏差。

6.7 温度监测

由于大跨度桥梁结构的结构温度是一个复杂的随机变量,它与桥梁所处的地理位置、方位、自然条件(如环境温度、当时风速风向、当时日照辐射强度)、组成构件的材料等因素有着密切的关系,设计中很难预测施工期间的结构实际温度(只能根据施工进度安排和当地即有气候情况预估,若施工计划改变和气候变化更难预估),因此,为保证大桥施工达到设计要求内力状态和线形,必须对结构实际温度进行实地监测。监测时要特别注意对结构局部与整体温度相结合的测量,只有掌握了施工结构整体温度分布状态才能有效地克服温度对施工结构行为的影响。

在桥梁上,用于桥梁结构温度测试的常见元件有热电阻、热敏电阻、热电偶等。其中热电阻是利用导体的电阻材料随温度的变化的特性而制成的测温计;热敏电阻是利用半导体的电阻随温度变化的特性测试物体温度的;热电偶是利用物理学中的塞贝壳效应制成的温度传感器。

温度监测应满足以下要求:

(1)混凝土中的温度测试可选用直径为4mm的热敏电阻传感器,通过电子式温度指示仪数字显示,分辨率为0.5℃,可在箱梁或T梁的顶板、底板、腹板预埋温度传感器元件。

(2)选择在不同条件下(夏天与冬天、晴天与阴雨天等)进行 3d 不间断连续观测,晴天每隔 1h 观测一次测点的温度,阴天每隔 2h 观测一次。

6.8　施工监测案例

下面以我国贵州凯峡河大桥主桥施工监控为例,具体说明大跨度刚构桥施工监测的主要内容及方法。

6.8.1　施工时几何线形监测方法

几何线形监测包含对主梁高程、跨长、结构的线形、结构变形及位移和主梁轴线偏位等部分内容。挠度监测资料是控制成桥线形最主要的依据。根据以往的经验,在每个施工块件上布置 5 个对称的高程观测点,这样不仅可以测量箱梁的挠度,同时可以观测箱梁是否发生扭转变形。在施工过程中,对每个截面需进行立模、混凝土浇筑前、混凝土浇筑后、钢筋张拉前、钢筋张拉后的高程观测,以便观察各点的挠度及箱梁曲线的变化历程,保证箱梁悬臂端的合龙精度及桥面变形。高程控制点布置在离块件前端 10cm,采用 $\phi16$ 钢筋在垂直方向与顶板的上下层钢筋点焊牢固,并要求垂直。测点(钢筋)露出箱梁混凝土表面 5cm,测量磨平并用红油漆标记。

1)测量内容和测试仪器的选择

高程监测是指用电子水准仪对主梁各块件控制点的高程进行测量,以此来精确控制各块件的预拱度。还可以测出主梁块件的扭曲程度。

平面线形监测是指使用全站仪对各主墩的横向移位和悬臂梁段轴线偏位进行测量。主墩的横向移位观测在桥墩浇筑阶段就已经进行。悬臂梁段的线形监测以线形通测和局部块件高程测量相结合,在主梁块件浇筑及挂篮移动后等施工阶段进行。

(1)0 号块件测点布置

0 号块件须布置足够的高程观测点是为了控制顶板的设计高程,同时也作为以后各悬臂浇筑节段高程观测的基准点。0 号块件的顶板布置 15 个高程观测点,测点布置位置如图 6.15 所示,这些测点还兼有观测悬臂梁段横向偏移量的用途。

(2)各悬臂浇筑节段测点布置

每个节段测点各设 5 个测点,对称布置在悬臂板与承托的交接点处,离块件前端 10cm,如图 6.16 所示。

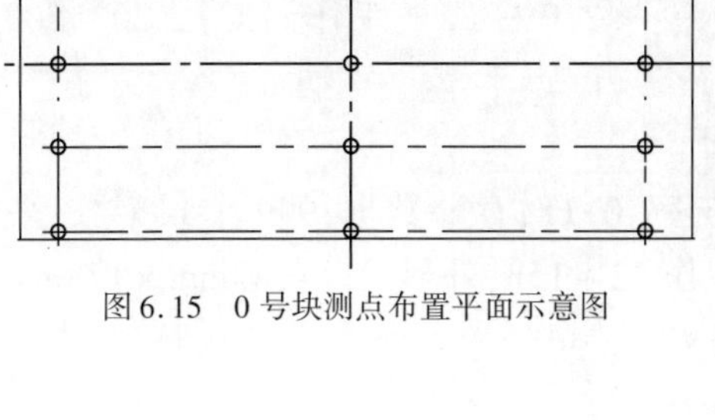

图 6.15　0 号块测点布置平面示意图

图 6.16　其余块测点布置立面示意图

(3)主墩墩身测点布置

主墩高140m,在主墩墩顶、中部、墩底3处截面各设主横向偏移测点4个,具体位置如图6.17所示(增加次要横向偏移测点断面,竖向间距为10m)。

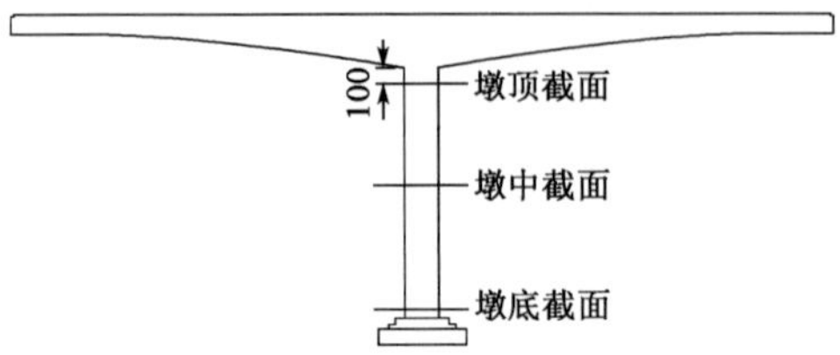

图6.17　主墩测点布置图(尺寸单位:cm)

2)观测时间与项目

每个标准梁段施工过程中,分别测量模板就位后、混凝土浇筑完成后、预应力张拉后3个工况下主梁悬臂前端5个梁段的高程。每完成$L/4$跨径的梁段施工后,全桥通测一次。

墩顶偏位在主梁每满堂支架施工完成4~5个节段进行一次复测。

合龙前后、转体前,对全桥主梁顶面高程作一次全面复测。

为了尽量减少温度的影响,挠度的观测安排在早晨太阳出来之前进行。在整个施工过程中主要观测内容包括:立模、混凝土浇筑前后、预应力张拉前后以及拆除挂篮后、边(中)跨合龙前、最终成桥的各项高程值。以这些观测值为依据,进行有效的施工控制。

6.8.2　应力观测

在T形刚构桥上部结构的控制截面布置应力测点,以观察在施工过程中这些截面的应力变化及应力分布情况,根据当前施工阶段向前计算至竣工,预告今后施工可能出现的状态并预告下一阶段当前已安装构件或即将安装的构件是否出现不满足强度要求的状态,以确定是否在本施工阶段对可调变量实施调整。由于电阻应变传感器在混凝土振捣时极易被损坏,即使不损坏,其绝缘度也无法保证,另外,在混凝土表面贴片也不能保证可靠,并且容易发生漂移,不能保证长期监测时读数的可信性。所以,对主梁各断面采用钢弦应变计进行应力监测。钢弦应变计为一密封式自保证体系,与外界物质并不直接相关,通过测其频率得到混凝土的应变,从而得到应力。

(1)测试仪器的选择

在桥梁上,根据对多种应力测试仪器的性能比较,考虑要适应长期观测并能保证足够的精度,选择长沙金马高科的钢弦式应变计和配套的ZX-12型钢弦频率检测仪作为应力观测仪器。该应变仪的温度误差小、性能稳定、抗干扰能力强,适合于应力长期观测。主要性能指标如下:

①JXG-1型应力计

量程:-80~160kN;分辨率:≤0.2% F.S;综合误差:<1.0% F.S;工作温度:-10~50℃;额定应力:200MPa。

②JXH-2型混凝土应变计

规格:20~40MPa;分辨率:≤0.2% F.S;综合误差:<2.0% F.S;工作温度:-20~50℃;应变量:600~1 000$\mu\varepsilon$。

③ZX-12型钢弦频率检测仪

输入通道:1~12个;测频分辨率:1Hz;模数分辨率:0.1F;存储数据;999个频率数;采样周期:0.8s/通道;电池容量:充电电池充满电后,可工作12~15h;外形尺寸:263mm×173mm×110mm;工作温度:-10~50℃。

(2)测点布置

应变计按预定的测试方向固定在主筋上,测试导线引至混凝土表面,现场用防水材料将导线露出部分保护起来,并由专人定期进行检查维护。上部结构(箱梁)总共布置10个断面,分别为每个悬臂的根部、1/4跨、1/2跨、现浇段和合龙段。每个根部断面布置11个测点,除侧板2个测点与水平成45°方向角布置外(测主应力),其余6个测点方向均为顺桥向布置;每个1/4跨、1/2跨、合龙段断面均布置6个测点,其测点方向均为顺桥向布置;每个现浇段断面布置4个传感器,采用JXH-2型埋入式混凝土应变计;下部结构设墩顶和墩底两个断面,断面位置如图6.24所示,墩底断面布置12个测点,墩顶断面布置4个测点,共计16个传感器,采用JXG-1型钢筋应力传感器。具体位置如图6.18~图6.24所示。

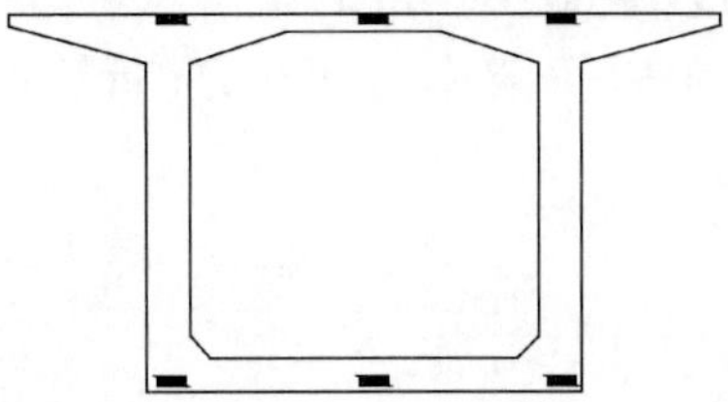

图6.18　根部断面纵向应变测点布置图

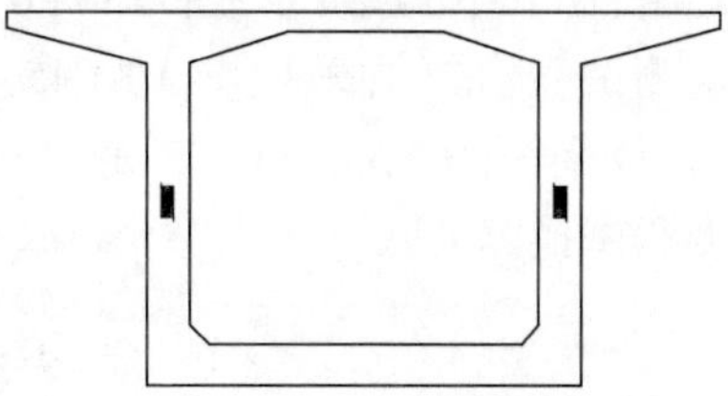

图6.19　根部断面剪应力测点布置图

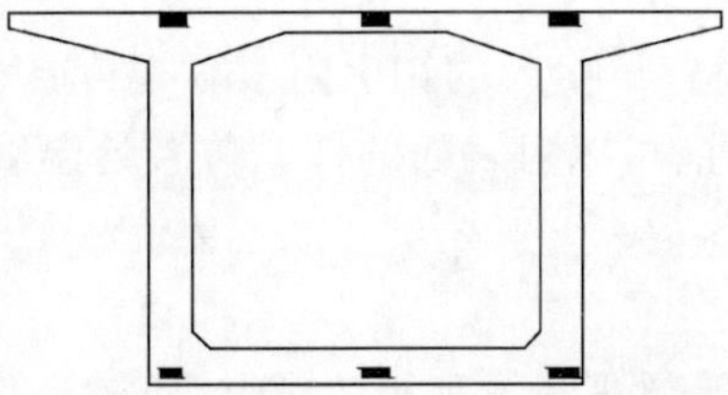

图6.20　*L*/4断面纵向应变测点布置图

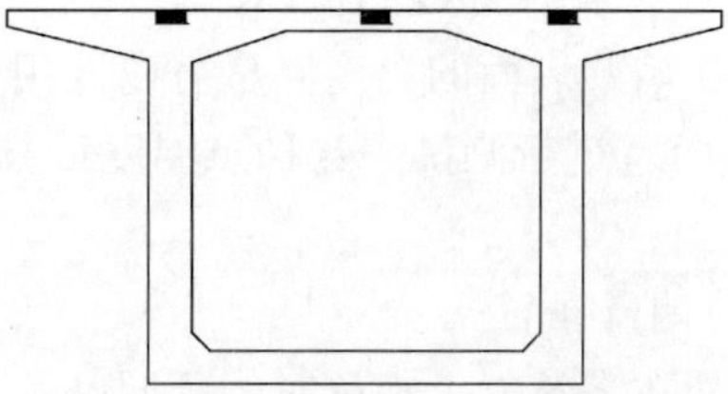

图6.21　*L*/4断面横向应变测点布置图

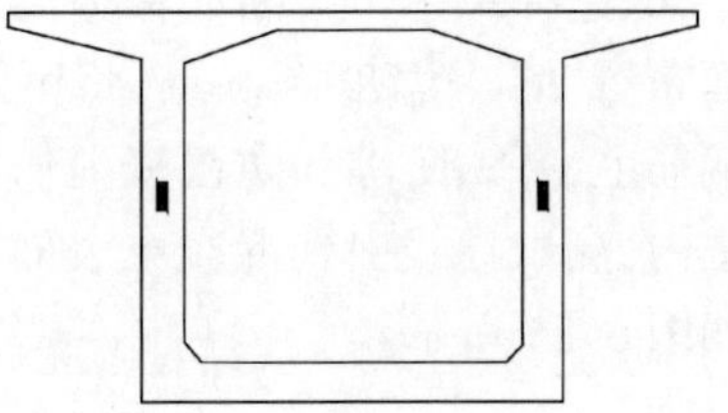

图6.22　*L*/4断面剪应力测点布置图

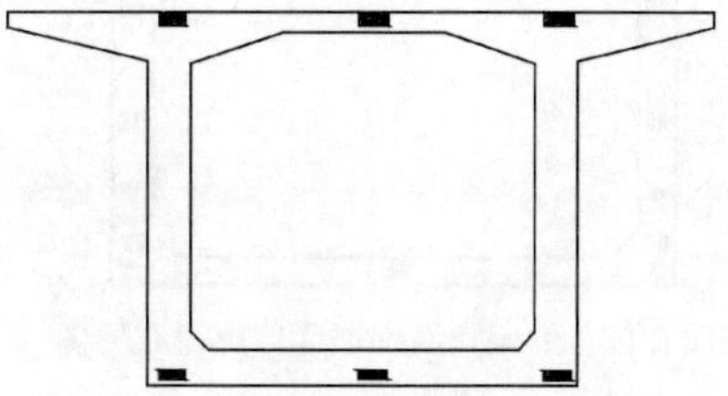

图6.23　跨中断面应变测点布置图

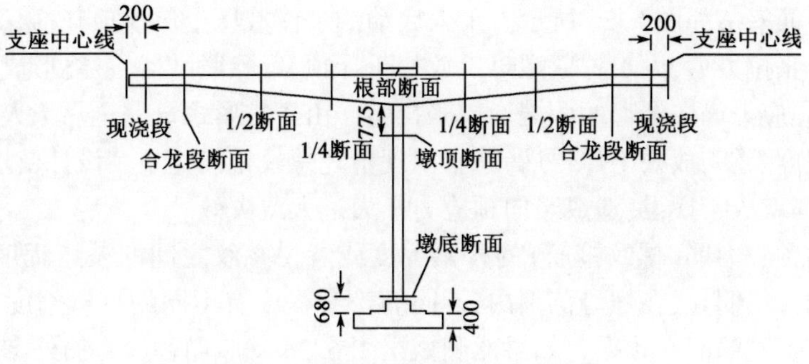

图6.24　主桥测试断面图及测点布置图

6.8.3 温度监测

桥梁结构处于一个变化的温度场中,理论上说由于温度变化,桥梁的截面应力和主梁高程每时每刻都在变化,这就给测量结果带来了不确定的因素,要完全解决温度问题,有很大的难度。针对T形刚构桥的温度监测,根据以往经验,通过对气温的测量,推算结构温度的影响,也取得了较好的效果。具体做法是:在进行其他测试任务时,采用气温表测量箱内和箱外的温度,测量精度应控制在0.5℃以内。

(1)测试仪器及接收仪的选择

选用PT100薄膜铂电阻作为温度监测仪器,其主要性能指标为:①量程:-70~600℃;②冰点电阻:100Ω;③温度系数:1.385 0±0.000 5;④精度:±(0.15+0.002t)。

温度测试显示仪器采用FLUKE45型5位数字万用表,分辨率为0.01Ω(折算温度为0.026℃);精度为(0.05%+0.02)Ω。

温度测试换算公式

$$t = \frac{R_t - 100 - R'}{0.385} \tag{6.41}$$

式中:R_t——铂电阻阻值(Ω);

R'——测试导线阻值(Ω)。

对于箱梁表面的温度测量可以选用上海自动化仪表三厂生产的铂电阻表面温度计(分辨率为0.1℃)进行测试。这种点温度计具有较大的灵活性,可以对表面的任意位置处温度进行测量。

(2)测点布置

虽然在浇筑每个箱梁时的日照都不一样,并且由于箱梁腹板及顶板的影响,使得箱梁每处的内外表面温度都不一样,但考虑T形悬臂的温度大致相同,故选择一个1/4断面作为温度测试对象。断面布置26个温度测试点,将测温铂电阻先贴在钢筋上,并做防潮和防机械损伤处理后埋入混凝土内,测试导线引到混凝土表面。具体测点布置如图6.25所示。

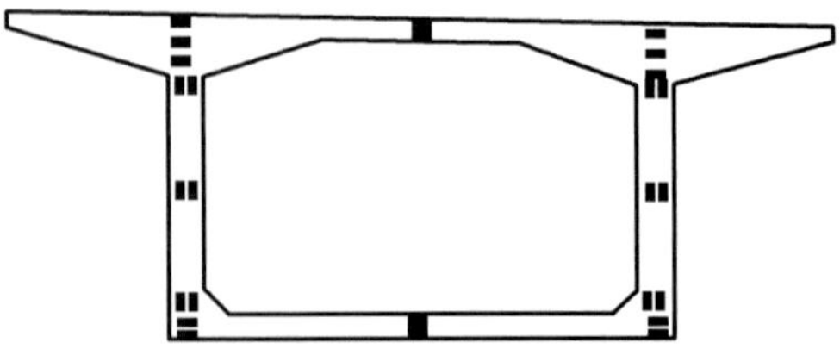

图6.25 1/4断面处温度传感器布置图

6.8.4 竖向预应力的监测

竖向预应力筋安装如图6.26所示。工人启动油泵使液压千斤顶顶升,通过反力装置使精轧螺纹钢筋承受张拉力后,人工拧紧螺母后放松千斤顶,解除联结器,最终形成了如图6.26所示的结构,竖向预应力筋在螺母的两端形成张拉力。由于拧紧螺母完全靠工人的感觉,如果拧紧锚固螺母的程度不够,放松千斤顶后,就会出现精轧螺纹钢筋达不到设计要求的张拉力的情况,竖向预应力筋就成了摆设,造成竖向预应力损失过大或失效。

螺母与竖向预应力筋(螺纹钢筋)的松紧程度或者说螺纹之间的挤压程度与形成的张拉力大小是相关的。很明显,在螺母范围内,不同的松紧程度有不同的抗弯刚度,不同的抗弯刚度导致外露段有不同的固有频率。如果能测试出图6.26中竖向预应力筋外露段的固有频率,则可以通过求解竖向预应力筋外露段的动力方程识别螺母段的刚度，通过现场试验标定出刚度变化与张拉力的关系，从而间接获得竖向预应力筋的张拉力。

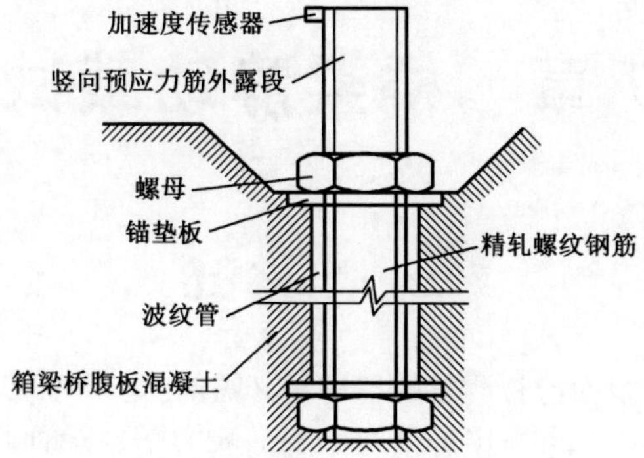

图6.26　竖向预应力筋的施工安装

可通过胶带缠绕在外露段的顶端安装传感器，在张拉端的另一端安装测力传感器，采用人工激振方式获得的竖向预应力筋外露段的固有频率，然后换算拉力值。

第7章　桥梁静动载试验

7.1　概　　述

对既有桥梁监测评估,全面检查测量的工作是必需的,是不可缺少和省略的。通过这些全面检查测量工作,可以在一定程度上了解既有桥梁的病害情况和现状。如果既有桥梁的病害不严重,且结构较简单,有关技术资料又比较齐全,此时再进行一些分析计算,便可以对该桥做评估了。否则,还必须进行静动载试验。

桥梁的静载试验是指按照预定的试验目的及试验方案,将静止的荷载作用在桥梁的指定位置上,观测桥梁结构的应变、静力位移、裂缝等参量,然后根据有关规范和规程指标,判断桥梁结构在荷载作用下工作性能及承载能力。桥梁的动载试验是通过测试桥梁在动载作用下的响应,分析桥梁的频率、阻尼比和振型等模态参数,根据动力响应和模态参数进行桥梁承载能力的评定。采用静载试验评定桥梁承载能力的方法是最成熟且传统的方法,而动载试验往往是和静载试验结合使用的。

一般来说,在以下情况下需进行荷载试验。

(1)兴建的大跨度混凝土桥,尤其当采用了新结构、新材料和新工艺的桥跨结构更需进行荷载试验来了解结构的实际承载能力,对理论计算或设计参数的确定进行核实,促进桥梁结构计算理论的发展。

(2)需通行特种车辆的新旧桥梁,为保证该桥使用安全,需按实际轮位和轴重进行模拟荷载试验或等效荷载试验。

(3)修复的、改建的或加固的旧桥,为验证工程效果,需进行验收或鉴定性荷载试验。

(4)年久失修,且缺乏设计和施工技术数据的旧桥,为判断其是否能承受预计的荷载,也需进行荷载试验。

(5)对于新建大、中跨度桥梁竣工后,通过试验来具体鉴定工程的承载能力及质量的可靠性,并将试验报告作为评定工程质量优劣的主要依据之一,为竣工验收及投入运营提供可靠的依据。

(6)运营监控。运营监控应结合连续刚构桥梁普遍存在的跨中持续下挠及箱体开裂的状况,进行有针对性的动静态长期综合监控措施,并集成于统一桥梁自动监测评估系统内。

应尽量利用施工监控布设的应力、应变、动力测试等传感器及按设计要求布设的长期监控评估系统。控制测量所用的坐标、高程等测量控制点应引用施工过程控制所布设的永久性观测点及基础数据。

建议在连续刚构桥梁竣工验收前,按照现行《公路桥梁承载能力检测评定规程》(JTG/T J21—2011)进行桥梁自振频率的检测及评定,同时与加速度计自动监测结果进行对比分析,及时掌握桥梁结构损伤情况。竣工验收后,建议每隔5年进行一次桥梁自振频率的检测及评定,同时与加速度计自动监测结果进行对比分析。

建议每半年进行一次高精度桥梁结构线形测量,并与自动监测数据作对比,准确掌握梁体下挠状况;建议每年进行一次全面的桥梁外观检查,并与裂缝计等自动监测数据作对比,准确掌握梁体开裂等状况;桥梁监控应由专人负责,发现异常应及时应对。

7.2 静载试验

静载试验是对桥梁结构工作状态进行直接测试的一种主要的方法。它是将静止的荷载作用在桥梁结构指定位置并测试结构所设测点的静应变、静位移以及其他试验项目,从而推断桥梁结构在荷载作用下的工作状态和使用能力。

静载试验流程如下:

①结构计算分析:根据常规检查结果和现有设计、竣工等资料,对结构进行计算分析,从而确定结构的试验跨、最大试验荷载、最不利荷载位置和控制截面。

②确定结构的试验跨。

③确定控制截面和测点位置。

④静力加载。

⑤试验结果分析与评定。

7.2.1 结构计算分析

静力试验荷载是在结构设计内力计算的结果上,来确定加载位置、等级以及在试验荷载作用下结构的内力大小,是一个反复试算的过程。

由于桥梁的静载试验为鉴定荷载试验,试验荷载原则上应尽量采用与试验控制荷载相同的荷载,但客观条件所限,采用的试验荷载与试验控制荷载很难一致,为保证试验效果,试验荷载的确定一般采用静载试验效率系数进行控制。静力试验荷载的效率按式(7.1)进行计算。

$$0.85 \leqslant \eta_q = \frac{S_{stat}}{S(1+\zeta)} \leqslant 1.05 \tag{7.1}$$

式中:S_{stat}——试验荷载作用下,检测部位变位或力的计算值;

S——设计标准活荷载作用下,检测部位变位或力的计算值(不计动力系数);

ζ——动力系数。

对于活载内力(或变形)在总内力(或变形)中的比值,大跨径混凝土桥要比中小跨径混凝土桥小,为达到检测精度,其值的下限宜高于中小跨径。

控制截面最不利活载内力计算的一般方法是:先求出该截面的各类影响线,然后进行影响线加载,再按照车道数、冲击系数及车道横向折减系数(表7.1)计算出该截面的最不利活载内力。

车道横向折减系数　　表7.1

设计车道数目	2	3	4	5	6	7	8
折减系数	1.00	0.78	0.67	0.60	0.55	0.52	0.50

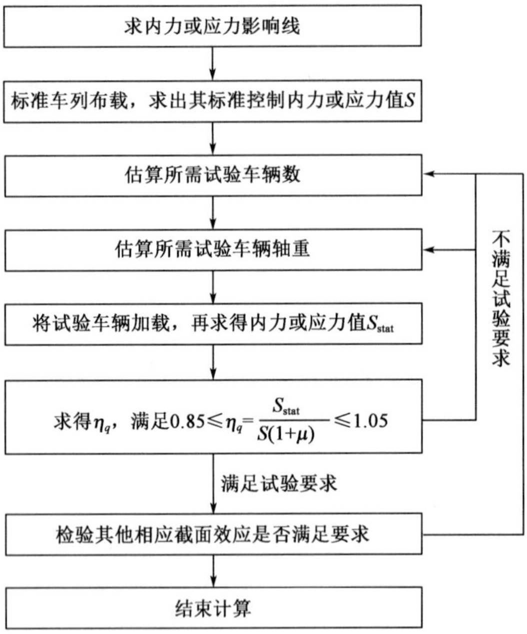

图 7.1　确定试验荷载流程图

确定试验荷载大小及荷载加载位置后，建立全桥实体模型对结构进行加载分析，得到试验荷载作用下的应力、变形的预测值（理论控制值）。确定试验荷载流程如图 7.1 所示。

7.2.2　试验跨的选择

桥梁静载试验既要客观全面地反映结构的承载能力及使用性，同时又受试验费用、时间及环境等条件的限制，所以要进行必要的简化。试验跨的选择应该结合桥梁的具体调查和验算工作一起进行。对于多孔结构中跨径相同的结构可选择 1 ~3 个具有代表性的桥孔进行荷载实验，选择时应综合考虑：①该跨（或墩）计算受力最不利；②该跨（或墩）施工质量较差，缺陷较多或病害最严重；③该跨（或墩）便于搭设脚手支架，布置测点及荷载。

7.2.3　确定控制截面、测点位置

（1）控制截面

控制截面的数量多少取决于准确地绘制出内力包络图的需要。连续刚构控制截面包括：跨中截面（最大正弯矩和挠度）、内支点截面（最大负弯矩）、1/4 截面、端支点截面（最大剪力）、墩台（最大垂直力）、连续刚构固结墩身控制截面（最大弯矩）。

（2）测点位置

静载试验的测点选择应满足下列要求：

①测点位置具有代表性，满足量测目的的需要；

②测点数量应适宜，使测试工作的重点突出；

③要在关键部位布置一定数量的校核测点，其数据用于校核主要观测数据，供计算和分析时参考；

④零应力处、对称点、理论计算有把握的位置。

一般来说，对于大跨度刚构桥，宜在墩高较高的主墩顶安装高精度二维倾斜计，实时监控高墩变位情况；宜在箱梁主跨 1/2、1/4、3/4 及边跨 1/2 位置处安装高精度连通管式变位计，实时监控梁体下挠及变位情况；宜在箱梁跨中底板、腹板及根部等易发生裂缝的位置安装高感度裂缝计、机敏网等裂缝传感器，实时监控梁体开裂变形情况；宜在适当位置布设应力、应变传感器或测试装置，实时监控箱梁内力状况。

7.2.4　静力加载

桥梁静载通常是指缓慢行驶到桥上的指定位置及指定荷重级别的车辆荷载、重物堆载

(如堆置铸铁块、水泥、预知块件、水箱等)或者以液压千斤顶等方式来模拟某一等级的车辆荷载。

静载试验的加载程序:①试验宜选择晚22时~清晨6时之间进行;②所有加载工作均采用分级加载,每一工况分3~4级加载,2级卸载。每次加载持荷时间不小于20min,仪器读数基本趋于稳定后开始读数;③加载过程中,密切注意结构各个控制点的应变和位移,如果遇到异常情况应立即停止加载;④正式加载前,要对试验桥进行预加载。

7.2.5　荷载试验结果分析与评定

在对试验数据分析之前,应先进行数据的修正,包括测值修正、温度影响修正。再用结构设计理论公式计算各测点的变位、应变和应力。结构静载试验的评价指标有两个方面:其一是根据控制测点的实测值与相应的理论计算值进行比较,来说明结构的工作性能和安全储备;其二是将控制测点的实测值与规范规定的允许值进行比较,从而说明结构所处的工作状况。

(1)校验系数

校验系数η是评定结构工作状况,确定桥梁承载能力的一个重要指标。在静载中,校验系数为试验实测应力或变形值与试验荷载的计算值之比

$$\eta = \frac{S_e}{S_s} \tag{7.2}$$

式中:S_e——试验荷载作用下量测的弹性变形(或应变)值;

S_s——试验荷载作用下的理论计算变形(或应变)值。

根据《公路桥梁承载能力检测评定规程》(JTG/T J21—2011),η值小于1时,代表桥梁的实际状况要好于理论状况,但根据常规经验,钢筋混凝土梁桥应变(或应力)校验系数值宜采用0.40~0.80,挠度校验系数值宜采用0.50~0.90。

(2)对桥梁挠度的评定

桥梁静载试验中,可做出试验桥梁工作性能与承载能力的评价,其中挠度评价指标为

$$\frac{f'}{L} \leqslant \left[\frac{f}{L}\right] \tag{7.3}$$

式中:f'——消除支座沉降等影响后的跨中截面最大实测挠度;

L——桥跨长或悬臂长;

f/L——规范规定的允许挠度值,对于预应力混凝土桥,主梁跨中为1/600;主梁悬臂端为$L/300$。

经过荷载试验的桥梁,根据整理的试验资料分析结构的工作状况,评定桥梁承载能力,为新建桥梁验收做出鉴定结论,并编制桥梁承载能力鉴定报告和桥梁承载能力鉴定表。静载试验的数据整理分析,实际上是对试验数据的进一步深化过程,从理论上探求其内在规律,目的是为了便于对桥梁结构做出相应的技术评价。静载试验数据整理分析,包括对现场实测数据进行修正、整理,也包括实测数据的评价方法与评价指标的取用。

7.3 动载试验

7.3.1 动载试验方法

动载试验的主要方法有脉动试验、跳车试验和跑车试验。

(1)脉动试验

当桥面上没有汽车通过和其他的周期性干扰力时,在有风、地面微振等环境下,桥梁所受到的激励应该是平稳的各态历经宽带随机激励。结构所相应的主谐量是在固有的频率附近进行振动,可以通过脉动测试组稳定结构的固有频率。

(2)跳车试验

这种试验方法是指汽车在跨过15cm高的跳板后制动,然后测量此时桥梁结构在附加汽车的重量以后的衰减运动,以确定桥梁的冲击系数,从而分析桥梁结构的振动性能。

(3)跑车试验

这种试验方法是测试当汽车在桥上行驶时,桥梁结构的强迫性振动响应,以及车辆通过以后的振动衰减情况。

在选用时,应根据桥梁的类型和刚度进行选择,以简单易行、便于测试为原则。通常多将上述一种或两种方法结合起来,进而全面把握桥梁结构的动力特性。

7.3.2 测点位置

(1)拾振器的布置

测点拾振器的布置一般按照结构的振型形式,在变位较大的部位布置测点,要尽可能避开各阶振型的节点,以免丢失模态。

(2)动应变测点的布置

动应变测点一般布置在结构发生最大应变的截面处,并且注意温度补偿。

(3)动载试验的要求及注意事项

①行车试验时,严格按照预定的行车速度在行车道上均匀行驶,注意根据各控制断面结构构造,确定振动测点位置的布置。

②脉动试验采用的传感器在试验前应进行严格标定。由于桥梁结构的振动频率一般比较低,信号采集系统要有足够的放大倍数,另外低通滤波器截止频率不宜太高。

③脉动试验时,应合理地布置参考点和测点,可以根据理论分析结果对测点进行合理的优化布置,并测出前几阶固有振动特性。

7.3.3 动力特性分析

桥梁结构的动力特性,如结构的固有频率、阻尼系数和振型等,它们只与结构的固有特性有关,如结构的组成形式、刚度、质量分布、支撑情况和材料性质等,而与荷载无关。结构的动力特性是结构的基本特性,是进行结构分析所必需的参数。另一方面,桥梁结构在实际的动荷载作用下,结构各部位的动力响应,如振幅、应力、位移、加速度以及反映结构整体动力作用的冲击系数等,不仅反映了桥梁结构在动荷载作用下的受力状态,也反映了动力作用对驾驶员、乘客舒适性的影响。桥梁结构的动载试验,就是要从大量的实测数据信号中,揭示桥梁结构振动的内在规律,综合评价桥梁结构的动力性能。

(1)桥梁结构频率

桥梁的竖向和横向各阶段的自振频率,可以通过测试仪器直接进行测试记录,并确定时域历程曲线、功率图谱上的峰值等。比较桥梁结构频率的理论计算值与实测值,如果实测值大于理论计算值,说明桥梁结构的实际刚度较大,反之则说明桥梁结构的刚度偏小,可能存在结构开裂或其他不正常现象。一般情况下,在进行理论计算时,常常会做出一些假设,忽略了一些次要因素,所以理论计算值要大于实测值。

(2)结构的振型

结构的振型是结构相应于各阶固有频率的振动形式。对于一般的桥梁结构,第一固有频率对结构的动力分析才是重要的,对于较复杂的动力学问题,也仅需前面几个固有频率。

振型的测定一般有两种方法:一是在结构上安装许多传感器,但必须保证预先要精确标定所有传感器的灵敏度,在用多路放大器时,还要保证放大器的特性相同;另一种方法是只用两个传感器,其中一个传感器布置在支点或桥外,作为不动的参考点,另一个传感器不断地改变位置,测出桥梁结构各控制点的振动曲线。测出各测点的振动曲线后,比较各测点的振幅、相位便可绘制出振型曲线。

(3)动力冲击系数

汽车的冲击系数是汽车过桥时对桥梁结构产生的竖向动力效应的增大系数。根据动力冲击系数的实测值来评价桥梁结构的行车性能,实测冲击系数较大则说明桥梁结构的行车性能差,桥面的平整程度不良,反之亦然。

在动力荷载作用下,桥梁结构某些部位的振动参数,如振幅、频率、位移、应力等的测定,可根据试验的具体要求和结构的形式布置测点。采用适当的仪器进行测试。动力荷载作用下结构上产生的动挠度,一般较同样的静力荷载所产生的相应静挠度要大。动挠度与静挠度的比值称为活荷载的冲击系数。由于挠度反映了桥跨结构的整体变形,是衡量结构刚度的主要指标,因此活载冲击系数综合反映了荷载对桥梁的动力作用,它与结构的形式、车辆运行速度和桥梁的平整度等有关,为了测定冲击系数,应使车辆荷载以不同的速度驶过桥梁,并逐次记录跨中挠度的时历曲线,如图 7.2 所示。按冲击系数的定义有

$$1 + \mu = \frac{S_{max}}{S_{mean}} \tag{7.4}$$

式中:S_{max}——动载作用下该测点最大应变(或挠度值);

S_{mean}——相应的静载作用下该测点最大应变(或挠度值),其值可由动应变(动挠度)曲线求得。

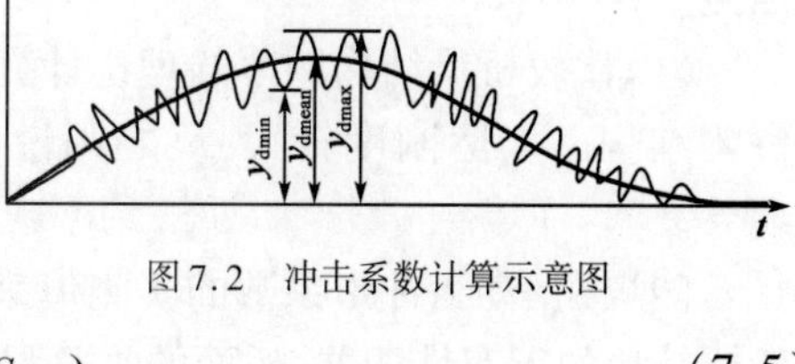

图 7.2　冲击系数计算示意图

$$S_{mean} = \frac{1}{2}(S_{max} + S_{min}) \tag{7.5}$$

(4)加速度量值

根据实测加速度量值的大小,评价桥梁结构行车的舒适性。车辆在桥梁结构上行驶时的最大竖向加速度不宜超过0.065g,否则就会引起驾乘人员的不适。

(5)阻尼比

实测阻尼比的大小反映了桥梁结构耗散外部能量输入的能力,阻尼比越大,说明桥梁结构耗散外部能量输入的能力越强,振动衰减得越快;阻尼比越小,说明桥梁结构耗散外部能量输入的能力越差,振动衰减得越慢。但是,过大的阻尼比则说明桥梁结构可能存在开裂或支座工作状况不正常等现象。

桥梁结构的阻尼特性一般由对数衰减率和阻尼比确定,实测的对数衰减率如图7.3所示。

由振动理论可知,对数衰减率为

$$\delta = \ln\frac{A_i}{A_{i+1}} \tag{7.6}$$

式中:A_i、A_{i+1}——相邻两个波的振幅值,可以直接从衰减曲线上量取,实践中常在衰减曲线上量取 n 个波形,求得平均衰减率为

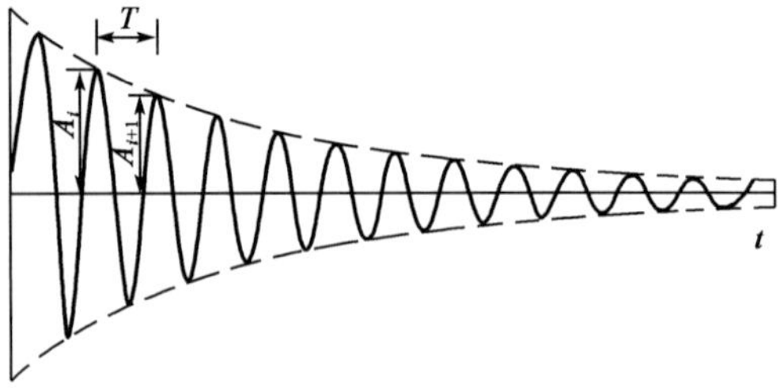

图7.3　自由振动衰减曲线

$$\delta_n = \frac{1}{n}\ln\frac{A_i}{A_{i+1}} \tag{7.7}$$

A_i、A_{i+n}——第 i 和第 $i+n$ 个波的振幅值。

对数衰减率与阻尼比的关系为:

$$\delta = \frac{2\pi\xi}{\sqrt{1-\xi^2}} \tag{7.8}$$

7.3.4　动力试验与结构评定

桥梁结构动力性能的一些参量,如固有频率、阻尼比、振型、动力冲击系数以及动力响应的大小,是宏观评价桥梁结构的整体刚度、运营性能的重要指标,也是一些规范评价桥梁安全运营性能的主要尺度。目前,虽然国内外规范对桥梁结构的动力响应、动力特性尚无统一的评价尺度,但一般认为桥梁结构的动力特性反映了结构的整体刚度、桥面的平整程度及耗散外部振动能量输入的能力,同时,过大的动力响应会影响车辆的安全行驶,会引起驾驶员和乘客的不舒适,应予以设法避免。在实际测试中,通常通过以下几个方面来评价桥梁结构的动力性能。

(1)比较桥梁结构频率的理论计算值与实测值,按规范如果实测值大于理论计算值,说明桥梁结构的实际刚度较大,反之则说明桥梁结构的刚度偏小,可能存在开裂或其他不正常现象。

(2)根据动力冲击系数的实测值来评价桥梁结构的行车性能,实测冲击系数较大则说明桥梁结构的行车性能差,桥面的平整程度不良,反之亦然。理论冲击系数可根据《公路桥涵设计通用规范》(JTG D60—2004)中规定计算。

(3)根据实测加速度量值的大小,评价桥梁结构行车的舒适性。根据国内外研究资料,一般地,车辆在桥梁结构上行驶时的最大竖向加速度不宜超过0.065g(g为重力加速度),否则就会引起驾乘人员的不适。

(4)实测阻尼比的大小反映了桥梁结构耗散外部能量输入的能力,阻尼比越大,说明桥梁结构耗散外部能量输入的能力越强,振动衰减得越快;阻尼比越小,说明桥梁结构耗散外部能量输入的能力越差,振动衰减得越慢。但是,过大的阻尼比则说明桥梁结构可能存在开裂或支座工作状况不正常等现象。

7.4　荷载试验的控制

试验指挥人员应在加载试验过程中随时掌握各方面的情况,对加载进行实时控制。既要取得良好的试验效果,又要确保人员、仪表设备及桥梁的安全,避免不应有的损失。

(1)加载的控制

应严格按设计的加载程序进行加载,荷载的大小,截面内力的大小都应由小到大逐渐增加,并随时做好停止加载和卸载的准备。

(2)测点的观测

对加载试验的控制点应随时观测,随时计算并将计算结果报告试验指挥人员,如实测值超过计算值较多,则应暂停加载,待查明原因后再决定是否继续加载。试验人员如发现其他测点的测值有较大的反常变化也应查找原因,并及时向试验指挥人员报告。

(3)加载过程的观察

加载过程中应指定人员随时观察结构各部位可能产生的新裂缝,注意观察构件薄弱部位是否有开裂、破损,组合构件的结合面是否有开裂错位,支座附近混凝土是否开裂,横隔板的接头是否拉裂,结构是否产生不正常的响声,加载时墩台是否发生摇晃现象等,如发生这些情况应报告试验指挥人员,并采取相应的措施。

(4)终止加载控制条件

发生下列情况时,应中途终止加载:

①控制测点的应力值已达到或超过用弹性理论按规范安全条件反算的控制应力值时;

②控制测点变位(或挠度)超过规范允许值时;

③由于加载,使结构裂缝的长度、宽度急剧增加,新裂缝大量出现,宽度超过允许值的裂缝大量增多,对结构使用寿命造成较大的影响时;

④加载时沿跨长方向的实测挠度曲线分布规律与计算值相差过大或实测挠度超过计算过多时;

⑤发生其他损坏,影响桥梁承载能力或正常使用时。

(5)荷载试验过程中的交通管制

进行桥梁荷载试验时,必须中断交通,为此应根据最终确定的试验方案、试验开始时间和试验预计历时,编制交通管制方案。考虑到所有试验桥均不允许通车,宜采取封闭试验桥两端的办法进行交通管制。

7.5 静载试验案例

7.5.1 工程概况

马水河大桥是一座5跨预应力混凝土变截面箱形连续刚构桥[33]，设计行车速度为80km/h，设计荷载为汽车—超20级，挂车—120级。主桥桥墩最高为142m，跨径布置为110m+3×200m+110m，箱梁支点梁高12m，跨中梁高3.5m。0号块长18m，顶板厚60cm，腹板厚90cm，底板厚125cm；1号块～14号块顶板厚28cm、腹板厚70cm，底板厚125～58.7cm；15号块～22号块顶板厚28cm，腹板厚50cm，底板厚54.5～32cm；箱梁在支点截面及14号截面处设横隔板。

马水河大桥立面布置如图7.4所示，其根部及跨中断面尺寸如图7.5所示。

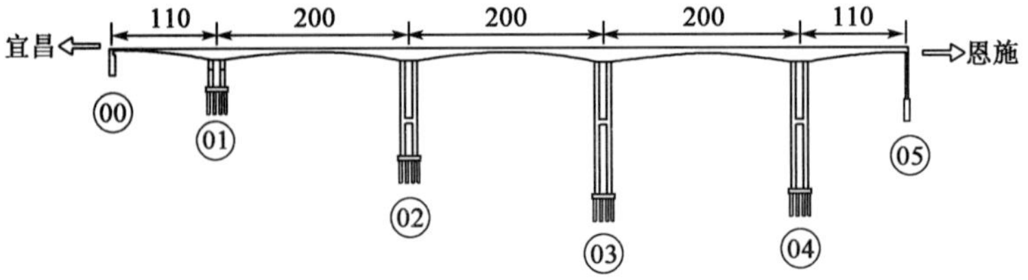

图7.4 马水河大桥立面布置图(尺寸单位：m)

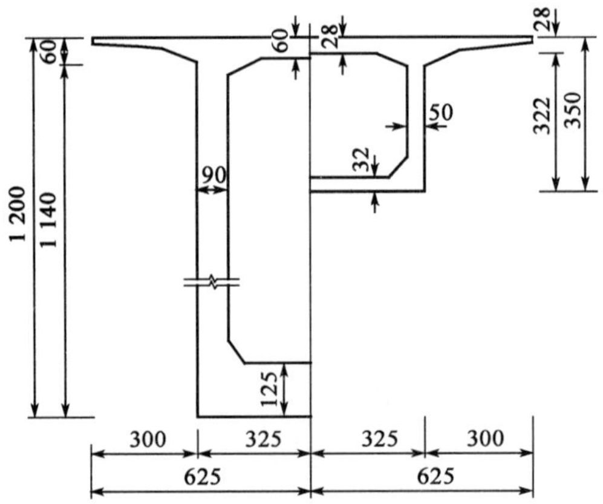

图7.5 箱梁截面尺寸图(尺寸单位：cm)

7.5.2 应变测点布置

在大桥施工过程中，将钢弦式传感器埋置在箱梁的应变测试截面，一方面用来做大桥的施工过程监控和桥梁结构的长期跟踪监测，另一方面也为成桥后的荷载试验做好前期传感器埋置准备工作。箱梁应变测试截面分别为：梁根部截面(0号截面)、$L/4$截面(12号截面)、$3L/8$截面(18号截面)、合龙段截面(23号截面)，共28个，如图7.6所示。

不同位置截面的应变测点布置不同，梁根部截面、$L/4$截面、$3L/8$截面、合龙段截面的应变测点布置图依次如图7.7～图7.10所示。应变测试采用JX系列钢弦式传感器,并用2台JX系列钢弦式传感器读数仪进行数据采集。

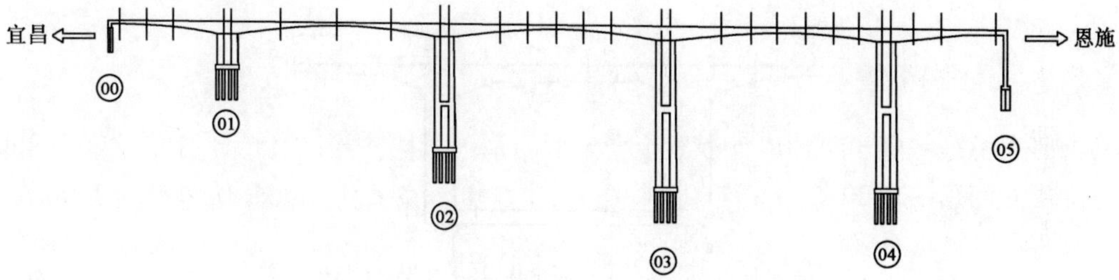

图7.6　主梁应变测试截面布置图

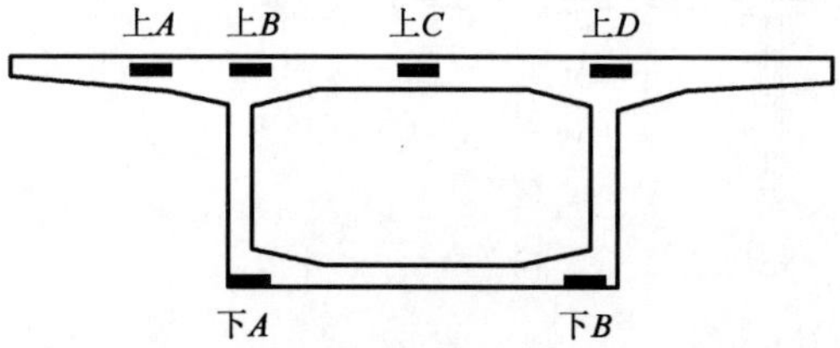

图7.7　梁根部传感器布置示意图

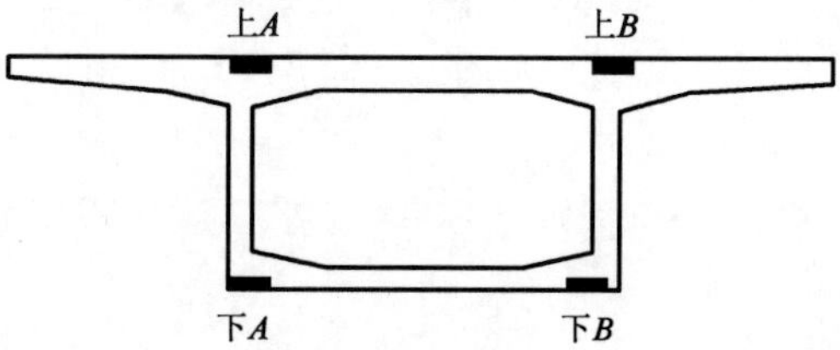

图7.8　1/4及跨中截面传感器布置图

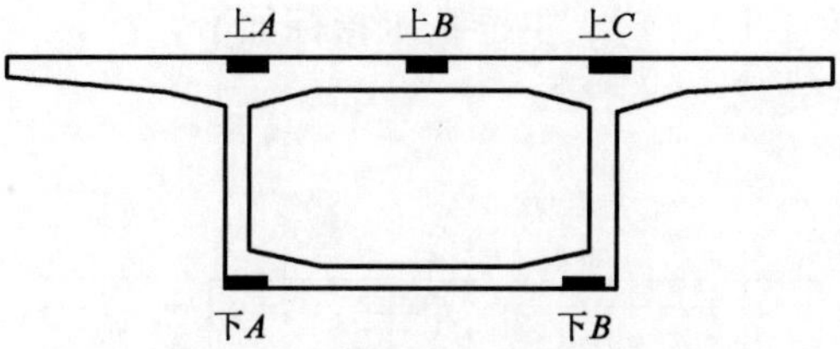

图7.9　3/8截面传感器布置图

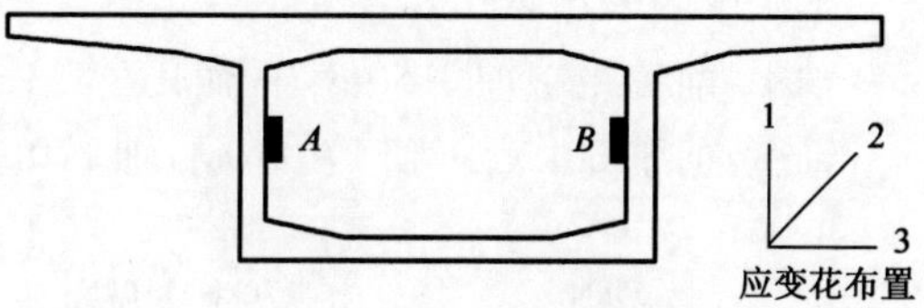

图7.10　合龙截面应变花布置图

7.5.3　挠度测点布置

左幅桥全桥两侧每10m设置一个测点,共166个测点,并按照一定的规律进行编号(例如4号墩,测点编号如图7.11所示,其中“4-00”表示4号墩墩顶截面,“34-10”表示3号、4号墩次边跨跨中截面,“Y4-05”表示4号墩宜昌支点1/4跨截面),横截面测点布置如图7.12所示。

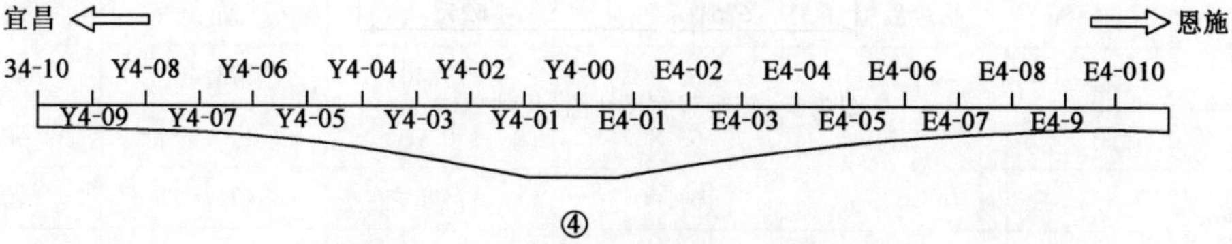

图7.11　4号墩桥面线形测点编号示意图

7.5.4　静载试验控制截面、加载方法和试验工况

(1)试验控制截面

对连续刚构桥梁荷载试验内力、挠度控制截面的要求,主要为跨中截面最大正弯矩和挠

度、$L/4$ 截面的最大剪力。为此，本次试验选取的控制截面为边跨跨中截面 A、中跨跨中截面 B、次边跨跨中截面 C 和 $L/4$ 截面 D，如图 7.13 所示。

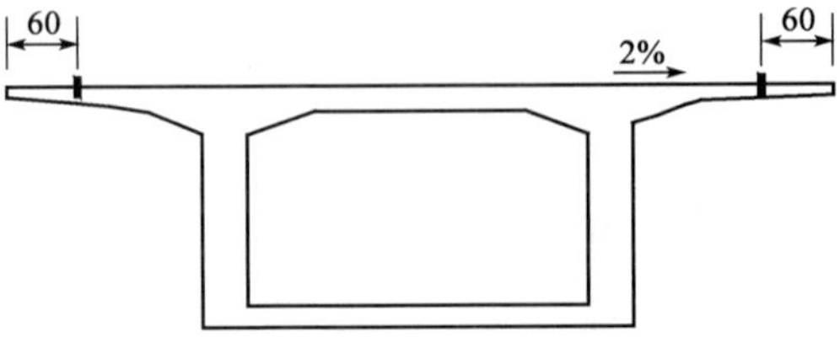

图 7.12　主梁测点横截面布置图(尺寸单位:cm)

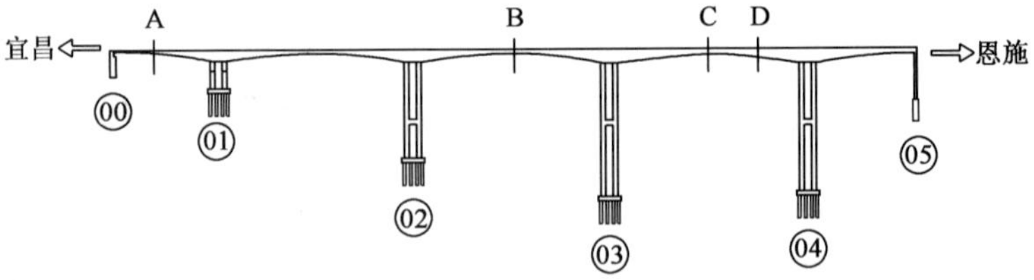

图 7.13　控制截面示意图

(2)加载方法和试验工况

本次试验采用 400kN 左右的双后轴载重车加载(图 7.14)。主要技术指标如下:

轴距:前轴距中轴 3.50m,中轴距后轴 1.30m;

轴重:前轴 60kN,中轴 170kN,后轴 170kN。

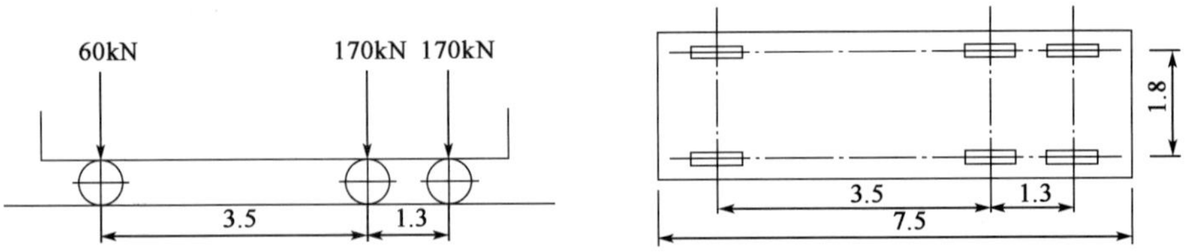

图 7.14　400kN 加载汽车轴重、轴距及平面图(尺寸单位:m)

实际试验车辆轴距和轴重见表 7.2。

荷载试验实际车辆主要技术指标　　表 7.2

编号	前轴距中轴(m)	中轴距后轴(m)	前轴重(kN)	中轴重(kN)	后轴重(kN)	总重(kN)
1	3.50	1.30	62.80	173.40	173.40	409.60
2	3.50	1.30	65.80	170.90	170.90	407.60
3	3.50	1.30	63.00	171.80	171.80	406.60
4	3.50	1.30	68.60	168.50	168.50	405.60
5	3.50	1.30	59.40	172.10	172.10	403.60
6	3.50	1.30	61.00	171.10	171.10	403.20

静载试验时,采用结构计算得出的各控制截面的内力影响线,以实际加载车辆按最不利荷载位置布载(左幅桥工况 1、2 分别如图 7.15、图 7.16 所示,其余 4 个工况略),以获得较大荷

载效率;根据加载车辆的实际技术指标,选定了 6 个加载位作为此次静载试验的试验工况,各工况试验荷载效率系数见表 7.3。

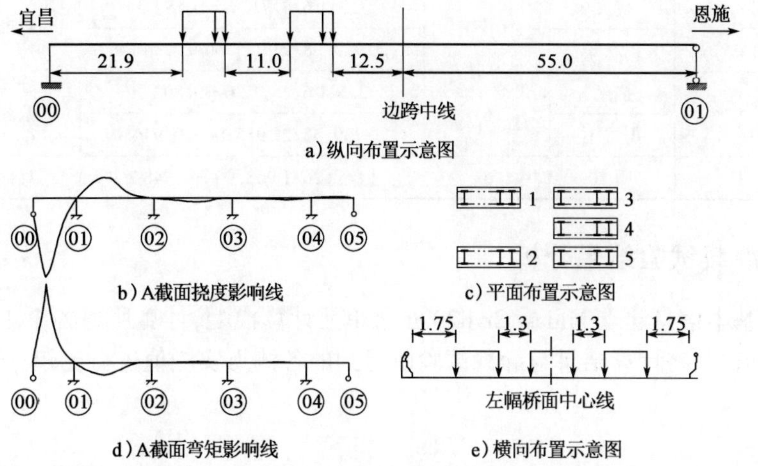

图 7.15　左幅桥工况 1 车辆布置示意图(尺寸单位:m)

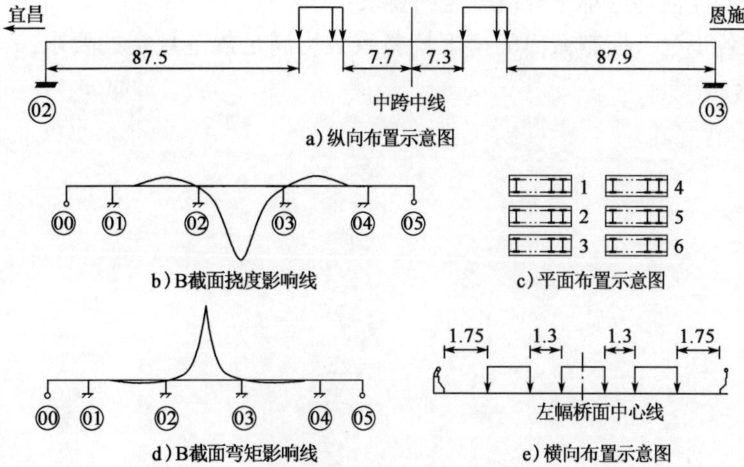

图 7.16　左幅桥工况 2 车辆布置示意图(尺寸单位:m)

荷载效率系数一览表　　表 7.3

静载	控制截面	控制项目	加载车辆数	效 率 系 数	加载方式	载位布置
1	A	挠度	5	1.127 7/1.163 5 = 0.969 2	对称	图 7.15
		正弯矩		18 692.45/19 824.60 = 0.942 9		
2	B	挠度	6	3.222 6/3.627 8 = 0.888 3	对称	图 7.16
		正弯矩		20 641.94/21 933.22 = 0.941 1		
3	B	挠度	6	3.222 6/3.627 8 = 0.888 3	偏载	图略
		正弯矩		20 641.94/21 933.22 = 0.941 1		

续上表

静载	控制截面	控制项目	加载车辆数	效 率 系 数	加载方式	载位布置
4	C	挠度	6	3.311 6/3.712 6 = 0.892 0	对称	图略
		正弯矩		20 739.38/21 915.00 = 0.946 4		
5	C	挠度	6	3.311 6/3.712 6 = 0.892 0	偏载	图略
		正弯矩		20 739.38/21 915.00 = 0.946 4		
6	D	剪力	6	1 862.26/1 963.90 = 0.948 2	对称	图略

7.5.5 静载试验结果分析

根据桥梁基本信息建立 Midas/Civil2006 梁单元计算模型，计算所述各个工况下各测点的应力值和挠度值，并将计算结果与静载试验所得到的各测点实测值进行比较，评定该桥的承载能力。

分析表明：

(1)各工况试验中，卸载后结构残余变形较小，最大的仅为 4mm，残余变形小于最大挠度的 20%，说明试验荷载作用下结构处于良好的弹性工作状态；

(2)各工况挠度值均远小于规范规定的要求；

(3)箱梁在各工况下控制截面的挠度校验系数均满足规范规定的要求，表明桥梁结构刚度满足设计要求。

第8章 典型大桥工程实例

8.1 乌江大桥设计

8.1.1 工程概况

乌江大桥是渝湛国道主干线(GZ50)贵州境内贵阳至遵义公路的控制性工程,于乌江镇跨越乌江(山间常年性河流)及两岸居民区,该桥于2008年建成通车。

乌江大桥桥址区河谷两岸地形呈不对称展布,扎佐岸地形相对较缓,冲沟发育;南白岸地形相对陡,局部为陡崖。乌江河谷底与路线相对高差近180m,河流在该区由西向东径流,属溶蚀侵蚀类型-岩溶中低山峡谷地形。桥址上游约2.0公里处建有乌江渡水库。桥址气候属中亚热带高原季风湿润气候,年平均气温15.5℃,极端最高气温36.7℃,极端最低气温-8.0℃,相对湿度80%。

(1)主要设计指标

①设计速度:80km/h;

②车道数:双向四车道;

③汽车荷载:公路—Ⅰ级;

④地震烈度:Ⅵ度,按Ⅶ度设防;

⑤设计基本风速:$V_{10}=24.9$m/s;

⑥设计洪水频率:300年一遇;

⑦设计洪水位:640.10m;

⑧桥梁宽度:整体式路基宽24.5m,桥梁与路基同宽,连续刚构桥和引桥按半幅桥宽12.0m设计,左、右幅净距0.50m;

⑨桥面横坡:单向2%(半幅桥)。

(2)路线平纵设计

①平曲线:主桥自15号墩顶理论跨径线K92+653.000~19号墩顶理论跨径线K93+265.000平面位于直线段上。

②竖曲线及纵坡:主桥纵向位于纵坡-2.9%与-0.7%组成的半径$R=20\,000$m的凹形竖曲线及其直线坡段上。

(3)主要结构材料

主桥箱梁及主墩、过渡墩墩身采用C50混凝土;主桥箱梁7cm厚混凝土现浇层、主桥过渡墩帽梁用C40混凝土;承台、桩基采用C30混凝土。

主桥箱梁纵、横向及部分竖向预应力采用$\Phi^{s}15.2$钢绞线高强低松弛预应力钢绞线,标准强度f_{pk} = 1 860MPa，弹性模量 $E_p = 1.95 \times 10^5$MPa，松弛率小于 0.035，设计锚下张拉控制应力 1 395MPa。

竖向预应力在箱梁高度大于 6.0m 时采用钢绞线，在箱梁高度小于 6.0m 时采用 JL32 精轧螺纹粗钢筋，抗拉强度标准值f_{pk} = 785MPa，弹性模量 $E_s = 2.0 \times 10^5$MPa，张拉控制应力为 $0.8f_{pk}$ = 628MPa。

纵向预应力束管道采用预埋塑料波纹管成孔。横、竖向预应力束(筋)管道采用预埋金属波纹管成孔。

(4)桥跨布置

全桥左、右幅均为 6 联，跨径组合为 2×(4×40)m + (3×50)m + (4×50)m + (106 + 2×200 + 106)m + (4×40)m，其中，主桥 106m + 2×200m + 106m 部分为预应力混凝土连续刚构，引桥 2×(4×40)m + (3×50)m + (4×50)m 及 4×40m 部分为先简支后刚构(或连续)预应力混凝土预制 T 梁，全桥长为 1 446.830m。桥跨布置如图 8.1 所示，图 8.2 为建成后的大桥照片。

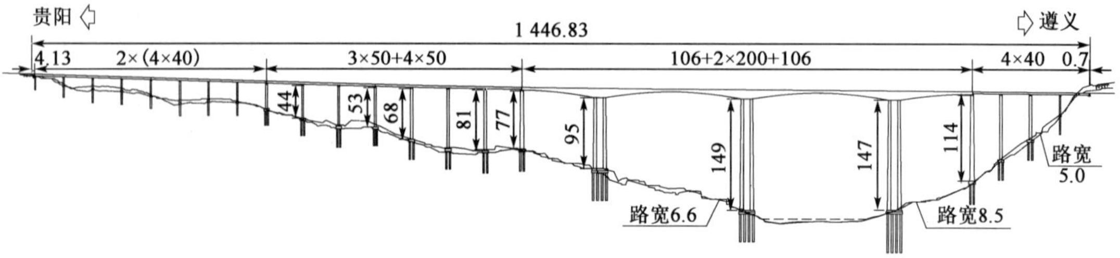

图 8.1　桥型立面布置图(尺寸单位:m)

图 8.2　乌江大桥照片

8.1.2　主桥结构设计

(1)主桥箱梁构造

主桥上部结构为 106m + 2×200m + 106m 四跨预应力混凝土连续刚构箱梁，采用 C50 混凝土。考虑到边跨现浇段采用膺架现浇，取边中跨比 0.53，箱梁根部高度 12m(= 中跨跨度 L_0/16.7)，跨中高度 3.5m(= 中跨跨度 L_0/57.1)，箱梁根部底板厚 110cm，跨中底板厚 32cm，箱梁高度以及箱梁底板厚度按 1.8 次抛物线变化。箱梁腹板根部厚 70cm，跨中厚 40cm，箱梁腹板厚度从根部至跨中分 3 个直线段变化，分别由根部厚 70cm 变至 55cm，再由 55cm 变至跨中厚40cm。箱梁顶板厚度28cm。箱梁顶宽12.0m,底宽6.5m,顶板悬臂长度2.75m,悬臂板端部厚15cm,根部厚75cm。箱梁顶设有2%的横坡,箱梁浇筑分段长度依次为:18m长0号段+7×3.5m+4×4m+11×4.5m,边、中跨合龙段长均采用2m,边跨现浇段长5m。主桥主梁一般构造如图8.3所示。

(2)主桥箱梁预应力设计

主桥箱梁按全预应力混凝土设计,采用三向预应力,箱梁纵向钢束采用大吨位群锚体系,顶板横向钢束采用扁锚体系。

竖向预应力在箱梁高度大于6.0m时采用钢绞线,在箱梁高度小于6.0m时,采用JL32精轧螺纹粗钢筋,竖向预应力精轧螺纹钢筋采用二次张拉技术。

纵向预应力束管道采用预埋塑料波纹管成孔和真空辅助压浆工艺。

(3)主桥下构设计

本桥最大墩高为151m,采用双薄壁空心墩形式,为提高桥梁横桥向侧弯刚度,减小横风抖振振幅,提高行车的舒适性和安全性,左、右半幅桥墩柱横向连成整体,从而大大加强了墩柱横向刚度。

在初步设计阶段主墩自墩顶60m以下将双薄壁空心墩设为一体,以提高主墩的稳定性。施工图阶段经进一步计算分析发现将主墩自墩顶60m以下双薄壁空心墩设为一体,虽有利于提高主墩的稳定性,但由分离的双薄壁空心截面突变为整箱多室的整体截面处刚度变化剧烈,在温度、混凝土收缩徐变作用下,导致刚度突变处墩壁及中间连接墙局部应力过大。因此,施工图阶段设计主墩采用双薄壁空心墩顺桥向完全分离的形式,只将其承台设为一体,如图8.4和图8.5所示。

主墩承台厚5m,基础采用桩径2.4m的钻(挖)孔灌注桩,基桩按纵向4排、横向5排布置,每个墩共设20根桩,16、17号主墩基桩按嵌岩桩设计,要求桩底嵌入新鲜基岩,18号主墩基桩按摩擦桩设计。主、引桥间15、19号过渡墩采用变截面矩形空心墩,左、右幅整体承台厚4.0m,采用双排8根直径为2.4m的钻(挖)孔灌注桩,如图8.6所示。

15、19号过渡墩顶处设SSFB480型伸缩缝,主桥箱梁梁端下设GPZ 4DX单向滑动盆式橡胶支座和GPZ 4SX双向滑动盆式橡胶支座各一套。

由于岸坡较陡,为减少主墩承台开挖方量,避免对环境的过多破坏,主墩承台底贴近地面,露出地面部分桩基可采用模板施工,承台悬空部分填筑C20片石混凝土以起到防护基础及改善景观的效果。

8.1.3 主桥结构设计特点

(1)本桥为大跨高墩组合结构,主桥主墩最高达151m,主桥过渡墩最高达114m。国内已建和在建的同类连续刚构桥100m以上双肢高墩一般顺桥向采用系梁连接,如湖北沪蓉高速公路龙潭河大桥;也有自承台以上一定高度范围将双肢连成整体的设计,如上海至瑞丽公路(贵州境)镇宁至胜镜关公路虎跳河大桥。本设计在满足墩柱结构稳定性的前提下,采用高墩双肢顺桥向完全分离的设计,既改善了墩柱受力状态,亦极大方便了主墩施工(图8.7),保证了项目建设进度。

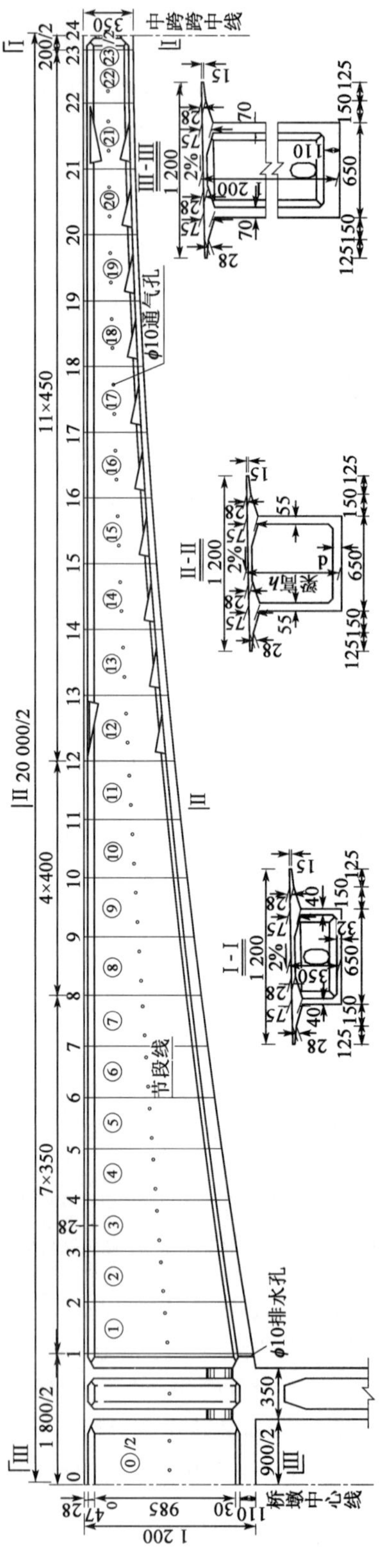

图8.3　中跨主梁纵断面及横断面图(尺寸单位:cm)

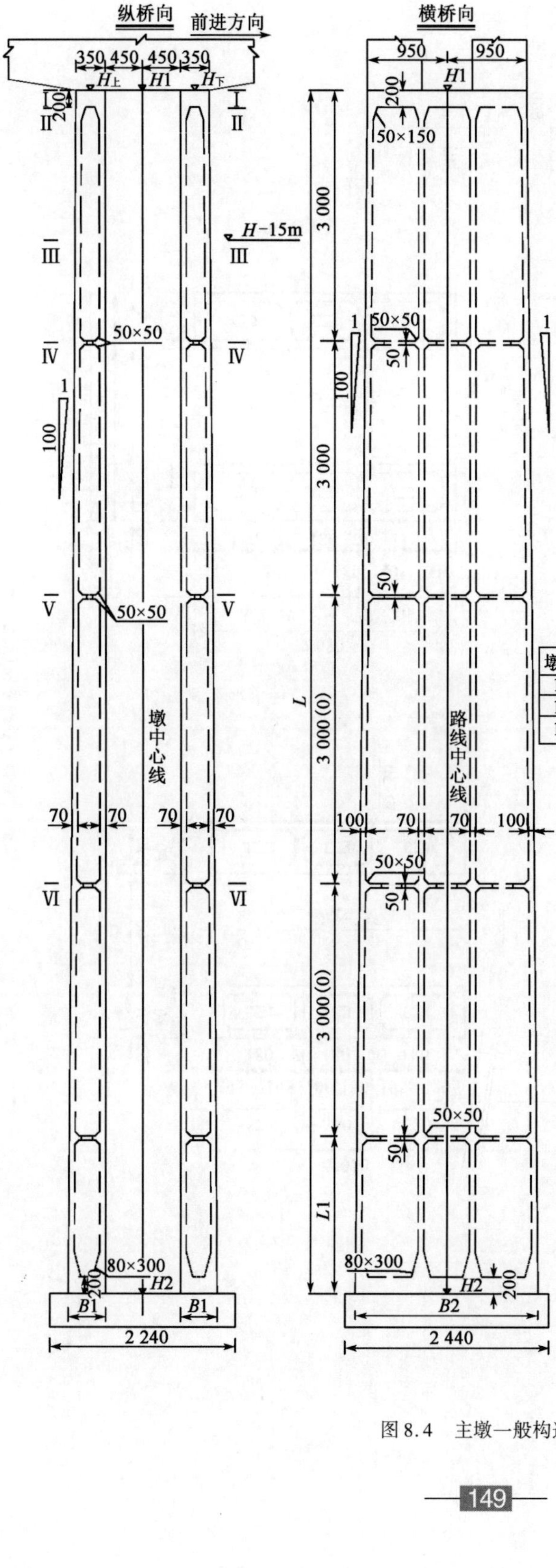

高程表

墩号	16	17	18
桩号	K92+759	K92+959	K93+159
设计高程(m)	800.860	799.367	797.967
$H1$(m)	788.585	787.092	785.692
$H_上$(m)	788.649	787.136	785.736
$H_下$(m)	788.523	787.048	785.648
$H2$(m)	693.585	636.092	638.692

尺寸、数量表(全桥宽)

墩号	L(m)	$L1$(m)	$B1$(cm)	$B2$(cm)	墩身C50混凝土(m^3)
16	95	35	445	2 090	7 870.6
17	151	31	501	2 202	12 954.2
18	147	27	497	2 194	12 591.8

注：
1.图中尺寸以cm计。
2.高墩截面形式为矩形空心截面，在单壁空心墩内部每30m设置一道横隔板。
3.空心墩采用爬模或翻模施工法，施工工艺、施工控制及注意事项详见《公路桥涵施工技术规范》(JTJ 041—2000)。
4.桥墩双壁四周每隔5m设置一道ϕ10cm通气孔。
5.桥墩基础布置详见《16～18号主墩承台、基桩一般构造图》。
6.括号外数值为17、18号墩尺寸，括号内数值为16号墩尺寸。

图 8.4 主墩一般构造图

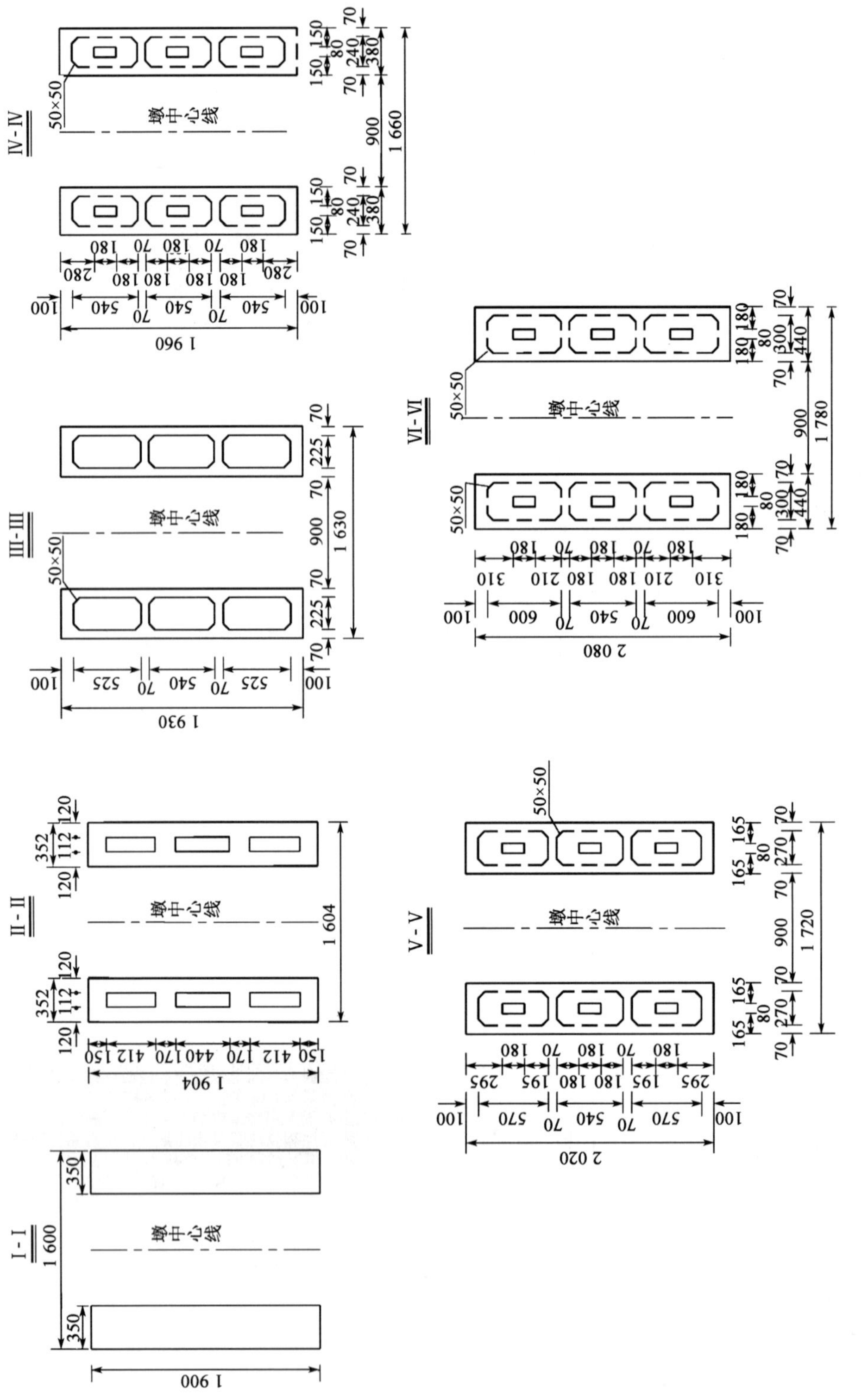

图8.5　主墩一般构造图(尺寸单位：cm)

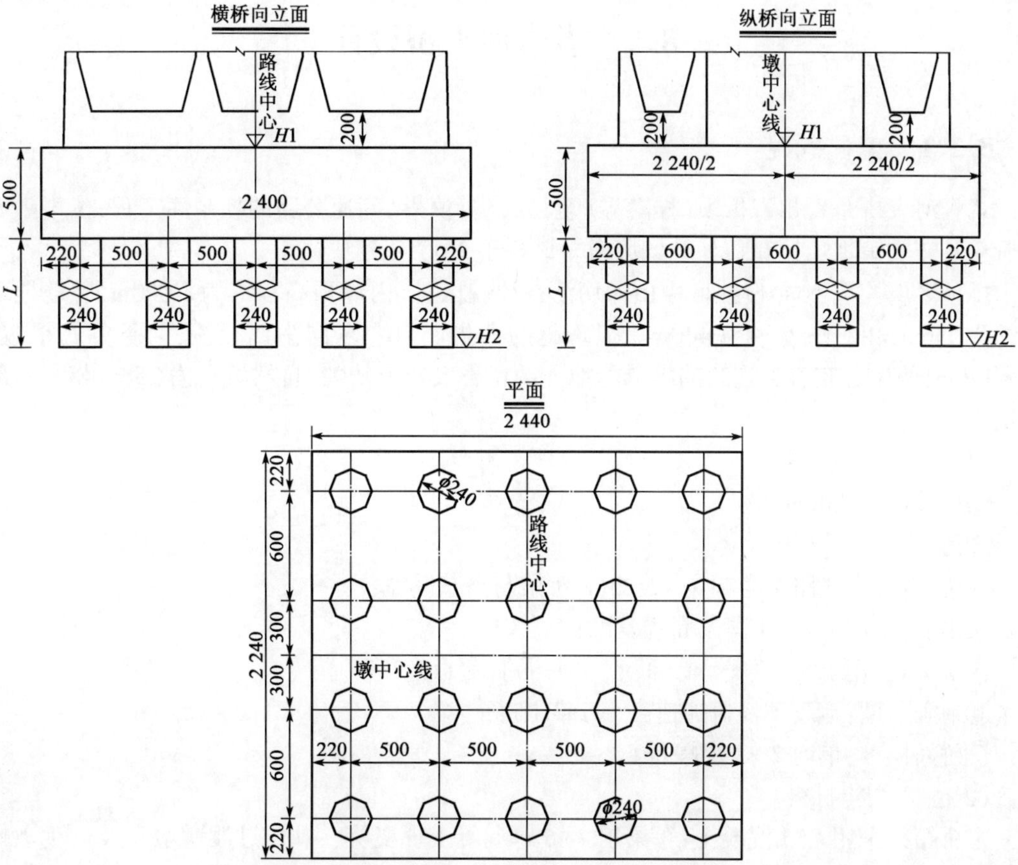

图 8.6 主墩承台及基桩一般构造图(尺寸单位:cm)

(2)针对以往大跨连刚构桥成桥运营后跨中下挠过大的问题,该桥设计主要对策是:①主梁采用较高的根部梁高和较低的跨中梁高,既保证了主梁纵向整体刚度,又适当降低了跨中恒载集度;②主梁每个 T 构配置了 21 对腹板预应力下弯束,改善了腹板的主拉应力状况;③为保证纵向预应力孔道灌浆密实,设计要求施工过程中采用真空辅助压浆工艺。这 3 项措施能较有效地减小主梁跨中持久状态下的徐变挠度。

图 8.7 乌江大桥施工中的主墩照片

(3)针对以往节段悬浇变高度连续梁(或刚构)施工过程中跨中合龙段附近节段底板出现下崩破坏的问题。首先,本设计注重底板防崩构造钢筋的设置,保证箱梁底板的整体性;其次,设计有意识的增加了预应力悬浇 T 束及下弯腹板束的用量,适当减少了主梁底板束的用量,以降低跨中底板预应力钢束的下崩力;最后,设计还在跨中设置了 40cm 的横隔板,加强了跨中截面的整体性,既提高了跨中底板的抗崩能力,又提高了主梁的抗扭刚度。

8.2　者告河大桥设计

8.2.1　工程概况

者告河大桥是贵州省板坝(桂黔界)至江底(黔滇界)高速公路的控制性工程,位于黔西南州册亨县巧马镇坝长村和巧马林场境内。该桥于2011年建成通车。

桥址区属构造剥蚀-侵蚀低中山深切河谷地貌区,区内峰顶高程约为1 000m,谷地地面高程约为556m,相对高差约为440m。拟跨越的者告河自北东向南西径流,河谷谷底平缓,宽60~170m,两岸分布有不连续的漫滩阶地。两岸谷坡地形较陡,自然坡角为25°~45°,局部见陡坎。

(1)主要设计指标

①设计速度:80km/h;

②荷载:公路—I级;

③桥宽:分离式路基半幅宽12.25m,桥梁与路基同宽;

④高程:采用1985年国家高程基准;

⑤坐标:采用1980西安坐标系统,中央子午线115°28′;

⑥地震烈度:地震动峰值加速度小于0.05g;

⑦桥面横坡:单向2%(半幅桥)。

(2)主要结构材料

主桥箱梁采用C55混凝土;箱梁顶7cm厚混凝土现浇层、主墩、过渡墩墩身及过渡墩帽梁用C40混凝土;承台、桩基采用C30混凝土。

钢筋:HRB335钢筋直径均不小于12mm,为热轧带肋钢筋;R235钢筋为热轧光圆钢筋。HRB335钢筋的材质,应符合《钢筋混凝土用热轧带肋钢筋》(GB 1499—1998)的标准;R235钢筋的材质,应符合《钢筋混凝土用热轧光圆钢筋》(GB 13013—1991)的标准。

主桥箱梁纵、横向及部分竖向预应力采用ϕ^s15.2高强低松弛预应力钢绞线,标准强度f_{pk} = 1 860MPa,弹性模量$E_p = 1.95 \times 10^5$MPa,松弛率小于0.035,设计锚下张拉控制应力1 395MPa。

竖向预应力在箱梁高度大于6.7m时采用钢绞线,在箱梁高度小于6.7m时采用JL精轧螺纹粗钢筋,抗拉强度标准值$f_{pk} = 785$MPa,弹性模量$E_s = 2.0 \times 10^5$MPa,张拉控制应力为$0.9f_{pk} = 706.5$MPa。

左线桥5号、右线桥4号墩主桥箱梁下设GPZ(Ⅱ)4DX单向滑动盆式橡胶支座和GPZ(Ⅱ)4SX双向滑动盆式橡胶支座各一套;左线桥9号、右线桥8号墩主桥箱梁下设GPZ(Ⅱ)3.5DX单向滑动盆式橡胶支座和GPZ(Ⅱ)3.5SX双向滑动盆式橡胶支座各一套。

过渡墩处均设RBDX-400型伸缩缝。

(3)路线平纵设计

本桥平面位于分离式路基段内。左线桥位于直线接A=600的右偏缓和曲线内,ZH点桩号ZK13+307.779;右线桥位于直线接A=600的右偏缓和曲线内,ZH点桩号YK13+261.177。本桥主桥平面位于直线上。

左、右线桥均位于一单向纵坡内,纵坡值均为 $i = +2.6\%$。

(4)桥跨布置

左线桥起终点桩号为 ZK12 +438 ~ ZK13 +324,桥跨布置为 5 ×30m + (115 +215 +175 +75)m +5 ×30m,桥梁全长 886m;右线桥起终点桩号为 YK12 +460 ~ YK13 +326,孔跨布置为 4 ×30m +(115 +215 +175 +75)m +5 ×30m,桥梁全长 866m。其中主桥 115m +215m +175m +75m 采用变截面预应力混凝土连续刚构箱梁,两岸引桥采用30m 跨径预应力混凝土 T 梁,先简支后桥面连续。左、右线桥均分为三联,主桥一联,两岸引桥各一联。桥型立面布置如图 8.8 所示。

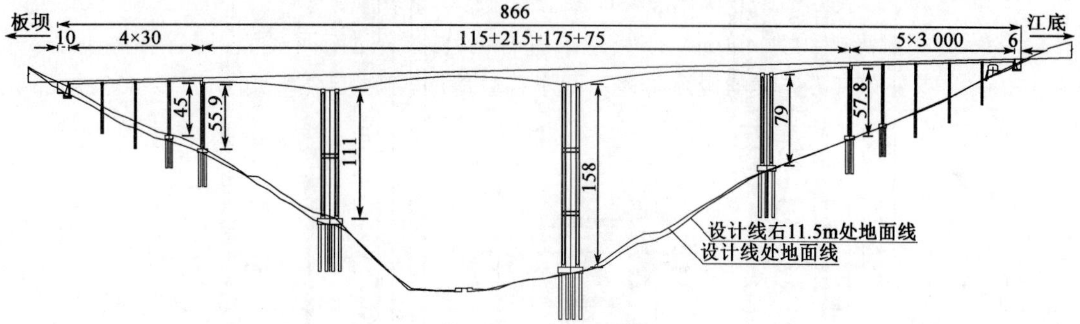

图 8.8 桥型立面布置图(右线,尺寸单位:m)

8.2.2 主桥结构设计

(1)主桥箱梁构造

主桥上部结构为 4 跨预应力混凝土连续刚构箱梁,共划分 3 个区段,如图 8.9 所示。X、Y 区段箱梁根部梁高为 13.5m、Z 区段箱梁根部梁高为 8.5m,3 个区段跨中梁高均为 4.0m,顶板厚28cm,X 、Y 区段底板厚从跨中至根部由 32cm 变化为 160cm、Z 区段底板厚从跨中至根部由32cm 变化为 90cm,X 、Y 区段腹板从跨中至根部分 3 段采用 45cm、65cm、80cm3 种厚度、Z 区段腹板从跨中至根部分两段采用 45cm、65cm 两种厚度,箱梁高度和底板厚度按 1.8 次抛物线变化。箱梁顶板横向宽 12.25m,箱底宽 6.5m,翼缘悬臂长 2.875m。X 、Y 区段箱梁 0 号节段长 18m、Z 区段箱梁 0 号节段长 13m,X 、Y 区段每个悬浇“T”纵向对称划分为 24 个节段,Z 区段悬浇“T”纵向对称划分为 16 个节段,X 、Y 区段梁段数及梁段长从根部至跨中分别为 7 ×3.5m、7 ×4.0m、10 ×4.5m,节段悬浇总长 97.5m,Z 区段梁段数及梁段长从根部至跨中分别为 8 ×3.5m、8 ×4.0m,节段悬浇总长 60m。悬浇节段最大控制重量 2 974kN,挂篮设计自重 1 200kN。边、中跨合龙段长均为 2m,边跨现浇段长 6.5m。箱梁根部设四道厚 0.7m 的横隔板,中跨跨中设一道厚 0.4m 的横隔板,边跨梁端设一道厚 1.8m 的横隔板。

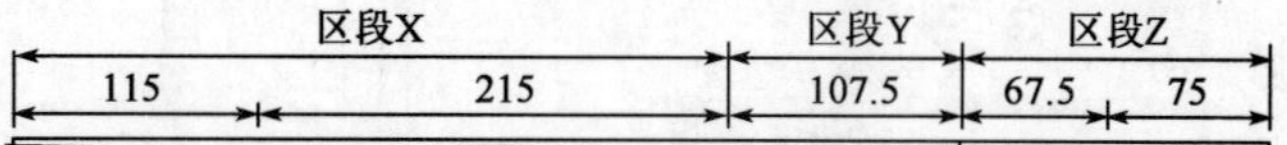

图 8.9 主梁区段划分图(尺寸单位:m)

主梁区段 X 中跨箱梁一般构造如图 8.10 所示。

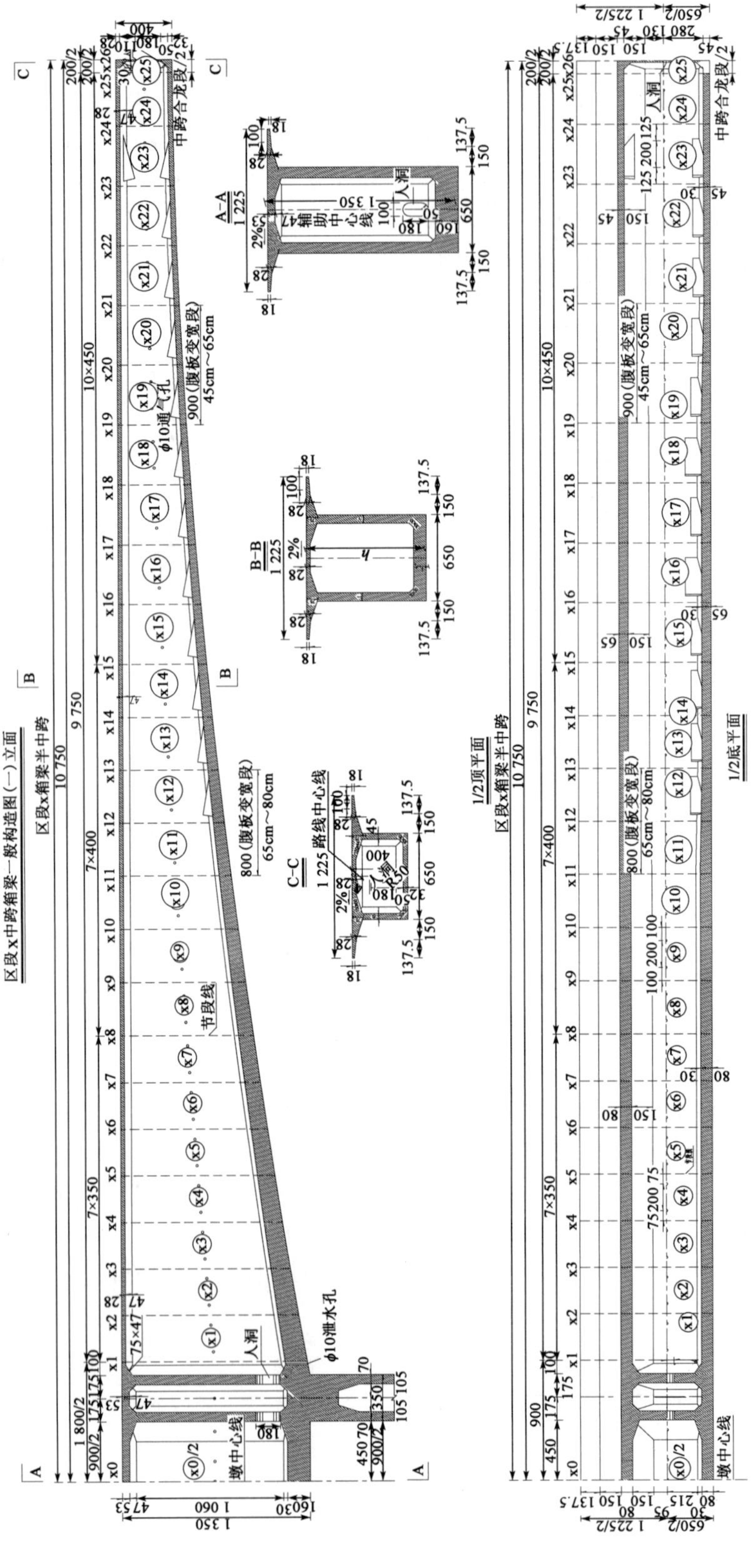

图8.10　主梁区段x中跨箱梁一般构造图(尺寸单位：cm)

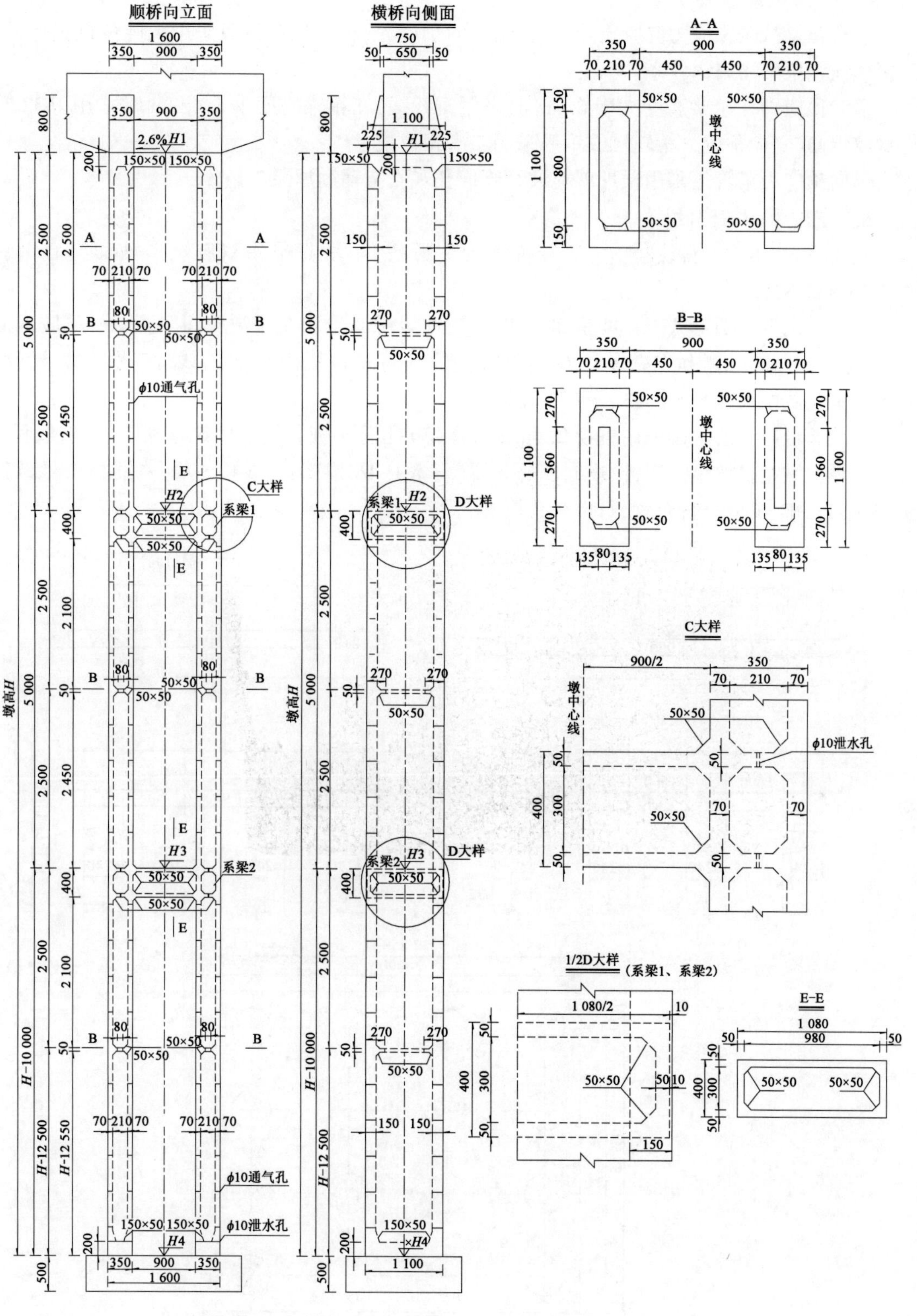

图 8.11 左线桥 7 号、右线桥 6 号墩一般构造图(尺寸单位:cm)

(2)主桥箱梁预应力设计

主桥箱梁按全预应力混凝土设计,采用三向预应力,箱梁纵向钢束采用大吨位群锚体系,顶板横向钢束采用扁锚体系。

竖向预应力在箱梁高度大于6.7m时采用钢绞线,在箱梁高度小于6.7m时采用JL32精轧螺纹钢筋,竖向预应力精轧螺纹钢筋采用二次张拉技术。

纵向预应力束管道采用预埋塑料波纹管成孔和真空辅助压浆工艺。

(3)主桥下部结构设计

左线桥6~8号、右线桥5~7号桥墩为主桥桥墩,墩身采用双肢矩形截面空心墩见图8.11和图8.12。

主墩采用等截面形式。左线桥6号和7号、右线桥5号和6号墩肢间净距9m,单肢截面尺寸11.0m×3.5m,顺桥向壁厚0.7m,横桥向壁厚1.5m;左线桥8号、右线桥7号主墩肢间净距5m,单肢截面尺寸8.5m×3m,壁厚0.7m。

主墩承台厚5m,基础采用桩径2.4m的钻(挖)孔灌注桩。左线桥6号和7号、右线桥5号和6号主墩基桩按纵向四排、横向四排布置,每墩共16根桩;左线桥8号、右线桥7号墩基桩按纵向三排、横向三排布置,每墩共9根桩。

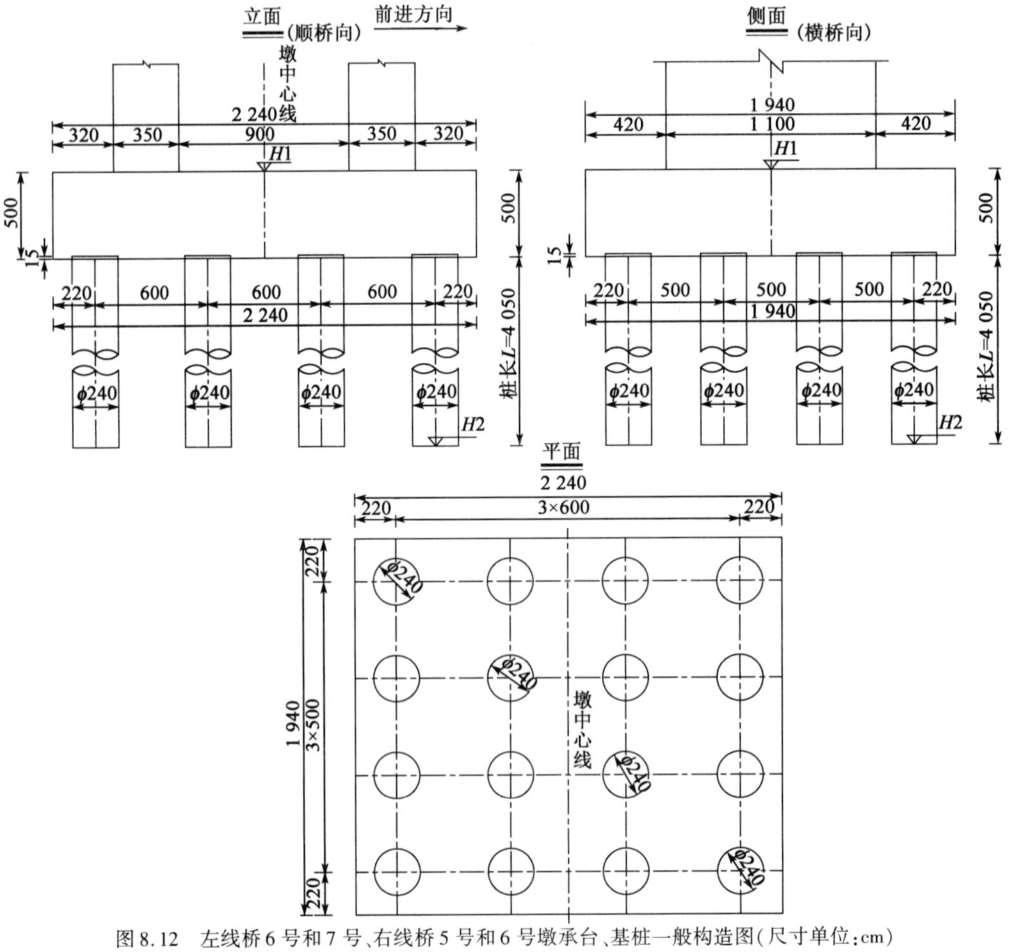

图8.12 左线桥6号和7号、右线桥5号和6号墩承台、基桩一般构造图(尺寸单位:cm)

左线桥 5 号和 9 号、右线桥 4 号和 8 号墩为主、引桥间过渡墩，其墩身采用等截面矩形空心墩，截面尺寸 7m×3.5m，壁厚 0.70m，承台厚 3m，基础为双排 4 根直径 2.0m 的钻(挖)孔灌注桩。

8.3　凯峡河大桥设计

8.3.1　工程概况

凯峡河大桥是贵州省江口至瓮安高速公路的控制性工程，位于石阡县石固乡桃园村、花桥镇马路坡村的低山丘陵的山脚。该桥于 2016 年建成通车。

拟建桥址两侧为丘陵低山。桥址两端位于山坡上，山坡稍陡，植被发育。场区地貌上属于中低山岩溶峰丛地貌区。

(1)主要设计指标

①设计速度：80km/h；

②荷载：公路—Ⅰ级；

③桥宽：宽度布置为 0.5m(防撞护栏)+9.625m(行车道)+0.5m(防撞护栏)+0.25m(中央分隔带)+0.5m(防撞护栏)+9.625m(行车道)+0.5m(防撞护栏)=21.5m；

④地震烈度：设计基本地震加速度为 0.05g，基本烈度Ⅵ度。

(2)路线平纵设计

①平面线形：本桥平面位于 A=375 的缓和曲线、直线和半径 R=2 500m 的左偏圆曲线的整体式路基段内，HZ 点桩号为 K31+099.207，ZY 点桩号为 K31+874.152。

②竖曲线及纵坡：左右幅纵面位于坡度为 -0.5% 的下坡路基段上。

(3)主要结构材料

主梁采用 C55 混凝土；主墩、过渡墩采用 C40 混凝土；承台、桩基采用 C30 混凝土。

纵、横向及部分竖向预应力采用 ϕ^s15.2 高强低松弛预应力钢绞线，标准强度 f_{pk}=1 860MPa，弹性模量 $E_p=1.95\times10^5$MPa，松弛率小于 0.035，设计锚下张拉控制应力 1 395MPa。

竖向预应力在箱梁高度大于 6.8m 时采用钢绞线，在箱梁高度小于 6.8m 时采用 JL32 精轧螺纹粗钢筋，标准强度 f_{pk}=930MPa，弹性模量 $E_p=2.0\times10^5$MPa。

纵向预应力束管道采用预埋塑料波纹管成孔。横、竖向预应力束(筋)管道采用预埋金属波纹管成孔。

(4)桥跨布置

凯峡河大桥左幅桥桥跨布置为 2×40m+(118+220+160+58)m+3×(4×40)m。其中主桥 118m+220m+160m+58m采用变截面预应力混凝土连续刚构箱梁，两岸引桥采用先简支后连续预应力混凝土 T 梁。全桥分为五联，主桥一联，江口岸引桥一联，瓮安岸引桥三联。桥型立面如图 8.13 所示。

8.3.2　主桥结构设计

(1)主梁上部区段划分

主桥上部结构为 4 跨预应力混凝土连续刚构箱梁，共划分 3 个区段，如图 8.14 所示。

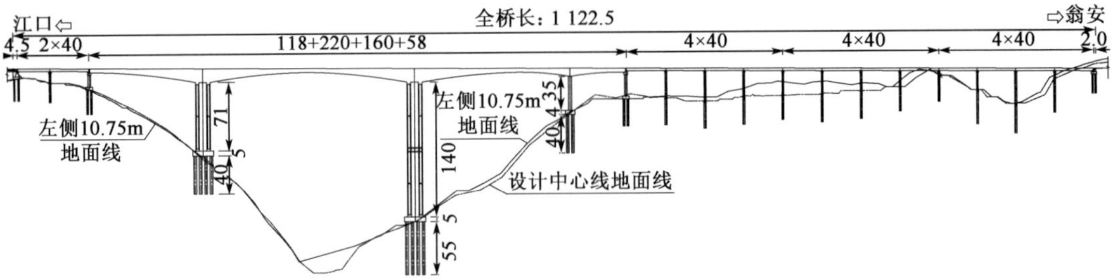

图8.13　桥型立面布置图(左幅,尺寸单位:m)

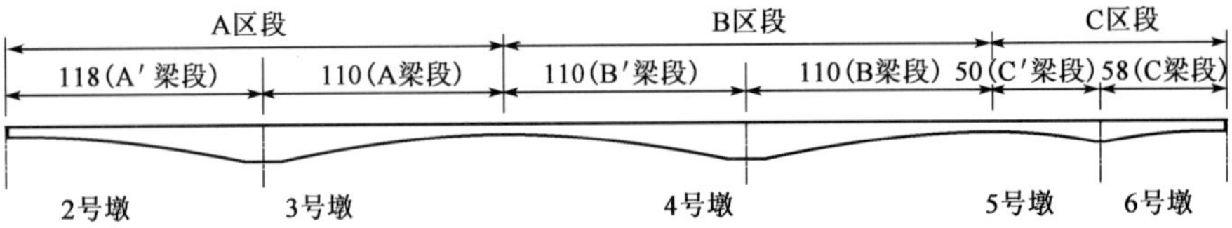

图8.14　主桥上部结构区段划分示意图(尺寸单位:m)

A、B 区段箱梁 0 号节段长 18m,C 区段箱梁 0 号节段长 10m,A、B 区段每个悬浇 T 构纵向对称划分为 28 个节段,C 区段悬浇 T 构纵向对称划分为 12 个节段,A、B 区段梁段数及梁段长从根部至跨中分别为 7×3.0m、10×3.5m、11×4.0m,节段悬浇总长 100m;C 区段梁段数及梁段长从根部至跨中分别为 8×3.5m、4×4.0m,节段悬浇总长 44m。悬浇节段最大控制重量 2 750kN,挂篮设计自重 1 150kN。边、中跨合龙段长均为 2m,边跨现浇段长 7.0m。箱梁根部设四道厚 0.7m 的横隔板,中跨跨中设一道厚 0.3m 的横隔板,边跨梁端设一道厚 1.8m 的横隔板。

(2)箱梁截面

A、B 区段箱梁根部梁高为 14.0m,C 区段箱梁根部梁高为 8.0m。3 个区段跨中梁高均为 4.0m,顶板厚 28cm。A、B 区段底板厚从跨中至根部由 32cm 变化为 160cm、C 区段底板厚从跨中至根部由 32cm 变化为 75cm。A、B 区段腹板从跨中至根部分 3 段采用 45cm、65cm、80cm 3 种厚度,C 区段腹板从跨中至根部分两段采用 45cm、70cm 两种厚度。A、B 段 T 构箱梁梁高、底板厚从跨中至根部按 1.8 次抛物线变化,C 段 T 构箱梁梁高、底板厚从跨中至根部按 2.0 次抛物线变化。箱梁顶板横向宽 10.625m,箱底宽 6.5m,翼缘悬臂长 2.062 5m。

A、B 段 T 构箱梁梁高计算公式为:$h=\frac{10}{101^{1.8}}X^{1.8}+4$,其中,$0\leqslant X\leqslant 101$(m)。

A、B 段 T 构箱梁底板厚计算公式为:$t=\frac{1.28}{101^{1.8}}X^{1.8}+0.32$,其中,$0\leqslant X\leqslant 101$(m)。

A29′(B29′)、A29(B29)号截面处 $X=0$,靠近 A0(B0)号截面 8m 位置处 $X=101$。

C 段 T 构箱梁梁高计算公式为:$h=\frac{4}{47^{2.0}}X^{2.0}+4$,其中,$0\leqslant X\leqslant 47$(m)。

C 段 T 构箱梁底板厚计算公式为:$t=\frac{0.43}{47^{2.0}}X^{2.0}+0.32$,其中,$0\leqslant X\leqslant 47$(m)。

C13′、C13 号截面处 $X=0$，靠近 C0 号截面 2m 位置处 $X=47$。

主桥上部结构典型横断面如图 8.15 所示。

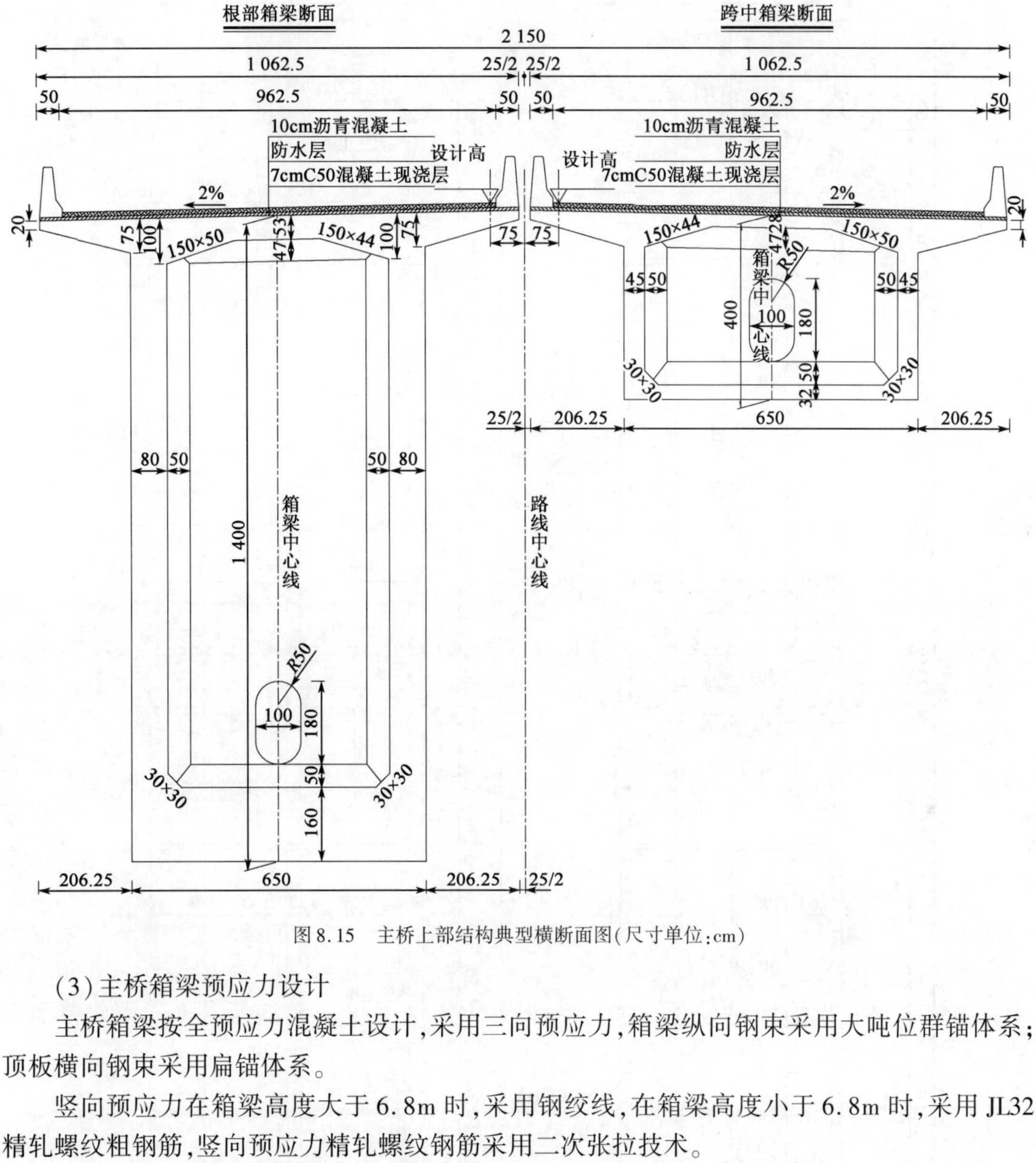

图 8.15　主桥上部结构典型横断面图(尺寸单位:cm)

(3)主桥箱梁预应力设计

主桥箱梁按全预应力混凝土设计，采用三向预应力，箱梁纵向钢束采用大吨位群锚体系；顶板横向钢束采用扁锚体系。

竖向预应力在箱梁高度大于 6.8m 时，采用钢绞线，在箱梁高度小于 6.8m 时，采用 JL32 精轧螺纹粗钢筋，竖向预应力精轧螺纹钢筋采用二次张拉技术。

纵向预应力束管道采用预埋塑料波纹管成孔和真空辅助压浆工艺。

(4)主桥下部结构设计

3、4、5 号墩为主墩，其中 3、4 号墩采用双肢等截面空心薄壁墩形式。主墩肢间净距 8m，3 号墩单肢截面尺寸 8.5m×4.0m，4 号墩单肢截面尺寸 9.8m×4.0m，3、4 号墩顺桥向壁厚 0.7m，横桥向壁厚 0.9m；5 号墩采用单肢等截面实心墩，截面尺寸 6.5m×3.2m。4 号墩如图 8.16和图 8.17 所示。

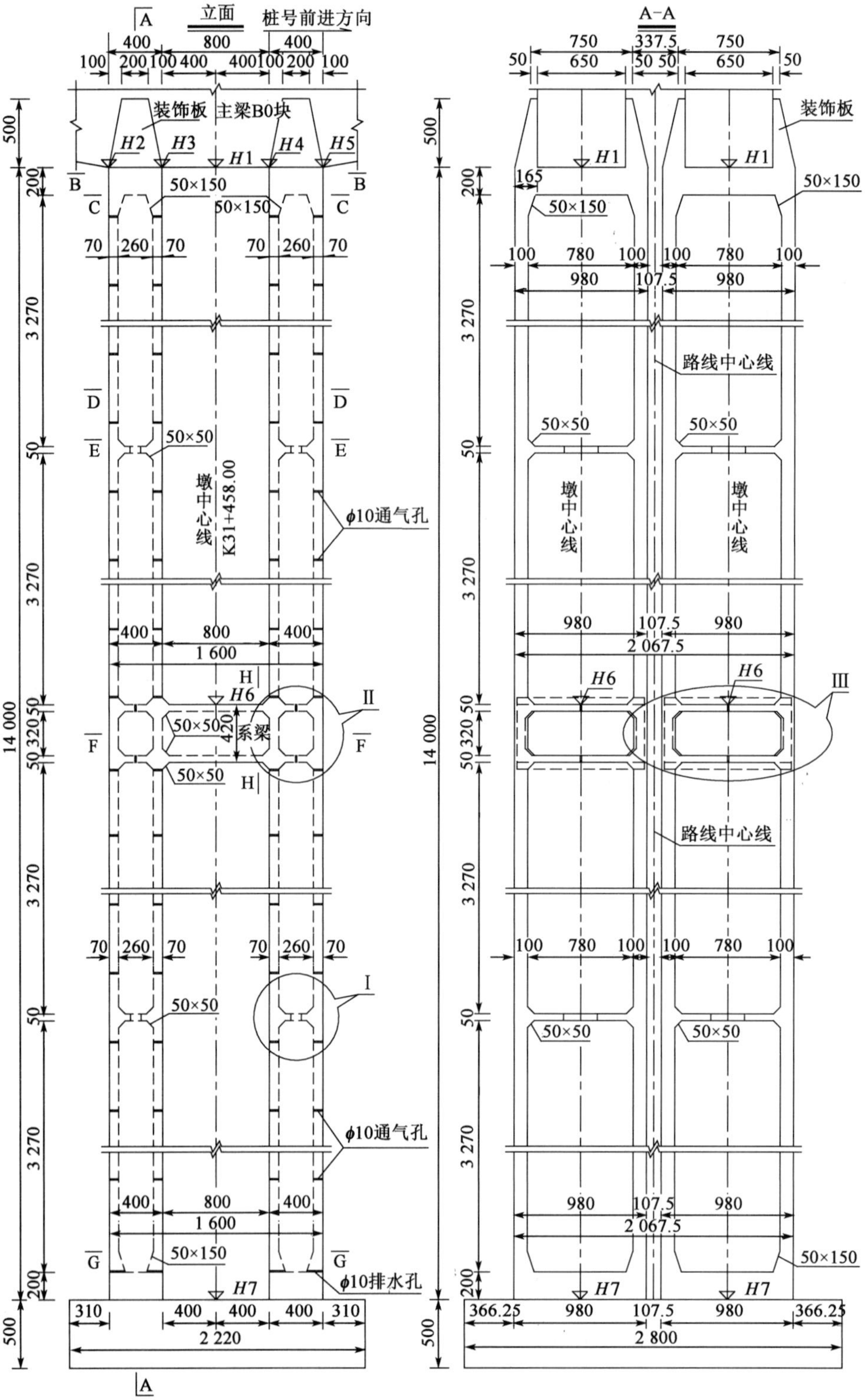

图 8.16　4 号主墩一般构造图(尺寸单位:cm)

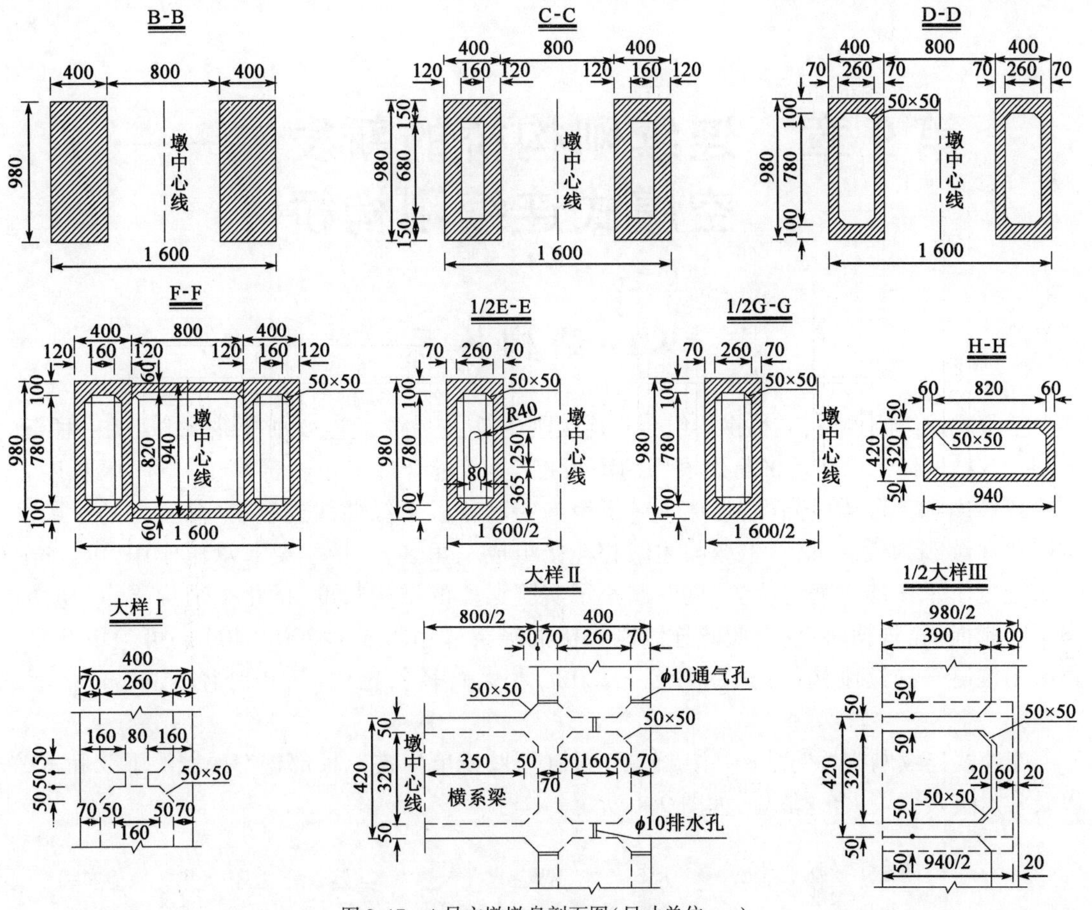

图8.17　4号主墩墩身剖面图(尺寸单位:cm)

3号墩承台厚5m,基础采用16根直径2.8m的钻孔灌注桩。4号墩承台厚5m,基础采用20根桩径2.8m的钻孔灌注桩。5号墩承台厚4m,单个承台下基础采用4根直径2.5m的钻孔灌注桩,5号墩承台下共设8根桩。

2、6号墩为主、引桥间过渡墩,其墩身采用等截面矩形实心墩,截面尺寸6.5m×2.8m,承台厚3m,基础为双排4根直径1.8m的钻孔灌注桩。过渡墩处均设RBDX-560型伸缩缝。

第9章　连续刚构桥的新发展——空腹式连续刚构桥

9.1　结构体系

空腹式连续刚构桥，亦称拱梁组合式连续刚构桥，是在常规连续刚构桥形式上的一种新的改型。其结构体系思想是将箱梁根部的腹板挖空，通过合理确定根部高度、空腹区长度、上弦梁段高度和下弦梁段高度，形成下弦下缘与实腹梁段下缘曲线连续、平顺变化的空腹区。空腹式连续刚构桥的下弦、上弦与主墩相连接组成三角区，下弦主要起承压作用，可以充分发挥混凝土承压能力强的优势，同时减小了实腹梁段的结构长度，优化了结构受力，从而提高了跨越能力，根据研究，空腹式连续刚构桥的经济适用跨径为200～400m，可望填补常规预应力混凝土连续刚构桥(适用跨径<220m)和大跨径斜拉桥(适用跨径>350m)之间的空白。

空腹式连续刚构桥的结构，主要包括墩柱(双肢或单柱式)、根部挖空区域的下弦和上弦，以及常规实腹梁段、合龙段等，如图9.1所示。

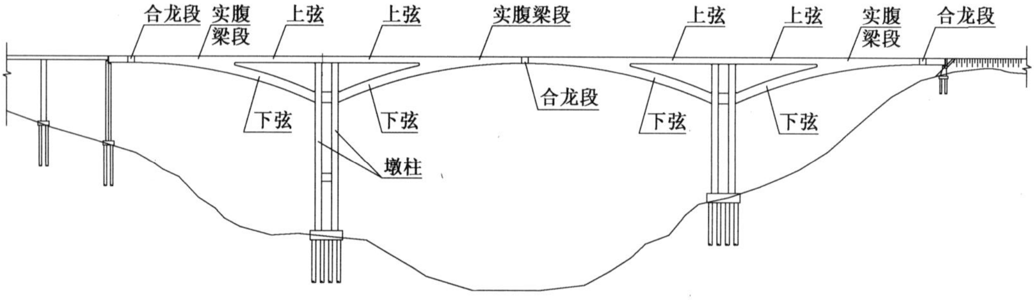

图9.1　空腹式连续刚构桥的结构组成

空腹式连续刚构桥，其总体结构特性仍然为预应力混凝土梁式桥，保留了预应力混凝土连续梁桥、预应力混凝土连续刚构桥行车平顺、适应路线线形变化能力强、建设养护技术成熟等特点，并大大提高了预应力混凝土梁桥的跨越能力。与传统的连续刚构桥相比，空腹式连续刚构桥的结构体系具有以下特点：

(1)挖空三角区的下弦以受压为主，为拱的受力特征；上弦以受拉为主，可以平衡下弦压力；主墩两侧的挖空三角区对称，两侧下弦压力和两侧上弦拉力基本上相互抵消，为自平衡的受力体系。

(2)承受巨大负弯矩的桥墩根部区段，改梁式截面受力模式为挖空三角区框架受力模式，提高了桥墩根部区段的结构承载效率。

(3)挖空三角区,减小了跨中实腹梁段的长度,减少了跨中梁段的受力和挠度。

(4)下弦的设置,减小了墩柱高度,提高了高墩的稳定性和受力性能。

(5)根部区域挖空,减小了结构自重,降低了下部结构与基础工程规模,提高了结构抗震能力。

(6)新桥型与常规混凝土梁式桥相比,混凝土总用量大幅度减小,材料用量相对较省。

空腹式连续刚构桥虽然具有以上优点,但结构体系相对复杂、关键节点较多、构造设计难度较大、上下弦施工工序较多、施工难度相对较大,在设计验算、预应力配置、构造设计及施工组织与施工控制等环节需要给予充分的重视。

9.2 总体布置

空腹式连续刚构桥可布置为单主跨、多主跨以及单 T 的形式,桥墩可采用双肢薄壁墩或箱形柱式墩。

空腹式连续刚构桥总体布置如图 9.2、图 9.3。

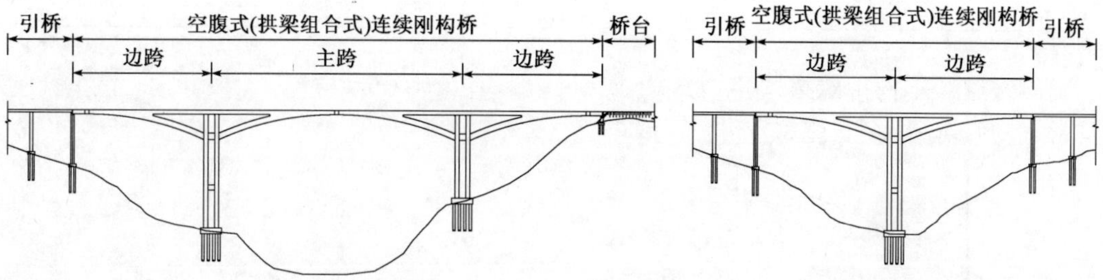

a)典型的单主跨布置　　b)单T形式的布置

图 9.2　双肢薄壁墩、空腹式连续刚构桥

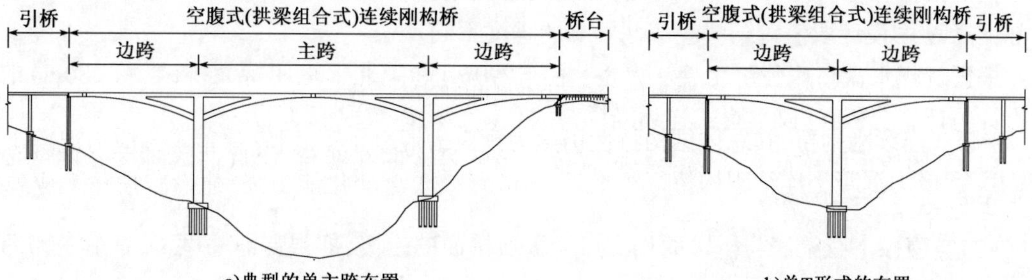

a)典型的单主跨布置　　b)单T形式的布置

图 9.3　单柱式墩、空腹式连续刚构桥

空腹式连续刚构桥也可与常规连续刚构组合形成大、小跨的布置形式,从而增强了适应地形的能力,空腹式连续刚构桥总体布置图 9.4 所示。

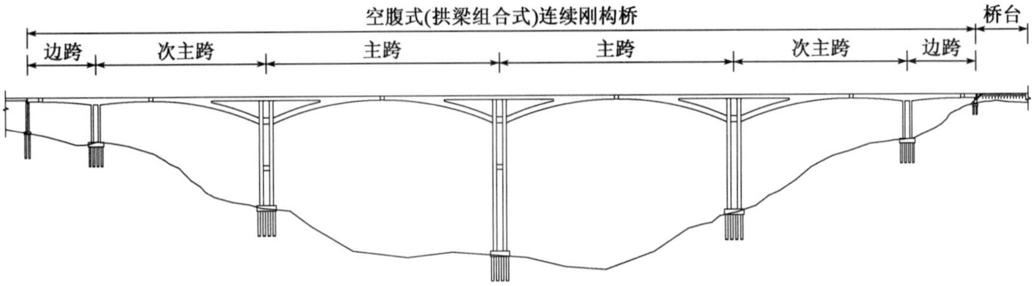

图9.4　多主跨布置、空腹式及与常规连续刚构组合布置

9.3　结构体系基本参数

空腹式连续刚构桥的结构体系基本参数有：主跨跨径 L、空腹段下弦梁底与实腹段梁底曲线参数、根部总高度 H、下弦梁高 h_1、上弦梁高 h_2 等，具体如图9.5所示。

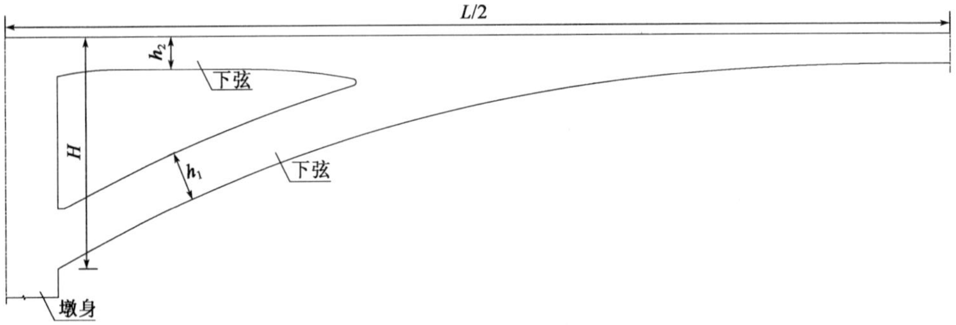

图9.5　空腹式连续刚构桥总体结构参数

根据拓扑优化及正交试验的研究，空腹式连续刚构桥梁底曲线指数 β、下弦梁高 h_2 以及根部梁高 H 的设计取值对结构经济性影响的程度不同。

根据贵州水盘高速公路北盘江大桥(主跨290m)和湖北云南庄特大桥(主跨280m)的结构设计与计算分析，建议空腹式连续刚构桥的总体结构参数取值如下：

(1)空腹段下弦梁底与实腹段梁底宜按一致的幂次曲线变化，梁底曲线幂次 β 的取值范围为2.5～3.5。

(2)空腹段下弦梁底与桥墩的相交点至墩顶桥面的距离，即根部总高度 H，宜取主跨跨径或名义主跨跨径的1/9～1/7。

(3)空腹段下弦可采用等高度梁，梁高宜取主跨跨径或名义主跨跨径的1/50～1/40。

(4)空腹段上弦梁高，应综合考虑上弦结构受力及纵向预应力布置的需要，宜取空腹段上弦长度的1/15～1/10。

(5)主跨跨中梁高宜取主跨跨径或名义主跨跨径的1/70～1/50。

9.4 施工方法研究

空腹式连续刚构桥上部结构的总体施工方法是先进行空腹区的施工,完成上、下弦汇合后,转入常规实腹梁段的挂篮对称浇筑,直至合龙,最终完成上部结构施工。该类桥梁的施工方法总体上与常规连续刚构桥类似,区别在于空腹区的实施,这也是其施工过程中最关键、最复杂的部位和步骤。

空腹式连续刚构桥的空腹区由上、下弦及汇合段、部分墩身组成。该处结构一般处于高墩之上,难以采用支架施工,其施工方法有一定的特殊性,施工设备要求较高,施工过程的受力状态、变形控制均需高度关注。

在成桥及后期运营阶段,空腹区的下弦梁段主要为承压和抗剪构件,较少布置相应的纵向预应力;上弦梁段虽为预应力构件,但其截面尺寸及抗弯刚度均较下弦梁段小。施工过程中上、下弦结构均无法独立承受长悬臂的挂篮施工荷载,需采用临时支撑或扣索等辅助手段完成挂篮悬浇施工。

根据空腹式连续刚构桥的结构特点,目前可采用的施工方法主要有三种:双层挂篮双层扣挂施工法、下弦扣挂结合上弦支架梁段现浇法、下弦扣挂结合支架支撑的上弦挂篮悬浇法。

9.4.1 双层挂篮双层扣挂施工法

双层挂篮双层扣挂施工法,指的是上、下弦梁段均采用挂篮施工、并设置上下弦双层扣索系统改善已浇梁段施工期间结构受力的施工方法。上弦扣索系统需要在墩顶设置临时索塔,下弦扣索系统可利用空腹区的墩柱设置。施工方法如图 9.6 所示。

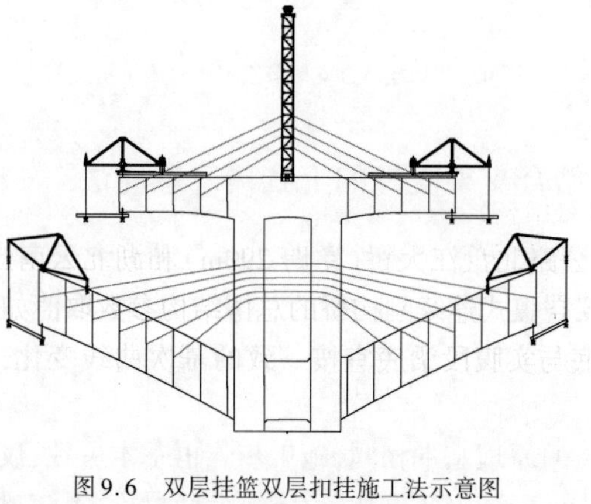

图 9.6 双层挂篮双层扣挂施工法示意图

上弦梁段施工的临时索塔设于墩顶 0 号梁段,临时索塔作为扣索的支撑体系,承受扣索传递的竖向荷载及部分不平衡荷载产生的作用;扣索作为上弦支撑构件,将上弦施工期间的梁段自重、施工荷载等传递于临时索塔及桥墩,改善上弦梁段在施工期间和成桥阶段的受力状况。上弦挂篮作为悬臂浇筑的主要设备,主要作用与一般连续刚构悬臂施工挂篮相同。

下弦梁段的扣索不需要单独设置临时索塔,可利用空腹区的墩柱作为扣索的支撑体系,墩柱承受扣索传递的竖向荷载及部分不平衡荷载产生的作用;扣索作为下弦支撑构件,通过扣索张拉将下弦梁段施工期间的梁段自重、施工荷载等传递于桥墩,改善下弦梁段在施工期间和成桥阶段的受力状况。下弦挂篮作为悬臂浇筑的主要设备,主要作用与一般连续刚构悬臂施工挂篮相同,但需具有能在下弦箱梁顶面斜向行走、锁定并能适应下弦竖向曲线变化的功能。

9.4.2 下弦扣挂结合上弦支架梁段现浇法

下弦扣挂结合上弦支架梁段现浇法,是先采用挂篮悬臂浇筑施工下弦梁段,并辅助相应的扣索改善已浇梁段的受力状态,然后利用支撑于下弦箱梁顶面的支架分段现浇上弦梁段,施工过程如图 9.7 所示。此施工方法中,上弦支架系统直接承受上弦梁段在施工中以自重为主的竖向荷载,并传递于下弦箱梁;上弦支架底模系统与钢管桩支架之间存在竖向及横向的交叉,底模需在横向进行合理划分,移动时先分解,至指定位置再组装;此处的下弦箱梁施工与施工方法 1 类似。

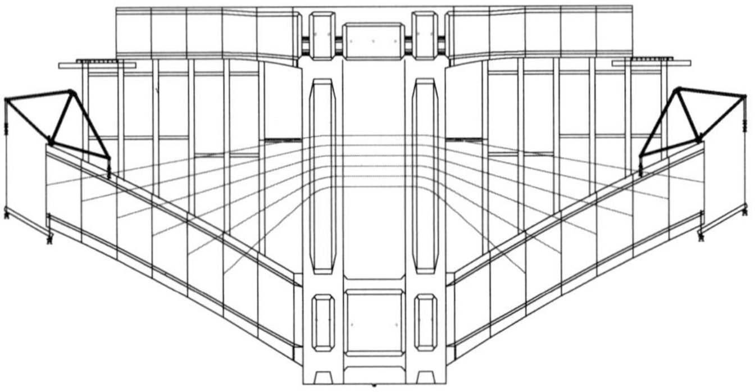

图 9.7 扣挂结合支架节段现浇法施工示意图

9.4.3 下弦扣挂结合支架支撑的上弦挂篮悬浇法

下弦扣挂结合支架支撑的上弦挂篮悬浇法,也是先采用挂篮悬臂浇筑施工下弦梁段,并辅助相应的扣索改善已浇梁段受力状态;上弦箱梁利用挂篮施工,当一个梁段施工完成并前移挂篮后,再在已浇梁段安装钢管支架,并利用支架对上弦施加一定的预顶力,保证上弦结构的安全。

此施工方法与方法 2 的原理基本相同,施工步骤也基本一致,仅在上弦支架安装工序上存在一定的差别。方法 2 为先安装上弦支架,后浇筑上弦梁段,上弦梁段的自重自动分配于上弦支架,并传递至下弦箱梁。方法 3 是先利用上弦挂篮完成梁段施工并前移挂篮后,安装上弦支架系统,并根据计算确定的钢管柱内力,在支架立柱与上弦箱梁之间施加相应的预顶力。两者的不同点主要在于方法 2 无须施加预顶力此工序,即可保证上、下弦箱梁受力与设计目标较为接近,但支架用量较大、拆装工作量较大;方法 3 则是后安装支架立柱,挂篮底模先于支架立柱至指定位置，与立柱在空间上不存在交叉，支架立柱用量较少，但需在新安装立柱上精确施加合理的预顶力。

该施工方案与方法1也有异同，区别在于方法1是采用逐次安装的扣索来吊挂挂篮悬臂浇筑的上弦，而方法3是利用逐次架设的能提供预顶力的支架来支撑挂篮悬臂浇筑的上弦。

下弦扣挂结合支架支撑的上弦挂篮悬浇法施工过程如图9.8所示。

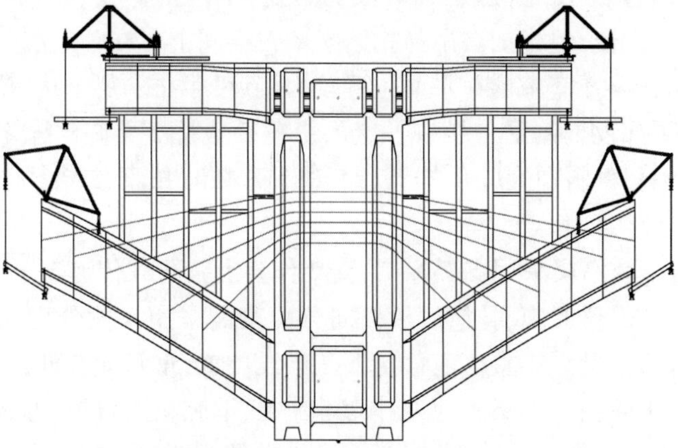

图9.8　下弦扣挂结合支架支撑的上弦挂篮悬浇法施工示意图

9.4.4　下弦扣挂结合上弦支架整体现浇法

下弦扣挂结合上弦支架整体现浇法，施工下弦梁段采用挂篮施工悬臂浇筑，并辅助相应的扣索扣挂已浇梁段，上弦箱梁利用支撑于下弦箱梁顶面的支架整体现浇。

上弦箱梁施工采用支撑于下弦箱梁的支架立柱，进行整体一次性浇筑，即满堂支架施工。下弦箱梁扣挂施工同前述，但需综合考虑下弦箱梁施工荷载及上弦满堂支架施工时传递的荷载，适时的调整扣索索力，并进行调索作业。下弦扣挂结合上弦支架整体现浇法施工过程如图9.9所示。

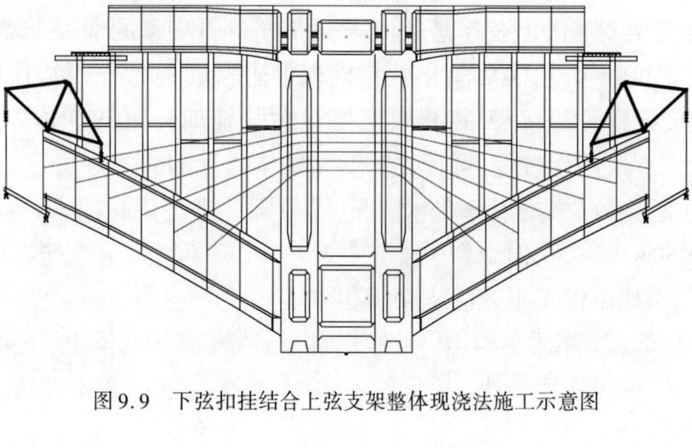

图9.9　下弦扣挂结合上弦支架整体现浇法施工示意图

9.4.5　空腹区施工方法比较

本章结合北盘江大桥建设实例，针对双层挂篮双层扣挂法、下弦扣挂结合上弦支架梁段现浇法、下弦扣挂结合支架支撑的上弦挂篮悬浇法和下弦扣挂结合上弦支架整体现浇法这4种施工空腹区的代表性方案，进行了适用性、经济性、安全性及工期等方面的综合对比分析：

(1)施工方法1：上、下弦箱梁施工相对较为独立，基本不存在相互影响及相互制约的情况，施工组织安排较为方便，但施工塔吊与扣索索塔在空间上存在一定的干扰，将致塔吊升高；上弦箱梁临时扣索布置与挂篮主桁在平面位置较为接近，存在一定干扰，挂篮主桁处箱梁的受力较为复杂，对结构局部及整体受力均有一定的影响。全桥2个临时索塔、22对上弦临时扣索、4幅上弦挂篮、4幅新型斜向大吨位挂篮、24对下弦临时扣索、2台约158m的塔吊总费用约为2 020万，工期约为241d。

(2)施工方法2：上弦箱梁采用支架施工，支架作为上弦荷载传递至下弦结构的传力体系，施工过程中不能与上弦箱梁脱离，挂篮底模横向分配梁需采用3段分离式设置，在脱模后，两侧底模及分配梁内收后借助纵梁整体前移至下一梁段位置，重新安装外侧底模，顶升后形成下一梁段的底模系统。下弦箱梁扣索索力设计为承受上、下弦箱梁自重，通过计算合理确定施工工序，对施工组织影响不大。上弦箱梁施工结构受力较为明确，结构局部及整体受力影响较小，支架系统满足结构自身受力即可。全桥4幅支架及底模系统、4幅新型斜向大吨位挂篮、24对下弦临时扣索、40对钢管支架及附属结构、2台约128m的塔吊总费用约为1 550万，工期约为282d。

(3) 施工方法3：先浇筑上弦梁段后安装上弦支架系统，为保证上弦荷载传递至下弦结构，上弦支架系统需具备顶升功能，且顶升力需逐步计算确定，较为烦琐，需保证较高的实施精度，存在一定的困难；下弦箱梁扣索索力设计为承受上、下弦箱梁自重，为保证下弦箱梁结构的安全，需合理确定上、下弦梁段的浇筑顺序及扣索索力张拉顺序。全桥4幅上弦挂篮及支架底模系统、4幅新型斜向大吨位挂篮、24对下弦临时扣索、40对钢管支架及附属结构、2台约128m的塔吊总费用约为1 910万，工期约为271d。

上述方法的重点均是先完成上、下弦箱梁的施工，待上、下弦箱梁完成浇筑后，对挂篮进行调整或合并，置于上弦箱梁端部，然后浇筑汇合段，最后进行后续的常规梁段悬浇。

通过对比分析可知，下弦扣挂结合上弦支架梁段现浇法，通过合理的上弦移动式底模系统和下弦新型斜向挂篮设计，以及合理的上下弦工序安排，能较好地保证空腹区施工操作的便捷性、结构的安全性，工程经济性较优，可优先作为高墩空腹区的施工方法。

当然，在具体工程中，可根据现场实际情况、设备条件进行优化组合。如北盘江大桥总体上采用的是方法二的施工方法，但结合了上弦挂篮技术，只不过其上弦挂篮仅作为移动模板系统使用，浇筑的梁段仍然由设于下弦的支架承担。

而方法一双层挂篮双层扣挂施工法，虽然机具设备投入较大，但上、下弦在施工过程中的受力体系相互干扰少，施工速度较快，也不失为一种良好的空腹区施工方法。

9.5　北盘江大桥设计简介

9.5.1　工程概况

北盘江大桥是贵州省水盘高速公路(第7合同段)的控制性工程,位于六盘水市水城县发耳镇和营盘乡交界处,北盘江为其界河。该桥于2013年建成通车。

本区处在乌濛山脉腹地,属于北盘江流域上游的构造侵蚀溶蚀低中山峡谷区。桥址处于不对称箱形峡谷段。路线与北盘江大角度斜交,北盘江水在此自西向东流,水流湍急。桥址处河面宽约50m,两岸山坡近直立,陡崖高20~50m,具有明显的箱形河谷特征。桥址水城岸为北高南低的条块状斜坡地形,相对较宽缓,系山前狭长的倾斜状构造台梯地。山坡为折线形坡,以凸形坡为主,上缓下陡,坡度角一般在30°左右。台状山坡的北缘与高大的易拉嘎山相衔接,南缘为北盘江,东、西两侧为北盘江一级支流冲沟。

(1)主要设计指标

①设计速度:80km/h;

②荷载:公路—Ⅰ级;

③桥宽:分离式路基宽11.25m,整体式路基桥梁与路基同宽21.5m;

④高程:黄海高程系统;

⑤坐标:北京坐标系;

⑥地震作用:地震动峰值加速度0.05g,按0.10g设防;

⑦桥面横坡:单向2%(半幅桥)。

(2)主要结构材料

主桥箱梁采用C55混凝土;主桥墩身、箱梁顶7cm厚混凝土现浇层采用C50混凝土;过渡墩墩身及过渡墩帽梁用C40混凝土;承台、桩基采用C30混凝土。

钢筋:HRB335钢筋直径均不小于12mm,为热轧带肋钢筋;R235钢筋为热轧光圆钢筋。

箱梁纵向预应力、汇合段箱梁竖向预应力、0号块与墩身连接采用$\phi^s15.2$预应力钢绞线,顶板横向预应力采用$\phi^s15.2$钢绞线,钢绞线抗拉标准强度$f_{pk}=1\ 860$MPa,钢绞线弹性模量$E_p=1.95\times10^5$MPa。箱梁部分节段、斜腿节段竖向预应力采用JL32精轧螺纹钢筋,抗拉强度标准值$f_{pk}=785$MPa,弹性模量$E_s=2.0\times10^5$MPa。竖向预应力合龙钢束、横向预应力钢束管道采用金属波纹管;其他钢束管道采用塑料波纹管。

(3)路线平纵设计

本桥平面大部分位于平曲线为直线的整体式路基段,主桥全长895m,全部位于直线整体式路基段。水城岸引桥位于分离式向整体式路基过渡段内,左线为直线,右线为$R=2\ 550$m的右偏圆曲线;盘州岸引桥位于$R=1\ 300$m A=450左偏缓和曲线整体式路基段。

主桥位于+0.5%与-0.5%组成的半径30 000m的凸形对称竖曲线上。

(4)桥跨布置

本桥跨越北盘江峡谷,桥梁全长1 261m。主桥中心桩号为K31 +345,桥跨布置为5 ×30m +(82.5 +220 +290 +220 +82.5)m +3 ×30m +4 ×30m,其中主桥82.5m +220m +290m +220m +82.5m为预应力混凝土空腹(斜腿)式连续刚构,引桥为先简支后结构连续或刚构预应力混凝土T梁。主墩采用空心薄壁墩,引桥采用单排双柱式,桥墩采用桩基础。桥台采用桩柱式台。桥型立面布置如图9.10所示,图9.11为大桥建成后的照片。

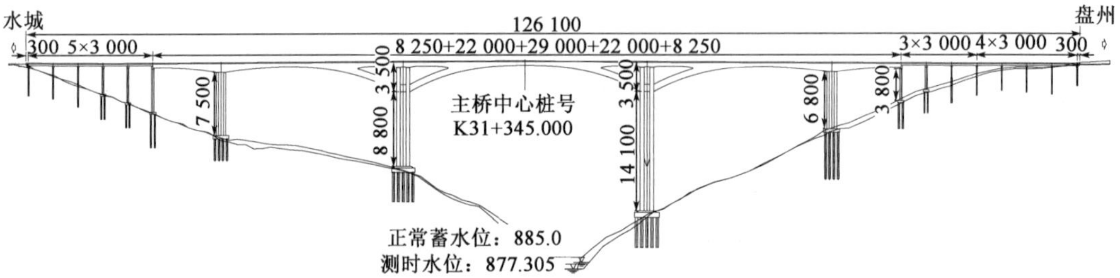

图9.10 桥型立面布置图(尺寸单位:cm)

图9.11 北盘江大桥照片

9.5.2 主桥结构设计

1)主桥上部结构

主桥上部结构为82.5m +220m +290m +220m +82.5m预应力混凝土悬浇空腹式连续刚构桥。根据《公路钢筋混凝土及预应力混凝土桥涵设计规范》(JTG D62—2004)的规定计算,确定箱梁各主要结构尺寸。

为叙述方便,对以7号、8号主墩平衡施工的部分称为“主悬浇T”,悬臂长度144m;对以6号、9号主墩平衡施工的部分称为“次悬浇T”,悬臂长度74m。

(1)主悬浇T

空腹区上弦高度6 ~5m,下弦高度7.5m;箱梁跨中高度4.5m;下弦根部至梁顶中心高度35m;箱梁高度及梁顶至下弦底缘距离按2.5次抛物线变化。

箱梁浇注节段为 18m(0 号段) +11 ×4m(上弦区段) +4 ×3m(汇合段) +4 ×3.5m +5 ×4m +10 ×4.5m,斜腿浇注节段划分与上弦箱梁对应,为 11 ×4m。

主悬浇 T 箱梁顶板厚 0.28m,底板厚度由跨中 0.32m 按 2 次抛物线变化至 0.9m(汇合段);箱梁腹板厚度 0.8 ~0.45m,分两次过渡。

(2)次悬浇 T

次悬浇 T 最大悬臂长度 74m,箱梁根部高度 10m,跨中高度 4.5m;箱梁高度按 2 次抛物线变化。箱梁浇注节段为 14m(0 号段) +7 ×3.5m +5 ×4m +5 ×4.5m。

次悬浇 T 箱梁顶板厚 0.28m,底板厚度由跨中 0.32m 按 2 次抛物线变化至根部 0.9m;箱梁腹板厚度 0.7 ~0.45m,分两次过渡。

全桥箱梁按左右分幅设计,箱梁顶宽 10.5m,底宽 6.5m,顶板悬臂长 2m,悬臂端部厚 0.2m,根部厚 0.65m,箱梁顶设有 2% 的横坡。

主桥上部结构主悬浇 T 及次悬浇 T 构造如图 9.12 和图 9.13 所示。

2)主桥箱梁预应力设计

主桥上部结构按全预应力混凝土设计,采用三向预应力。箱梁纵向预应力、汇合段箱梁竖向预应力、0 号块与墩身连接采用 $\phi^s15.2$ 预应力钢绞线、群锚体系,顶板横向预应力采用 $\phi^s15.2$ 钢绞线,扁锚体系,钢绞线抗拉标准强度 f_{pk} = 1 860MPa,设计锚下张拉控制应力 f_{con} = (0.7 ~0.75) f_{pk} = 1 302 ~1 395MPa。箱梁部分节段、斜腿节段竖向预应力采用 JL32 精轧螺纹钢筋,抗拉强度标准值 f_{pk} = 785MPa,张拉控制应力为 0.9f_{pk} = 706.5MPa,YGM 锚固体系。

竖向预应力合龙钢束、横向预应力钢束管道采用金属波纹管,其他钢束管道采用塑料波纹管,真空压浆。

3)主桥下部结构设计

全桥主墩为 6、7、8、9 号桥墩,其中 7、8 号为主悬浇 T 主墩,6、9 号为次悬浇 T 主墩,主墩的高度分别为 75m、90m、143m、68m,均采用双肢薄壁空心截面。

7、8 号主墩两肢间净距 7m,与斜腿交汇点以上采用等截面,余下部分横桥向按 1∶100 放坡,8 号主墩高度大,底部 51m 两肢桥墩间采用 0.5m 厚薄壁连为整体。单肢等截面部分为顺桥向 4.5m,横桥向 7.5m,四角设 0.5m 圆弧过渡。主墩承台、桩基按整体设计;7 号主墩承台厚 5m,采用 25 根直径 2.8m 钻(挖)孔桩基础;8 号主墩承台厚 6m,采用 25 根 ϕ3m 钻(挖)孔桩基础;承台顶另设 2m 墩座。

6、9 号主墩两肢间净距 6m,单肢截面顺桥向 3m,墩顶 5m 段横桥向 7.5m,墩顶 5m 以下按 1∶100 放坡,四角设 0.5m 圆弧过渡。6、9 号主墩承台、桩基按整体设计,承台厚 4m,采用 16 根直径 2.4m 钻(挖)孔桩基础。

5、10 号过渡墩左右幅分离设计,墩身为空心薄壁墩,等截面,顺桥向 3m,横桥向 6.6m,壁厚 0.55m,承台厚 2.5m,采用 4 根直径 1.8m 钻(挖)孔桩基础。

8 号主墩及基础构造如图 9.14 和图 9.15 所示。

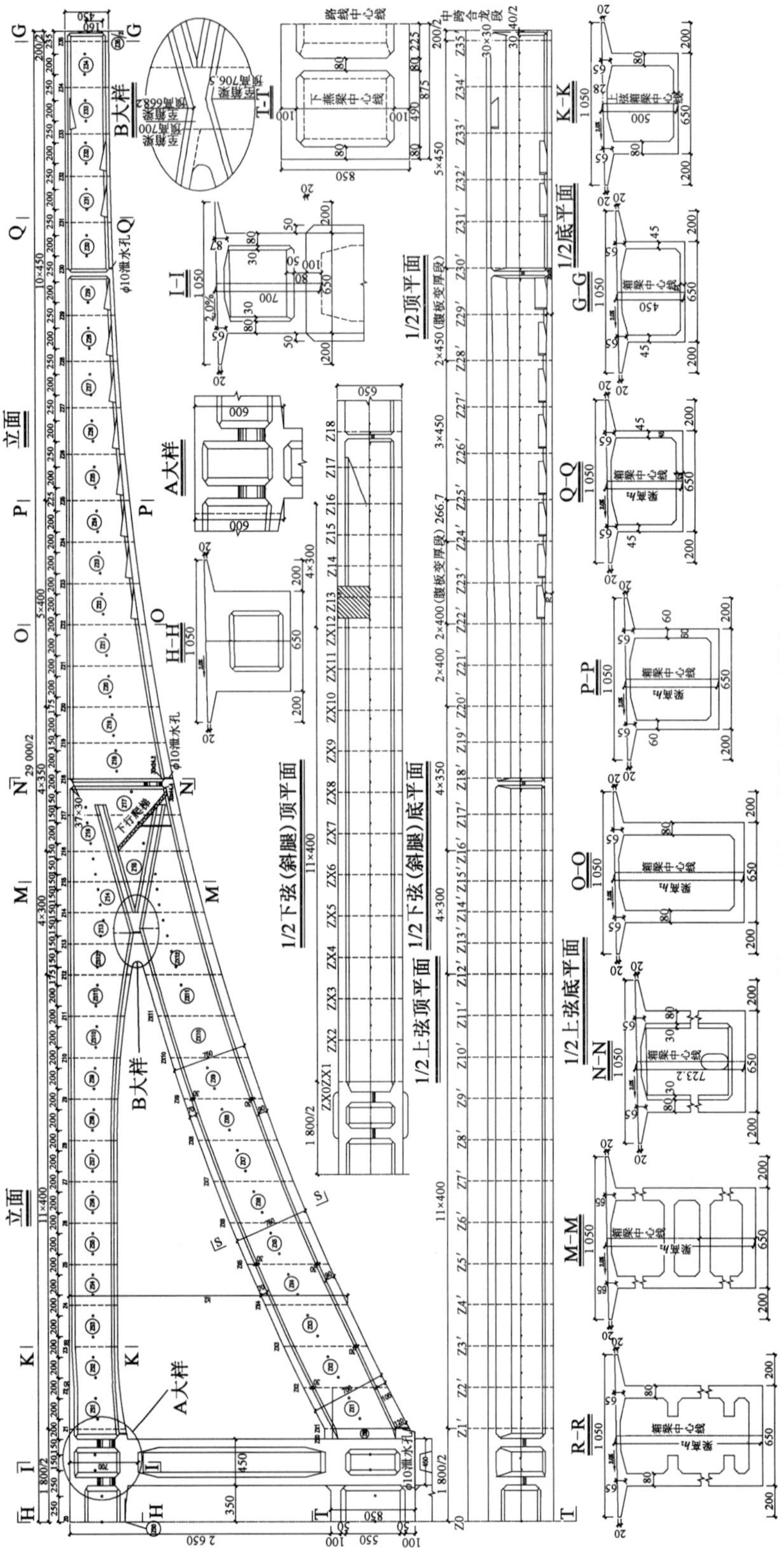

图 9.12　主悬浇T一般构造图(尺寸单位:cm)

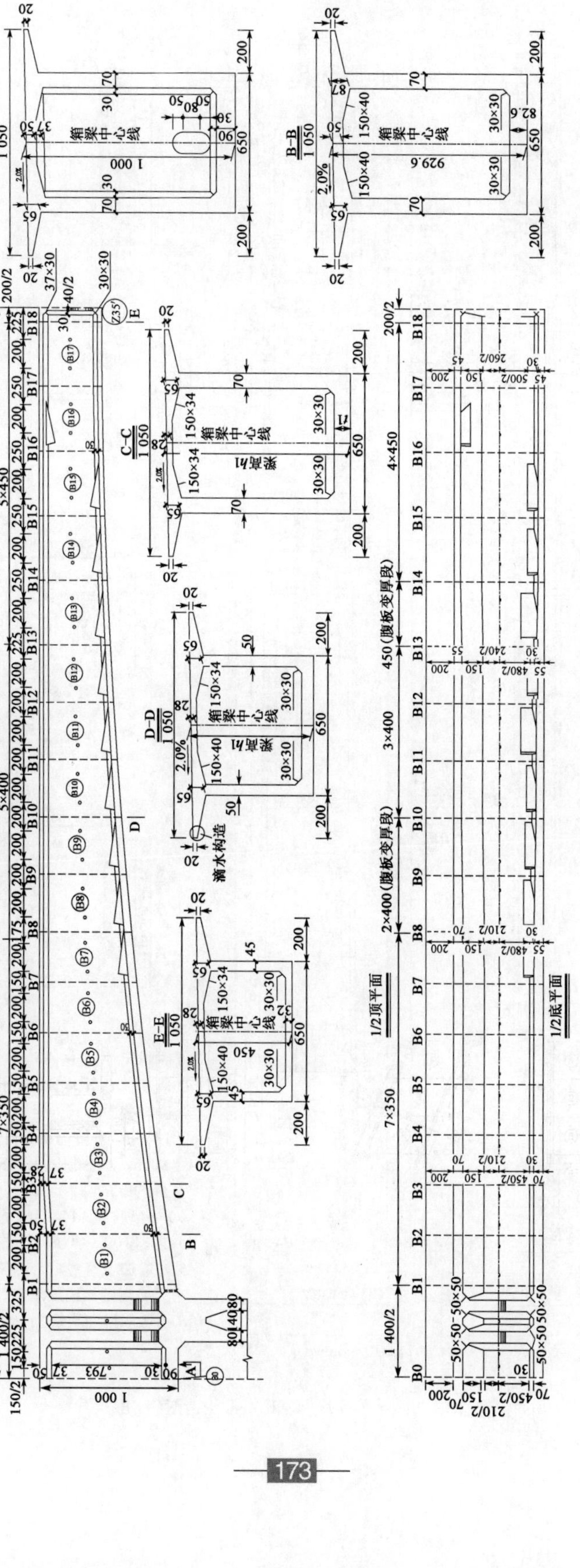

图9.13　次悬浇T一般构造图(尺寸单位：cm)

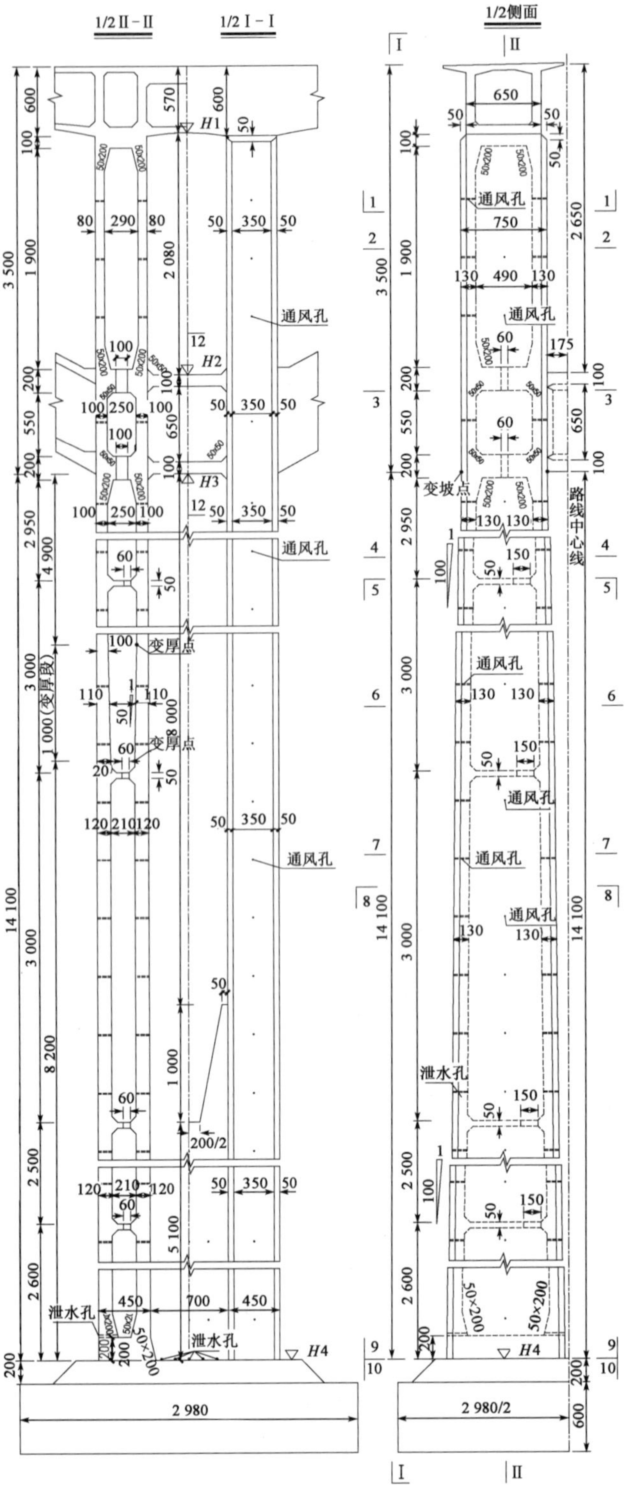

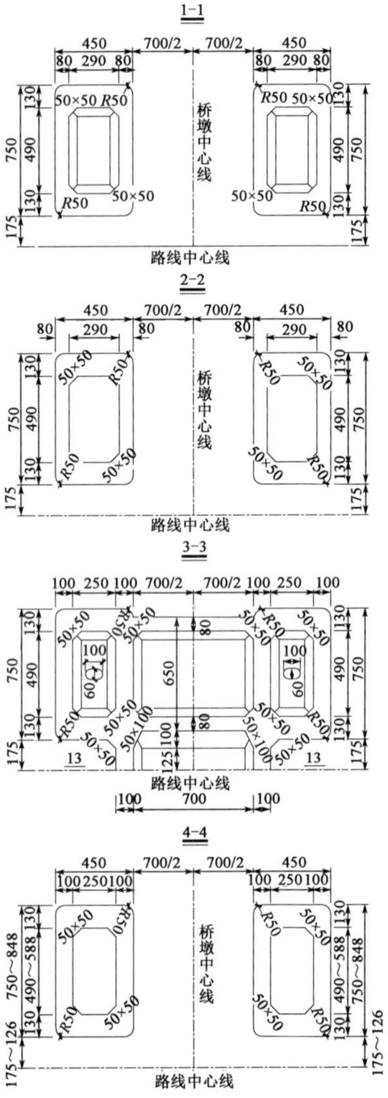

注：

1.图中尺寸以cm计。

2.单壁空心墩内部每30m左右设置一道横隔板。

3.桥墩截面形式为矩形空心截面，横桥向壁厚为130cm，顺桥向有3种：V撑与桥面之间部分为80cm，承台顶以上84m部分为120cm，中间部分为100cm。

4.承台顶以上144m为变截面，横桥向双侧坡率均为1∶100，纵桥向不放坡。

5.为增加墩身稳定，左右两幅桥在V撑与主墩相交的高度处通过箱形截面相连。

6.桥墩双壁四周每隔5m设置一道ϕ10cm通气孔。

图9.14　8号主墩及基础一般构造图(一)

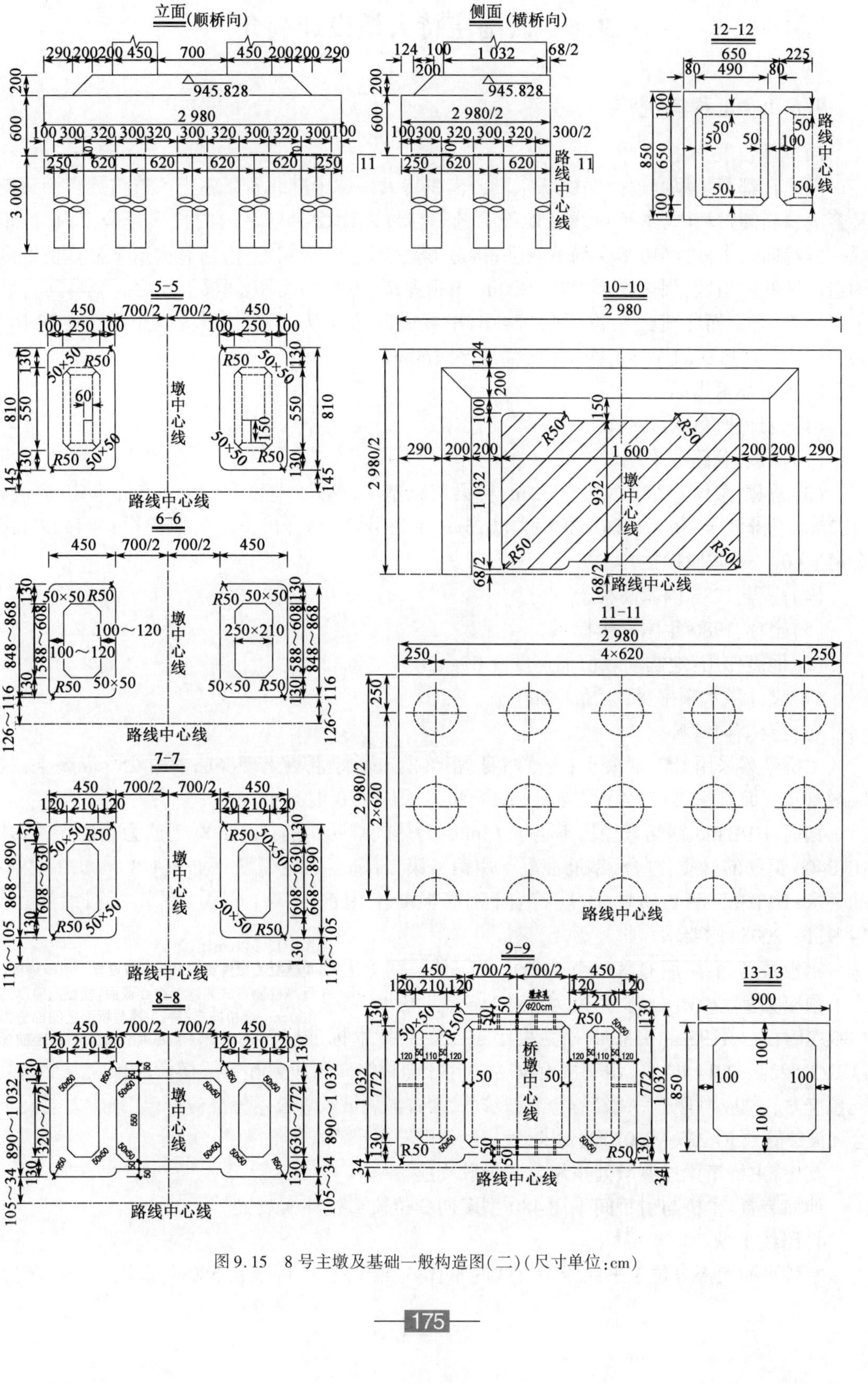

图9.15　8号主墩及基础一般构造图(二)(尺寸单位:cm)

9.6 云南庄特大桥设计简介

9.6.1 工程概况

1)地理位置

湖北宜都至来凤高速公路鹤峰东段云南庄特大桥位于湖北省恩施土家族苗族自治州鹤峰县容美镇庙湾村境内,本桥路线区地处上杨子台坪八面山台褶带内的长阳台褶束内,位于鹤峰—五峰向斜带内,经历多次构造变动,构造形迹较复杂,褶皱发育,断裂构造不显。桥址区属构造剥蚀低中山区,周边峰顶750~800m,山顶浑圆,山脊狭长,山间溪沟发育。九峰河为区内主要河流,自南而北流经桥位区。沟谷两岸坡面凹凸起伏,谷坡地形较陡,自然坡度40°~50°,河流下切形成的深谷与两侧山地高差约160m。

2)主要技术指标

(1)设计速度:80km/h。

(2)荷载:公路—Ⅰ级。

(3)桥宽:整体式路基宽度25.5m,桥梁与路基不同宽。宽度布置为0.5m(防撞护栏)+11.25m(行车道)+0.5m(防撞护栏)+0.5m(中央分隔带)+0.5m(防撞护栏)+11.25m(行车道)+0.5m(防撞护栏)=25m。

(4)高程:1985国家高程。

(5)坐标:1980年国家坐标系。

(6)地震作用:地震动峰值加速度0.05g。

(7)设计洪水频率:特大桥1/300。

3)主要结构材料

主桥箱梁采用C55混凝土;主桥墩身、箱梁顶7cm厚混凝土现浇层采用C50混凝土;过渡墩墩身及过渡墩帽梁用C40混凝土;承台、桩基采用C30混凝土。

钢筋:HRB400钢筋直径均不小于12mm,为热轧带肋钢筋;HPB300钢筋为热轧光圆钢筋。HRB400钢筋的材质,符合《钢筋混凝土用钢　第2部分:热轧带肋钢筋》(GB 1499.2—2007)的要求;HPB300钢筋的材质,应符合《钢筋混凝土用钢　第1部分:热轧光圆钢筋》(GB 1499.1—2008)的要求。

钢板及型钢:采用Q235钢(主跨汇合段外包钢板采用Q345C钢)。

预应力钢绞线:公称直径为15.2mm,低松弛预应力钢绞线,抗拉强度标准值f_{pk} = 1 860MPa,E_p = 1.95×105MPa,松弛率小于0.035,技术标准应符合《预应力混凝土用钢绞线》(GB/T 5224—2014)要求。采用群锚体系。用于全桥纵向预应力和箱梁横桥向预应力及箱梁竖向预应力。预应力管道采用镀锌金属波纹管,镀锌金属波纹管技术标准应符合《预应力混凝土用金属波纹管》(JG 225—2007)的要求,镀锌钢带壁厚不小于0.4mm。

支座:主桥箱梁过渡墩处采用盆式橡胶支座。

伸缩装置:主桥与引桥间采用480型多向变位梳形板伸缩装置。

4)路线平纵

本桥平面大部分位于平曲线为直线的整体式路基段,主桥全长580m,来凤岸边跨部分段落位于整体式向分离式路基过渡段内;来凤岸引桥位于分离式路基段内。整体式路基段平面位于 $A=570$ 的缓和曲线及直线段上;分离式路基段左线平面位于直线、$A=375$ 的缓和曲线段上,右线平面位于 $A=365$ 的缓和曲线上。

全桥纵面位于2.0%的上坡段上。

5)桥跨布置

主桥上部结构采用(150+280+150)m=580m预应力混凝土空腹式连续刚构箱梁。大桩号侧引桥上部构造采用40m预应力混凝土简支T梁。主墩采用双肢等截面空心薄壁墩,过渡墩采用等截面实心薄壁墩,桥台采用U形台接扩大基础,台后设4.5m长搭板。桩基础均采用钻孔灌注桩。桥型立面布置如图9.16所示。

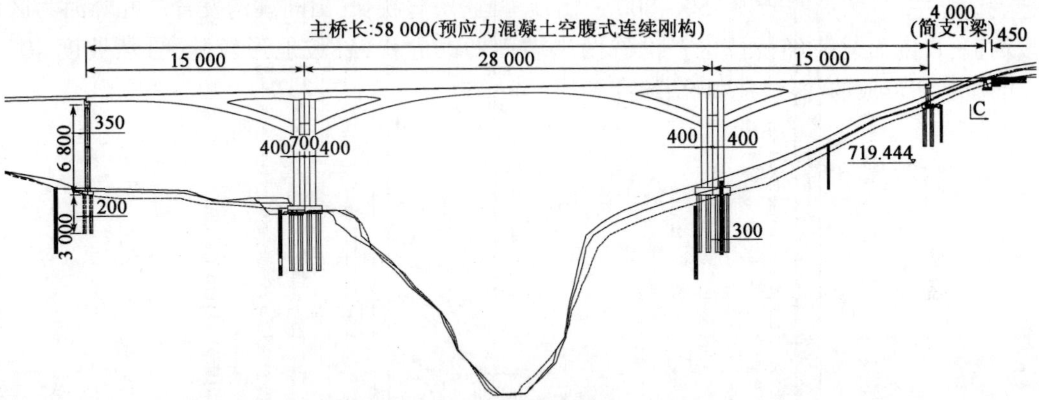

图9.16 桥型立面布置图(尺寸单位:cm)

9.6.2 主桥工程方案

1)主桥上部结构

主桥为(150+280+150)m=580m预应力混凝土悬浇空腹式连续刚构桥。根据《公路钢筋混凝土及预应力混凝土桥涵设计规范》(JTG 3362—2018)的规定计算,确定箱梁各主要结构尺寸。

空腹区域上弦高度6.5~5m,下弦高度7m;箱梁跨中高度4.5m;下弦根部至梁顶中心高度34m;箱梁高度及梁顶至下弦底缘距离按2.5次抛物线变化。

箱梁浇注节段为18m(0号段)+11×4m(上弦区段)+4×3.5m(汇合段)+5×3.5m+8×4m+5×4.5m(常规梁段),下弦浇注节段划分与上弦箱梁对应,为11×4m。

悬浇T箱梁顶板厚0.3m,底板厚度由跨中0.32m按2次抛物线变化至0.9m(汇合段);箱梁腹板厚度0.8~0.45m,分两次过渡。

全桥箱梁按左右分幅设计,箱梁顶宽12.25m,底宽7m,顶板悬臂长2.625m,悬臂端部厚0.2m,根部厚0.75m,箱梁顶设有2%的横坡。

主桥上部结构悬浇T一般构造如图9.17所示。

2)主桥箱梁预应力

主桥上部构造按全预应力混凝土设计,采用三向预应力。箱梁纵向预应力、箱梁竖向预应力、0号块与墩身连接采用预应力钢绞线、群锚体系,顶板横向预应力采用钢绞线、扁锚体系,钢绞线抗拉标准强度采用1 800MPa。所有钢束管道均采用金属波纹管。主桥上部结构悬浇T预应力钢束布置如图9.18所示。

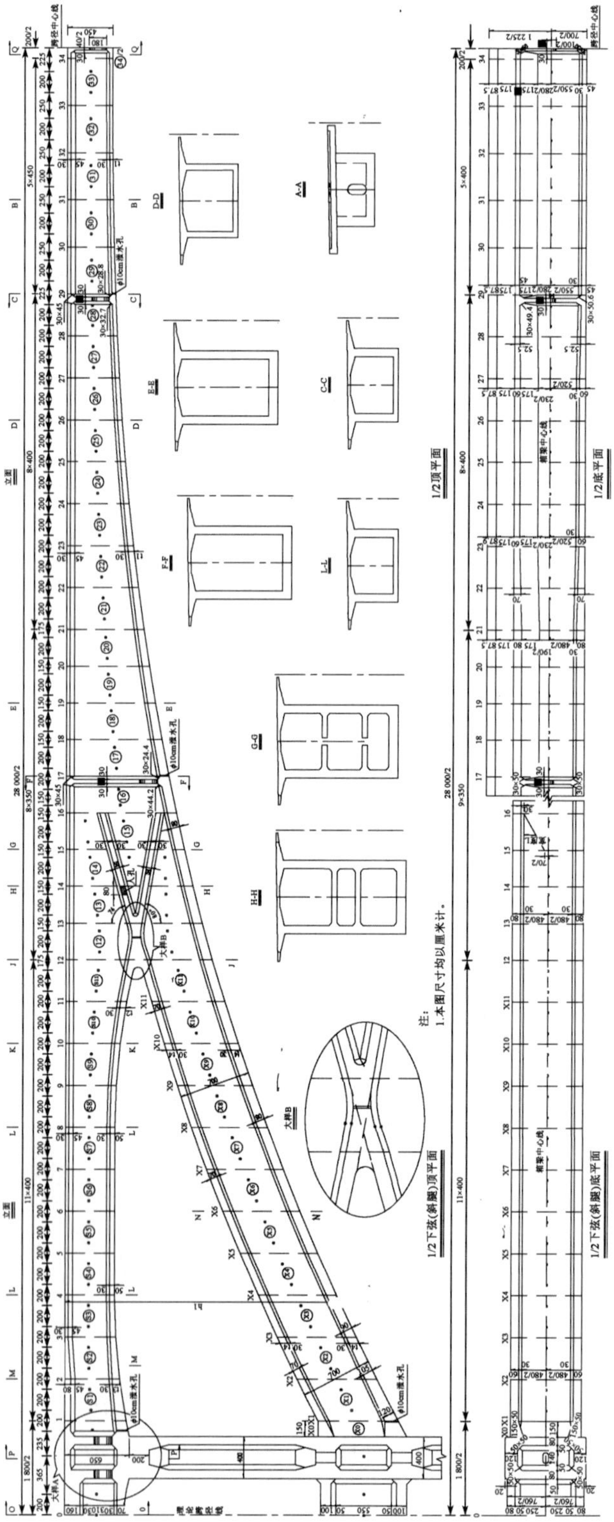

图 9.17 悬浇T一般构造图(尺寸单位：cm)

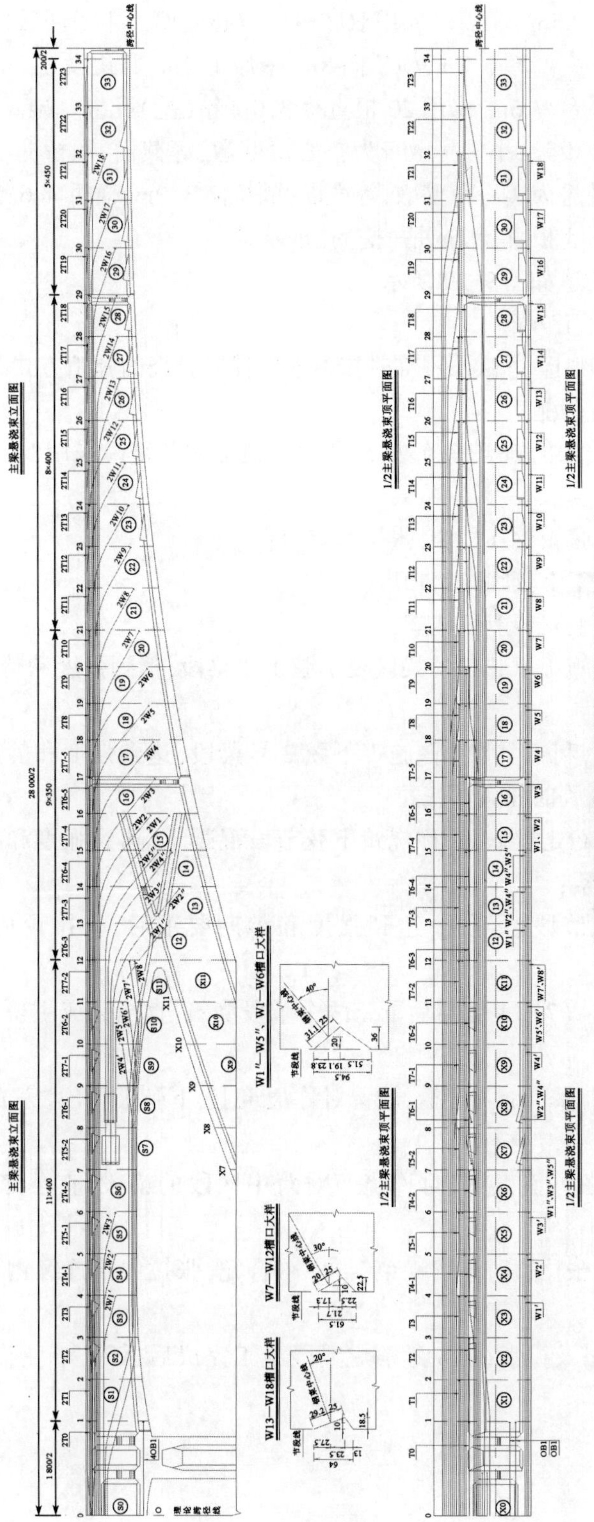

图 9.18　悬浇T预应力钢束布置图(尺寸单位：cm)

3)主桥下部结构

主墩的高度分别为55m、48m,均采用双肢薄壁空心截面。主墩两肢间净距7m,按照等截面设置。单肢顺桥向4m,壁厚0.8m,横桥向8m,壁厚1.2m,四角设0.2m圆弧过渡。主墩承台、桩基按整体设计;承台厚6m,采用20根直径3.0m钻(挖)孔桩基础。

过渡墩左右幅分离设计,小桩号墩身为空心薄壁墩,等截面,顺桥向3.5m,横桥向6.5m,壁厚0.5m,大桩号墩墩身为实心薄壁墩,等截面,顺桥向3.0m,横桥向6.5m,两过渡墩承台厚均为3m,承台下均采用4根直径2m钻(挖)孔桩基础。

主墩及基础一般构造如图9.19所示。

4)主桥上部结构施工方案

总体施工方案:主桥上、下弦采用临时扣索辅助挂篮悬浇的施工方式,上、下弦合龙后的常规梁段采用挂篮悬浇逐段施工。

空腹范围内上部结构的施工较为复杂,是大桥施工的关键。采用双层挂篮结合扣索方式进行,如图9.20所示。

(1)浇筑墩柱及上弦箱梁0号块,张拉预应力;

(2)在主墩墩顶施工上弦临时钢扣塔;

(3)在上弦0号块上安装上弦挂篮;

(4)利用上弦挂篮施工上弦1号梁段及下弦1号梁段,达到强度和龄期要求后,张拉梁段对应预应力;

(5)前移上弦挂篮,利用上弦挂篮施工下弦2号梁段,达到强度和龄期要求后,张拉梁段对应预应力。安装下弦临时扣索并张拉;

(6)安装下弦斜向行走挂篮,对称浇筑下弦节段混凝土,达到强度和龄期要求后,张拉预应力,张拉下弦临时扣索;

(7)对称浇筑上弦节段混凝土,达到强度和龄期要求后,张拉预应力,张拉上弦临时拉索;

(8)重复步骤(1)~(7),上弦滞后下弦两个节段浇筑,直至完成主桥空腹范围上、下弦箱梁节段的施工;

(9)拆除下弦挂篮,保留上弦挂篮,悬臂对称浇筑上、下弦汇合段,完成空腹范围上部结构的施工。

(10)继续采用上弦挂篮,悬臂对称浇筑对跨中区段的梁段,直至完成所有悬臂梁段的施工;

(11)先边跨合龙,张拉边跨连续钢束,再中跨合龙,张拉中跨连续钢束,进而完成全桥合龙及全桥施工;

(12)上弦临时扣塔及拉索在26号常规梁段施工完成后拆除,下弦临时扣索在全桥合龙后拆除。

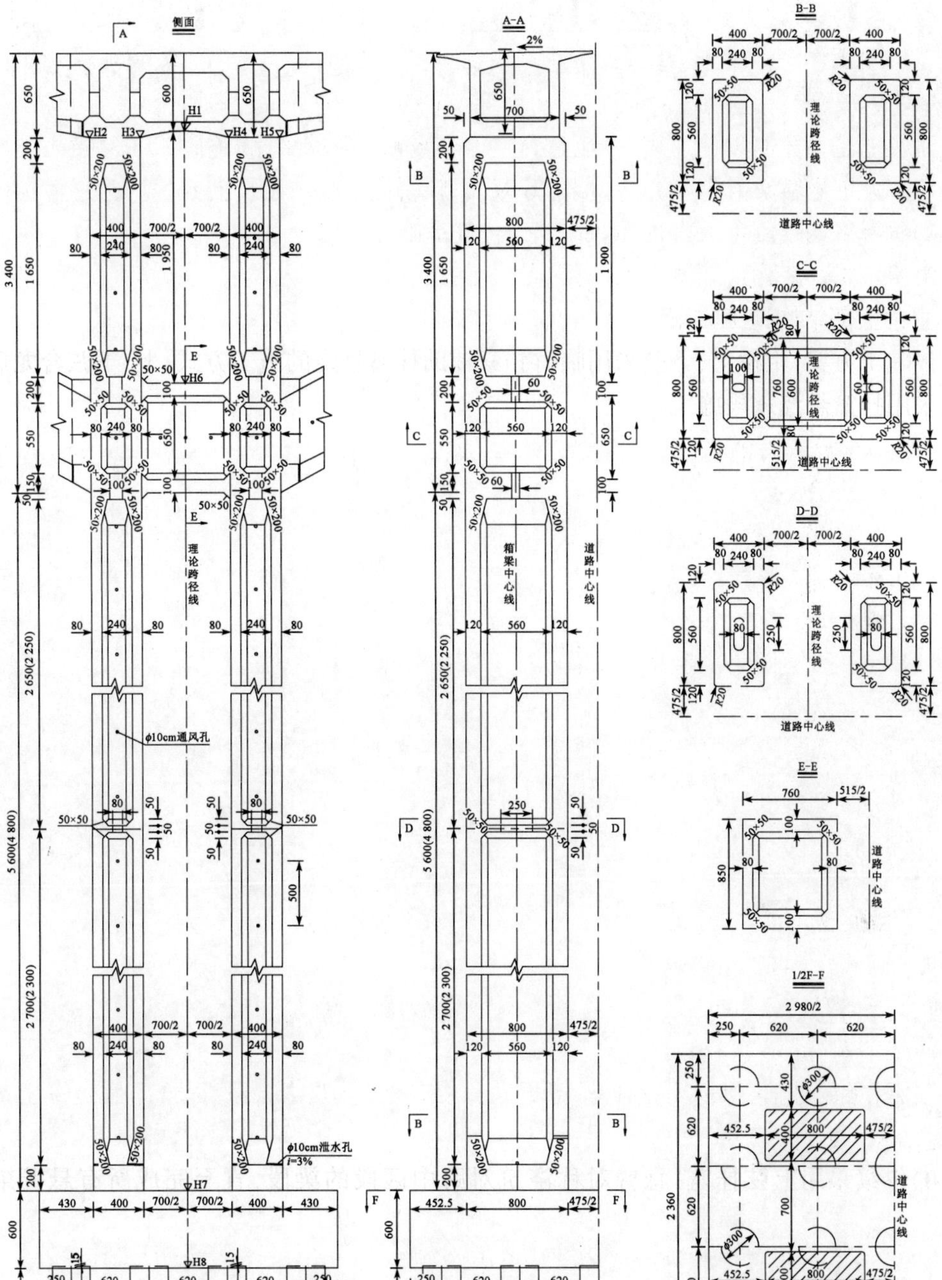

图9.19　主墩及基础一般构造图

注：
1. 图中尺寸除高程和里程以米计外，余均以厘米计。
2. 标注尺寸有括号者，括号内数据适用于14号墩，括号外数据适用于13号墩。

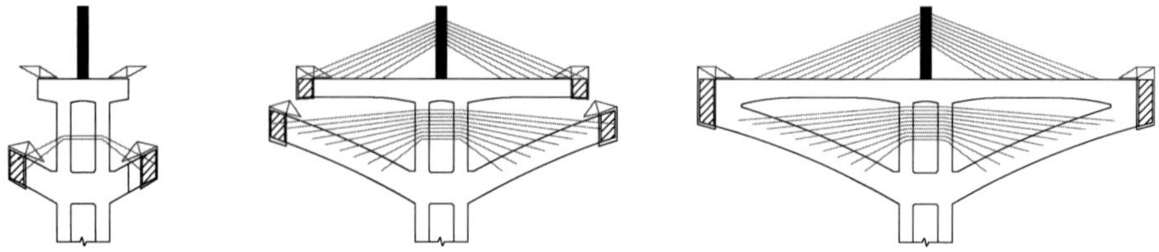

图 9.20　空腹施工示意图

参考文献

[1] 蒲心诚.超高强高性能混凝土原理·配制·结构·性能·应用[M].重庆:重庆大学出版社,2004.

[2] 王光远,董明耀.结构优化设计[M].北京:高等教育出版社,1987.

[3] 赵启林,陈立,等.复杂状态下桥用高强混凝土收缩徐变性能试验[J].解放军理工大学学报(自然科学版),2011(5).

[4] 钟新谷.预应力混凝土连续箱梁桥裂缝防治与研究[J].工程力学,2004,21(增刊).

[5] 王国亮,谢峻,傅宇方.在用大跨度预应力混凝土箱梁桥裂缝调查研究[J].公路交通科技,2008,25(8).

[6] 王钧利,贺拴海.大跨径连续刚构桥高墩设计与稳定性.长安大学学报[J](自然科学版).2006,26(5).

[7] 杨高中,杨征宇,周军生,等.连续刚构桥在我国的应用和发展[J].公路,1998(6).

[8] 黄豪,唐小兵,张开银,等.竖向预应力作用效果的数值模拟与预应力损失的试验研究[J].武汉理工大学学报(交通科学与工程版),2007,31(5).

[9] 汪剑.大跨预应力混凝土箱梁桥非荷载效应及预应力损失研究[D].长沙:湖南大学,2007.

[10] 施颖,郑建群.从设计层面探讨预应力混凝土连续箱梁桥裂缝控制[J].重庆交通学院学报,2005,24(4).

[11] 潘钻峰,吕志涛.大跨径连续刚构桥主跨底板合龙预应力束的空间效应研究[J].世界桥梁,2006(4).

[12] 彭元诚.连续刚构箱梁底板崩裂原因分析与对策[J].桥梁建设,2008(3).

[13] 田世清,李茂盛,石庆凡.PC连续刚构桥构造参数对底板崩裂的影响研究[J].公路交通技术,2012(1).

[14] 何海.关于富湾大桥(连续刚构)设计几个问题的探讨[J].公路,2008(6).

[15] 黄小国.连续刚构桥水平地震反应分析[D].西安:长安大学,2006.

[16] 叶爱君,袁万城,胡世德.高墩振动台试验研究[J].同济大学报,1996(6).

[17] 王维,李斌.不同桥墩形式对连续刚构桥抗震性能影响[J].公路工程,2007,32(5).

[18] 周勇军,贺拴海,张岗,等.桥墩截面形式对弯连续刚构桥地震响应影响[J].公路交通科技,2009(2).

[19] 李子春.桥墩形式对连续刚构桥动力特性的影响[J].中国公路学报,2011,24(2).

[20] 袁万城.胡勃.范立础.柱式桥墩横向抗震性能及评价[J].同济大学学报,1996(6).

[21] 范立础.桥梁抗震[M].上海:同济大学出版社,1997.

[22] 马坤全.工程结构抗震动力[M].上海:上海科技出版社,1980.

[23] 魏琴,寿楠椿,周建春,等.三门峡黄河公路大桥抗震分析[J].桥梁建设,1994(3).

[24] 李松,强士中,唐英.大跨度预应力混凝土刚构桥施工阶段的稳定性研究[J].桥梁建设,2005(6).

[25] 郭梅.高墩大跨度连续刚构桥稳定性分析[J].西安公路交通大学学报,1999,19(3).

[26] 王飞.双肢薄壁高墩连续刚构桥悬臂施工稳定性分析[D].长沙:湖南大学,2006.
[27] 李开言.双肢薄壁高墩刚构桥悬臂施工稳定性与风效应研究[D].长沙:中南大学,2005.
[28] 李存权.结构稳定和稳定内力[M].北京:人民交通出版社,2000.
[29] 戴东利.混凝土连续刚构桥预拱度设置研究[J].铁道建筑技术,2012(6).
[30] 郭金林.预应力混凝土刚构-连续梁组合桥施工监控研究[D].郑州:郑州大学,2013.
[31] 余明.基于灰色系统理论的大跨度连续刚构桥的线形控制[J].交通科学与工程,2012(3).
[32] 张军辉.大跨径连续刚构梁桥荷载试验评定与研究[D].武汉:武汉理工大学,2009.